SER RESPONSABLE I

Libertad sin Responsabilidad

Manuel Carneiro Caneda

SER RESPONSABLE I

Libertad sin Responsabilidad

Prólogo de Ramón Jáuregui Atondo

Maior

Bonomía

La colección Bonomía tiene un Consejo Científico que lo constituyen personalidades del mundo de la Universidad, la Empresa y la Cultura:

Jorge Iván Villalobos Seáñez
Ex diputado al Congreso de la Unión de México
Vicepresidente de Compecer

Gabriel Alonso-Carro y García-Crespo
Vocal de Ética de Innováetica
Ex Jefe de Estudios de la Escuela Diplomática

Zayra Ivette Azaeta Villalobos
Vicepresidente suplente y Consejera de Compecer

Luis Suárez Mariño
Director de la revista *Defensa y Compliance*

Gustavo Mauricio Nuñez Avendaño
Presidente del Comité de Micros y Pequeñas Empresas de Coparmex
Consejero ejecutivo de Compecer

Elena Cifuentes
Jefa de División de RSC y Accesibilidad de la EMT (Madrid)

David Natanael Moreno Bojorquez
Gerente de Expansión y Acreditación de Compecer

David Lafuente
Subdirector del INJUVE

José Luis García Rodríguez
Responsable Editorial de Compecer

Primera edición, noviembre de 2024

© Última Línea, S.L., 2024
Juan Cortés Cortés, 3
29010 Málaga (España)
www.ultimalinea.es
editorial@ultimalinea.es

© Compecer, S.C.
Calle Ortiz De Campos, 1703
31203, Chihuahua (México)
www.compecer.com
hola@compecer.com

 www.facebook.com/EditorialUltimaLinea

 @EdUltimaLinea

ISBN: 978-84-18492-86-0
Depósito legal: MA 2521-2024
THEMA: KJG, RNU, JNA

Impreso en España — Unión Europea

ÍNDICE

PRESENTACIÓN DE BONOMÍA

Me es muy grato, como presidente del consejo de COMPECER, presentar la colección BONOMÍA, una iniciativa que refleja nuestro profundo compromiso con el conocimiento, la innovación y la sostenibilidad. BONOMÍA no es solo una serie de libros; es la cristalización de un trabajo continuo y apasionado en torno a las temáticas que, hoy más que nunca, definen el futuro de nuestras sociedades.

Compuesta por dos series, MAIOR y MINOR, esta colección está diseñada para ofrecer a instituciones académicas, empresas, organizaciones y entidades una mirada profunda y práctica sobre los temas que, sin duda, que marcan y marcarán el desarrollo de las normativas y certificaciones del mañana. En COMPECER, creemos firmemente que el conocimiento es el pilar sobre el cual se construyen las grandes transformaciones. Por ello, BONOMÍA no solo proporciona una oferta extensa sobre los desafíos y soluciones en materia de sostenibilidad, sino que también está alineada con nuestro propósito de promover un impacto positivo y duradero en el mundo.

Esta colección no sería posible sin la colaboración de la editorial Última Línea, con quienes compartimos la misión de llevar a las manos de los lectores herramientas y contenidos de la más alta calidad. BONOMÍA representa una conexión directa con el ADN de COMPECER: la generación de conocimiento que, más adelante, se traducirá en normas y certificaciones, el corazón de nuestra labor profesional.

Con BONOMÍA, aspiramos a seguir liderando el camino hacia un futuro más sostenible, ofreciendo no solo conocimiento, sino también inspiración para quienes buscan soluciones reales a los grandes desafíos de nuestro tiempo.

Agradecemos a INNOVAÉTICA y todos quienes forman parte de este proyecto y confiamos en que esta colección será una guía fundamental para aquellos que buscan un impacto sostenible y transformador.

Óscar Pérez Angulo
Presidente del Consejo, COMPECER

PRÓLOGO

Ramón Jáuregui Atondo

Presidente de la Fundación EUROAMÉRICA

Septiembre del año 2024

«Libertad para ser libres», dicen que fue la respuesta de Fernando de los Ríos a Lenin cuando éste le preguntó: ¿la libertad para qué? Eran, los tiempos en los que el socialismo universal admiraba la Revolución Rusa y se debatía entre el modelo comunista y una vía al socialismo respetuosa con la democracia. El PSOE de la época (estamos en 1920), envió una delegación a Moscú para decidir si entraba o no en la III Internacional, creada por los comunistas soviéticos, y cuando Fernando de los Ríos, a la sazón portavoz de esa delegación, preguntó a Lenin: ¿y la libertad?, éste le respondió despectivamente, «la libertad, ¿para qué?».

A finales del siglo XX, muchos años después, se confirmó que el sacrificio de la libertad en el altar de la igualdad, fue una trágica y triste falacia. Aquella revolución destruyó la libertad, produciendo millones de víctimas en el Gulag siberiano y fracasó en la conquista de una sociedad justa e igualitaria. Luego vinieron otras experiencias semejantes o más trágicas todavía, como fue el caso de Camboya y todavía hay pueblos muy queridos que sufren esta tragedia en términos de dictadura y pobreza, en países latinoamericanos anclados en la prehistoria ideológica de aquel fracaso.

No sorprende por eso que el socialismo democrático se apellidara así y añadiera ese adjetivo sustancial a su denominación, separándose abiertamente de aquel comunismo liberticida, reafirmando su compromiso con las libertades, el estado de derecho y la democracia como bases de su proyecto. En 1978, en los comienzos de la democracia española, el título del primer congreso que el PSOE celebró en España, después de cuarenta años de dictadura, fue, no por casualidad, «Socialismo es libertad».

Hoy, la libertad sufre otros ataques desde el otro polo ideológico. La ultraderecha rampante en pleno siglo XXI, exclama: «¡¡¡La libertad, carajo!!!», con un tono absolutista y desafiante, apropiándose de la palabra y de su significado, expulsando de su dominio a todos los demás, especialmente a la izquierda política, estableciendo una especie de tótem o mantra en el que se concentran todas las virtudes y despreciando las contrapartidas y los equilibrios de una libertad de todos y para todos. Son aquéllos que protestan contra las limitaciones que impone el bien común, la colectividad, la convivencia, en definitiva, la libertad de los demás. Protestan contra las restricciones de la pandemia, contra las limitaciones de la velocidad o contra las prohibiciones de fumar en lugares públicos. Son los que han elevado a categoría económica la libertad para hacer negocios, promover construcciones, emprender actividades, sin intervención pública regulatoria, proclamando que ese neoliberalismo económico es consustancial a la libertad individual y es el único motor de su economía.

No hay pedagogía de los deberes, en esa libertad, ni de la responsabilidad, mucho menos. Es una proclamación iliberal, egoísta, inmoral, anárquica, individualista, irresponsable. Es «la libertad para mí», es el olvido de los demás, es el desprecio a la ciudadanía, es un ejercicio de agresión a la comunidad.

Esa concepción individualista de la libertad, es no comprender que la libertad constituye una capacidad humana de acción por nuestra propia voluntad, es la facultad natural del ser humano para obrar, de una manera o de otra, o para no obrar, lo que nos hace precisamente responsables de nuestros actos. Sin responsabilidad no hay libertad. Es una frase hecha, repetida una y mil veces y sin embargo así es.

No es sólo la responsabilidad de los deberes intrínsecos al ejercicio de la libertad. Es también la mirada al otro, el reconocimiento de los derechos y de las libertades de los otros, la constatación de la vida en convivencia, es decir, de vivir 'con' los otros, 'con' los conciudadanos. En el ejercicio democrático, la máxima es el pacto y el pacto exige reconocer, respetar y dialogar. Reconocer, en primer lugar, que, frente a nosotros, existen los otros, poseedores de iguales derechos y portadores de puntos de vista alternativos. El verso de Machado lo refleja bien: «El ojo que ves, no es ojo porque tú lo veas. Es ojo porque te ve». El pluralismo político es la constatación de la diversidad de puntos de vista y de proyectos políticos que caracterizan a una sociedad libre. Respetarlos es la consecuencia de su reconocimiento y dialogar para pactar es la consecuencia de ambas actitudes. Así, la libertad tiene sentido y culmina su pleno ejercicio para la ciudadanía y en comunidad.

El autor parte de la idea de que existe una apropiación indebida de la idea de libertad por posturas absolutamente radicales que no fundamentan para nada lo que es la libertad y mucho menos lo que es la responsabilidad, en un formato deliberativo y dialogado. Establece de esta forma una ecuación libertad-responsabilidad, exigente para con el reconocimiento de los otros y desarrolla las múltiples caras de una responsabilidad, entendida como la consecuencia de la libertad.

Manuel Carneiro nos plantea además una nueva dimensión de la responsabilidad. No se trata solo de una parte intrínseca de la libertad, en cuanto que, «ésta mora en la libertad», como dice el autor. La responsabilidad es por ello, como la contraparte, la otra cara de la misma moneda de la libertad. No es sólo eso, nos dice el autor. Es, además, un concepto, una actitud, un deber para con todo lo que nos rodea: Planeta, paz, solidaridad justicia... tantos bienes públicos necesarios para nuestra supervivencia, como para nuestra convivencia, que sólo pueden alcanzarse desde una actitud responsable de todos nosotros para lo que nos rodea y para con quienes nos rodean.

Llevado a su plenitud, este concepto nos acercará a la moral kantiana en la que los sujetos racionales nos auto-imponemos una ley que debemos cumplir como imperativo categórico. Así llega el autor a formular un nuevo contrato social (NCS), que toma como base la extensión de esta actitud responsable de todos los seres humanos. Es verdad que hay mucha utopía en estas propuestas, pero, siempre se ha dicho, que, sin utopía, no hay camino, no hay horizontes, y por otra parte ése es, precisamente, el primer libro de la colección BONOMÍA.

Comparto con el autor vivencias y experiencias comunes en el ámbito de la responsabilidad social de las empresas. Escribimos juntos un voluntarioso libro sobre la responsabilidad social empresarial vista desde las posiciones políticas progresistas. *Miradas desde la izquierda*, lo llamamos. Eran los primeros años de este siglo y empezaba a tomar cuerpo una idea que trataba de implicar a las empresas en la construcción de un mundo mejor. La capacidad de influencia de las empresas en la sociedad, era cada vez mayor. Había caído el Muro de Berlín y la economía de mercado se consideraba insustituible en el marco económico del mundo. Los impactos de las empresas en la creación de espacios sociolaborales dignos eran incuestionables. Eran, también crecientes sus impactos medioambientales en la creciente conciencia medioambiental de la humanidad. Las empresas, a su vez, necesitaban ser cada vez más transparentes en las sociedades abiertas y en las redes. Consumidores, accionistas, clientes, trabajadores demandamos transparencia, calidad, sostenibilidad y las empresas se veían así obligadas a un camino de superación de sus marcos legales para ganar crédito, confianza y reputación social. Éste era el marco conceptual que nos llamaba, a quienes queríamos convertir a las empresas en actores de Bienestar Social y de sostenibilidad medioambiental, a desarrollar este concepto que llegamos a concebir como una herramienta de progreso social.

Han pasado veinte años desde entonces y la cultura de la responsabilidad de las empresas ha avanzado extraordinariamente, con luces y sombras, como todo en la vida. Pero hoy, las leyes nacionales y europeas han incorporado una serie de exigencias en materias de información, comercio, medio ambiente, condiciones de trabajo, cadenas de suministro, etcétera, que son fruto de esta cultura que en sus comienzos eran acciones voluntarias y que la generalización de sus prácticas y la exigencia social, han convertido en leyes para todos.

Esta coincidencia en una cultura de la responsabilidad y una órbita ideológica progresista en la que giramos juntos, le ha llevado a Manuel a proponerme prologar su libro.

Toda la primera parte es un tratado sobre la responsabilidad concebida con estas derivadas positivas que estamos explicando. La libertad es el mayor Don del ser humano, pero sin responsabilidad, puede convertirse en un peligroso instrumento contra él. De hecho, en nombre de la libertad se han cometido atrocidades y crímenes de lesa humanidad.

La responsabilidad es la consecuencia de la libertad. Su basamento reside en ella y habita en la llamada libertad relativa que es aquella en la que la acción (o la pasividad), la elección y la decisión se materializan con responsabilidad.

Para llegar a la responsabilidad compartida, la que surge de una libertad abierta, comunicada y social, que tiene en cuenta a los otros, el autor desarrolla en el primer tomo de este libro, todo un compendio sobre los saberes y los conocimientos organizados del concepto y llegar así a una visión poliédrica de la responsabilidad. Esta es la primera parte teórica y filosófica de esta obra que yo les recomiendo vivamente.

El segundo tomo, *Libertad sin responsabilidad. Las raíces totalitarias de la idea de la libertad* —que saldrá publicado a principios del año 2025—, será la ejemplificación de la libertad sin responsabilidad en el nazismo y sus crímenes. El autor toma este trágico episodio de la historia europea para desmenuzar la ideología y el comportamiento personal de los líderes nazis, pero principalmente para ahondar en la responsabilidad que conlleva y su distribución entre los actores de aquella perversión humana.

Quizás resulte para muchos un tema ya demasiado explorado y suficientemente conocido. Pero, se equivocan si creen que este desmenuzamiento de las responsabilidades del nazismo incide en lo ya sabido. El autor hace un recorrido muy preciso y muy bien documentado sobre hechos, ciertamente conocidos, pero le añade esta perspectiva de la irresponsabilidad, derivada de la concepción elitista y superior de la raza aria del nazismo y consecuencia en definitiva del desprecio al otro, a los otros, en que residían sus primarios sentimientos.

Se equivocan también si piensan que aquello es sólo pasado. La falsedad y el uso interesado de la información hasta el punto de su manipulación más grosera, no son, desgraciadamente, cosa del pasado, aunque fueran, sin duda, signos evidentes del comportamiento nazi. Las reflexiones que nos propone el autor vienen a cuento porque nuevos peligros amenazan a ese edificio deliberativo de la democracia, porque los avances tecnológicos añaden posibilidades de engaños masivos en la atribución de declaraciones o comentarios de los responsables públicos o cuando se constatan maniobras de manipulación cibernética a gran escala. Poderes ocultos trabajan en la clandestinidad de grandes máquinas capaces de orientar opiniones públicas en las conversaciones de las redes. No es el nazismo, pero sus pretensiones de manipulación se le parecen mucho.

Veamos sólo dos ejemplos de la actualidad sobre este delicado equilibrio entre libertad de expresión y responsabilidad democrática. Un juez de Brasil acaba de bloquear la red social X ante la negativa de su dueño, Elon Musk, a cumplir sus órdenes. Como bien ha recordado el comisario francés de la Comisión Económica Europea Thierry Bretón: «las plataformas, como X, no pueden ser espacios sin ley».

A su vez y casi en los mismos días, la detención en Francia de Pavel Durov, consejero delegado de Telegram, pone de relieve el delicado equilibrio entre libertad de expresión y responsabilidad de las plataformas. Sin duda, su arresto ha suscitado un amplio debate en el mundo entero sobre los límites de la libertad de expresión, pero bien podríamos decir también que sobre la defensa misma de la democracia. Como denunciaba recientemente Francesca Bria, economista experta en política digital y consultora de Naciones Unidas y de la Comisión Europea: «Cuando personajes como Elon Musk utilizan sus plataformas para dar un altavoz a las opiniones de ultraderecha, apoyar a líderes divisivos e incitar a la violencia contra los inmigrantes y los marginados, no están ejerciendo la libertad de expresión, sino socavando los principios fundamentales de la democracia».

De manera que, asusta pensar en el futuro democrático cuando las redes nos muestran tan peligrosas tendencias. Basta ver a millones de ciudadanos en el metro o en el bus o en los trenes, siguiendo la cantidad de sandeces que les dicen o les hacen sus *'influencers'* o seguir los comentarios en las redes de personas que se ocultan en el anonimato para vomitar insultos o hacer chistes malos sobre declaraciones de responsables públicos o autoridades representativas. Basta imaginar un tiempo, no tan lejano, cuando la inteligencia artificial proporcione a algunos desalmados la posibilidad de manipular a líderes políticos o económicos, atribuyéndoles declaraciones contrarias a su pensamiento, o simplemente falseando sus opiniones.

Por todo ello, este libro es oportuno y necesario. Porque hablar de libertad siempre es bueno, y hacerlo en la misma ecuación con la responsabilidad, es necesario. Hoy más que nunca.

DEDICATORIA

Esta obra está dedicada a quienes consideran que, creyendo tener la razón, toda la razón, ello les dota de alguna autoridad. Pues bien, no la tienen.

AGRADECIMIENTOS

Toda obra, en alguna medida, tiene siempre algo de colectivo, de conjunto, en definitiva, de colaboración. Y este libro, no iba a ser menos; por ello, también goza de haber sido elaborado en relación, en cierta comandita, de ahí los agradecimientos.

A Fernando Navarro, reputado especialista en varios de los temas tratados en esta obra, por haberse tomado la molestia de corregirla y mejorarla. A Gonzalo Gonzalez, amigo y socio, por haberme cobijado durante su elaboración final; a Juanjo Manso, socio y amigo, de quien tanto aprendo trabajando a su lado. Y a quienes, como José Ramón García o Víctor Hugo Malagón, con su amistad y apoyo, han posibilitado que esta obra pudiese ser, finalmente, objeto de publicación. Dedicado agradecimiento en especial al editor Gonzalo Sichar por seguir mantenido la valentía de publicar obras con fundamento.

Y, por supuesto, esta obra debe mucho a las horas sustraídas a la familia, a María, Víctor y Santi, incluso a García, nuestro perro, para quienes nunca habrá agradecimiento suficiente.

PREFACIO A LA OBRA

«No debería suponerse un 'nosotros' cuando el tema es la mirada al dolor de los demás».

«Ante el dolor de los demás»

Susan Sontag, 2004, página 8.

Los otros, ni el cielo ni el infierno. En el purgatorio de la vida, los otros resultan ser aquellos actores inevitables con quienes, al relacionarnos, damos forma a la libertad. Una libertad que se ha construido sobre las vidas de numerosos otros, en ocasiones, quizás en demasiadas, enarbolando su nombre, haciendo bandera de una esencia humana muchas veces descrita, pero, en pocas ocasiones sustentada en argumentos realmente válidos e irrefutables.

Posiblemente no haya una única libertad, sino múltiples vivencias convertidas en sus acepciones. Lo que parece intocable es que el refugio en la libertad, incluso sólo su nominación, salvaguarda prácticamente todo aquello que podamos considerar de interés humano. La libertad es el mayor don que puede sustanciar al ser humano, connotándolo de manera inevitable, y a ella sacrificamos múltiples ofrendas, en un ritual que, frente a todo otro tipo de liturgias, cambia en cada invocación, por cada nueva proclama, en cada novedosa reivindicación. Palabra a la que es posible siempre agarrarse con una de nuestras manos compartiéndola con diversas creencias e ideologías a la vez; con la otra es con la que nos asimos, también desde siempre convertida en vocablo intocable, a un anhelo que resulta acabar siendo utilizable en cualquier momento y casi para cualquier circunstancia.

Para buena parte de Occidente, en particular aquella que se considera en débito con griegos y romanos, la libertad se convirtió en tierra conquistada con su conversión en una tríada sacra a partir de la Revolución Francesa, sustentando los logros de una mejora humana y social de la comunidad que configura a la humanidad, pudiendo expresar su esencia únicamente tan sólo con tres lemas: *Liberté, Égalité, Fraternité*. Si bien la primera parece haber culminado su extensión, la segunda está, en camino, sin horizonte nítido de llegada, y, la tercera, da sus primeros pasos después de la Segunda Guerra Mundial, quizás fruto de sus consecuencias tan devastadoras, siendo una de ellas los genocidios producidos en los regímenes totalitarios, haciendo que Bernard Bruneteau titule su libro sobre las violencias, las masacres, los exterminios y los procesos de la devastación humana más importantes ocurridos en lo largo del siglo XX, desde Armenia a Ruanda, como *El siglo de los genocidios*.

No seamos ingenuos y creamos infantilmente que la lucha por la libertad haya estado exenta de comportamientos interesados e incluso cuajado de intenciones malsanas y criminales contra 'los otros'. En nombre de la Libertad, ya con mayúsculas, se han cometido atrocidades sin par. La palabra Libertad, en su semántica interna, aquello que la dota de contenido, no se encuentra exenta, pues, de connotaciones torticeras y totalitarias donde, para conseguir un fin, frecuentemente ilegítimo, se recurre a medios que suponen la agresión e incluso la desaparición violenta ya no de 'los otros', sino también de los ya convertidos en 'los demás', esa parte nuestra impresa en el código genético de lo humano, demasiado humano tal vez.

En esta obra se tratará un aspecto específico de la Libertad que, como también ocurre en su formato como término madre de otros como son la Responsabilidad, la Autonomía o la Conciencia, se dice y se habla nominalmente, pero con poco avance, sobre todo novedoso, y que se suele argumentar igual desde hace ya algunos siglos. Y esto es, remedando a Lenin —tal y como alude Ramón Jáuregui en su Prólogo—, somos libres, pero, ¿para qué ser libres? Incluso, si apuramos el camino por el cauce hacia las fuentes y abrevamos un poco más arriba en el rio de la Libertad, a poder ser en el mismo origen de la sabiduría, henchidos por un líquido reconfortante, podamos preguntarnos, una vez saciados, ¿tiene sentido ser libre?, esto es, si vale la pena sólo ser libres sin igualdad y sin fraternidad.

Ante una visión única de la Libertad, reivindicamos una libertad abierta y comunicada, ajena a una concepción individualista y negadora de las vinculaciones que conlleva su ejercicio, alejada de una práctica totalitaria resultado de su consideración como un absoluto, intocable, sustituyendo a una deidad que todo lo ve y todo lo cubre, convirtiendo a los seres humanos en opresores unos de los otros por una expansión codiciosa de sus propios meros intereses individuales. Una Libertad bien relacionada, porosa, que pueda mirar a los lados y encontrarse con sus hermanas, la Igualdad y la Fraternidad como Ideas Fin, implica, como apunta Susan Sontag, su logro gracias a poder «*matar al esclavo que llevamos dentro*». Una evolución natural de la Libertad para los seres humanos obliga a derribar el árbol seco de la Libertad sostenida por raíces totalitarias, de identidad única incontestable, convertido el yo en uno, como una totalidad intocable, y volver a plantar el árbol sostenido por los tutores de la Igualdad y la Fraternidad, en definitiva, la apertura a los Otros como garantes de mi propia libertad. Sin los Otros, sin los Demás, no puedo ser libre, prácticamente soy poco, casi nada. En definitiva, no soy.

Ese esclavo que considera que sus grilletes son lo único que le ata a su amo, cuando, en realidad, se es esclavo porque, libremente, se ha escogido vivir bajo la esclavitud, no rebelarse ante la imposición debido a que, en el fondo, los otros, los demás, son esclavos más que uno y los otros, los demás, no los considero hermanos en la esclavitud, gracias a los privilegios que haya logrado. En el fondo, todo es una cuestión de medida, como en aquella entrevista a unas monjas de clausura donde estas comentaban su adscripción al principio de la liberación porque en vez de tener las ventanas tapiadas con dos verjas, habían suprimido una.

La Libertad entendida como la consideración del territorio común con los Otros como parte de la demarcación propia en la procura de la Igualdad y sin su conexión con la Fraternidad para con los Demás, no deja de ser una representación y ejemplo del totalitarismo que, como bien describiría Hannah Arendt en *Los orígenes del totalitarismo*, todos ellos se caracterizan por comenzar reivindicando la libertad como un logro a obtener para, con posterioridad, acabar restringiendo los más mínimos derechos resquebrajando la Igualdad y evitando la Fraternidad: «*La privación fundamental de los derechos humanos se manifiesta primero y sobre todo en la privación de un lugar en el mundo que haga significativas a las opiniones y efectivas a las acciones. Algo mucho más fundamental que la libertad y la justicia, que son derechos de los ciudadanos, se halla en juego cuando la pertenencia a la comunidad en la que uno ha nacido ya no es algo corriente y la no pertenencia deja de ser una cuestión voluntaria, o cuando uno es colocado en una situación en la que, a menos de que cometa un delito, el trato que reciba de los otros no depende de lo que haga o de lo que no haga. Este estado extremo, y nada más, es la situación de las personas privadas de derechos humanos. Se hallan privados, no del derecho a la libertad, sino del derecho a la acción; no del derecho a pensar lo que les plazca, sino del derecho a la opinión. Los privilegios en algunos casos, las injusticias en la mayoría de éstos, los acontecimientos favorables y desfavorables, les sobrevienen como accidentes y sin ninguna relación con lo que hagan, hicieron o puedan hacer. [...] Antes de esto, lo que llamamos hoy un «derecho humano» hubiera sido considerado como una característica general de la condición humana que ningún tirano podía arrebatar. Su pérdida significa la pérdida de la relevancia de la palabra (y el hombre, desde Aristóteles, ha sido definido como un ser que domina el poder de la palabra y del pensamiento) y la pérdida de toda relación humana (y el hombre, también desde la época de Aristóteles, ha sido considerado como el «animal político», el que por definición vive en una comunidad), la pérdida, en otras palabras, de algunas de las más esenciales características de la vida humana. Esta era, hasta cierto punto, la condición de los esclavos, a quienes por eso Aristóteles no incluyó en-*

tre los seres humanos. *La ofensa fundamental de la esclavitud contra los derechos humanos no estribaba en que significara una privación de la libertad (que puede suceder en muchas otras ocasiones), sino en que excluyera a una cierta categoría de personas incluso de la posibilidad de luchar por la libertad —una lucha posible bajo la tiranía e incluso bajo las desesperadas condiciones del terror moderno (pero no bajo las condiciones de la vida del campo de concentración)—. El crimen de la esclavitud contra la Humanidad no comenzó cuando un pueblo derrotó y esclavizó a sus enemigos (aunque, desde luego, esto era suficientemente malo), sino cuando la esclavitud se convirtió en una institución en la que algunos hombres «nacían» libres y otros «nacían» esclavos, cuando se olvidaba que era el hombre quien había privado a sus semejantes de la libertad y cuando la sanción por este crimen era atribuida a la Naturaleza».* Libertad, sin Igualdad y sin Fraternidad, deriva en imposición y, con posterioridad, en eliminación del opositor. Considerarse diferentes sin basamento en la igualdad, aboca, indefectiblemente, a la confrontación, a la beligerancia en la reivindicación de lo propio como intocable, para acabar convirtiéndolo en mejor que lo ajeno. Pero, en realidad, al final, lo propio es lo ajeno; lo queramos o no, lo aceptemos o no, estamos a cargo de los demás.

INTRODUCCIÓN

«Yo no creo que todos los hombres sean iguales, pues por encima de todo, somos individuales y diferentes. Pero la individualidad y la diferencia no se deben sólo a los dones con los que nos es dado nacer. Dependen igualmente del límite hasta el que se nos permite desarrollarnos en libertad.

Existe un núcleo esencial todavía mal definido y poco comprendido en nuestro ser que, bajo esta libertad, se manifiesta, casi como el nacimiento, y que nos separa o incluso libera de influencias intrínsecas, y determina de ese modo nuestra conducta moral y nuestro crecimiento. Un monstruo moral, creo yo, no nace, sino que se produce por interferencia con este crecimiento. Desconozco cuál es ese núcleo: mente, espíritu o quizás una fuerza moral ignota. Pero creo que, en el sentido más fundamental, la personalidad individual sólo existe, sólo es válida, desde el momento en que emerge, cuando a la edad que sea (en la infancia, con suerte) empezamos a estar al cargo y a ser cada vez más responsables de nuestras acciones.

La moralidad social depende de la capacidad individual de tomar decisiones responsables, de practicar la selección fundamental entre el Bien y el Mal. Esta capacidad deriva de dicho núcleo misterioso: la verdadera esencia de la persona humana.

Esta esencia, de todos modos, no puede manifestarse o existir en el vacío. Es profundamente vulnerable y dependiente de cierto clima de vida, de la libertad en el sentido más hondo. No del libertinaje, sino de la libertad para crecer, en la familia, en la comunidad, en la nación y en la sociedad humana como conjunto. El hecho de su existencia, por tanto —el hecho de nuestra existencia como individuos válidos—, es prueba de nuestra interdependencia y de nuestra responsabilidad para con el otro.»

«*Into that Darkness (Desde aquella oscuridad)*», Gitta Sereny, Epílogo, páginas 551 y 552.

«*Auschwitz ha cambiado nuestra forma de pensar el mundo, la historia, ha trastocado nuestras categorías. Después de Auschwitz, la «justicia no es cuestión de imparcialidad, sino de responsabilidad. El tiempo es el otro, y la responsabilidad es la respuesta a la demanda del otro, a su apelación, al grito del rostro que está presente, pero también de aquél que no está vivo, pero que revive en la memoria. El otro, la víctima sabe lo que el vencedor ha olvidado: que el presente está construido sobre los cadáveres de las víctimas» (cita de J. C. Mèlich). Por tanto, una filosofía que después de Auschwitz no tenga en cuenta el otro, que no parta del principio de responsabilidad, es una filosofía al servicio de los verdugos*».

«*La banalidad del mal*», Ana Rubio Serrano, página 25.

«—*Tendría que haber escogido un tema más simple —me dijo—. ¿Cómo cuál? —le pregunté—. Como la libertad, por ejemplo*».

«*Memorias de un historiador del Holocausto*» («*The Politics of Memory*»), Raul Hilberg, página 192.

En una de las obras menos nombradas de Elías Canetti, *Fiesta bajo las bombas. Los años ingleses*, y en el apartado de título «*Oskar Kokoschka*», relata el ciudadano del mundo con origen búlgaro sus encuentros con el austriaco pintor expresionista. Canetti llegó a Inglaterra en el inicio del año 1939, huyendo, como el propio Kokoschka, de la persecución nazi posterior a la vergonzosa y claudicante *Anschluss* o *Blumenkrieg* (la primera de las denominadas 'Guerras de las Flores'), alemana sobre el territorio austriaco (aquella retorcida actuación concebida en 1938 y llamada en secreto 'Operación Otto', en honor del homónimo hijo mayor de Carlos I, el último emperador de Austria y IVº rey de Hungría y Bohemia, Otto de Habsburgo-Lorena, regio y recio opositor al nazismo). Poco después de su difícil inmersión en la altiva sociedad inglesa, el escritor habría de reencontrarse con el pintor y poeta y dicho encuentro será referido por Canetti al modo siguiente:

«A principios de la guerra, cuando volví a verlo —dos o tres años después de nuestro primer encuentro en Praga—, no llevaba ni media hora con él cuando se atribuyó una culpa tremenda. Él mismo, decía, era culpable de la guerra, culpable de que Hitler, que quería ser pintor, se hubiera hecho político. Ambos, Oskar Kokoschka y Hitler, se habían presentado para la misma beca de la Academia de Bellas Artes de Viena. Kokoschka fue admitido; Hitler, rechazado. Si en lugar de Kokoschka hubiera sido admitido Hitler, éste no se hubiera dedicado a la política, no existiría el partido nacionalsocialista y no habría estallado la guerra. Así pues, Kokoschka era culpable de la guerra. Lo decía casi sugestionado, con más énfasis del que solía emplear, y lo repitió varias veces; volvió sobre ello cuando la conversación había virado ya a otros temas, y tuve la extraña sensación de que Kokoschka pretendía con ello ponerse en el lugar de Hitler. Es indudable que no compartía con Hitler ni la décima parte de una opinión cualquiera, estaba resueltamente contra todo lo que éste había provocado en el mundo, odiaba toda forma de racismo, detestaba la guerra, le había afectado profundamente que su pintura fuera condenada como 'decadente'. Pero le parecía intolerable estar involucrado en el curso de la Historia sin significar algo en ella, aunque sólo fuera por una culpa, una culpa muy discutible. También aspiraba a ejercer influencia sobre lo que sucedía, y por eso intentaba utilizar a las pocas personas que conocía en ese tiempo para objetivos determinados, incluso políticos».

Hasta aquí la cita del autor de *Masa y Poder*, obra deudora, aunque seguramente que también muy a su pesar, de la figura del *Führer* Adolf Hitler. Pero ¿hasta qué punto Oskar Kokoschka puede considerarse directamente culpable de la Segunda Guerra Mundial, el mayor conflicto armado sucedido en la Historia con mayúsculas de la Humanidad, también esta con letra capital? ¿Y de los sucesos ocurridos posteriormente al año 1939 así como de las consecuencias posteriores? Por lo tanto, ¿resulta posible imputar la plena responsabilidad a alguien, quien ha sido parte inicial, aunque muy menor y de manera inconsciente, de uno de los momentos de destrucción organizada mayores que ha vivido el ser humano sobre la faz de la tierra?

Utilizando este revelador episodio como referente primero, pretendemos responder, de manera argumentada, a una pregunta desde los fundamentos del conocimiento del propio ser humano y ésta es *¿Qué es/significa SER responsable?* El origen habremos de encontrarlo en el primero de los términos del binomio sintagmático, en el mismo ser, en su sostén óntico y sus propias dimensiones ontológicas. Y de este modo, la pregunta por el hecho de ser responsable hunde sus raíces en la eterna pregunta por el ser, la base original y sustentante de las primeras cuestiones ofrecidas desde la Metafísica, en ese caso, desde la Ontología. En definitiva, supondrá aplicar los fundamentos del pensar en filosofía mediante el uso de preguntas.

A partir de este primigenio cuestionamiento, surgen varios más al amparo de su estela: *¿Por qué se DEBE SER responsable?* y *¿De qué voy a seguir SIENDO responsable?*; en definitiva, son las dos extensiones más inmediatas del *SER*, en este caso responsable, las cuestiones que atañen al *DEBER SER* y al *SIENDO*. Desde una perspectiva filosófica, la primera se aplica sobre la dimensión ética y la segunda ante una orientación hacia los fundamentos antropológicos del actuar humano. Así mismo y como derivada frente al par de extensiones del sustrato metafísico de la pregunta misma por el ser responsable y ya en un segundo nivel, aparecerán otros requerimientos más prácticos que aplican sobre *¿De qué o de quién somos responsables?* y *¿Ante quiénes somos responsables?*, en definitiva, las aplicaciones de los ámbitos anteriormente mencionados, es decir, no sólo la vertiente enfocada hacia la ética, esto es, como derivada y en su vertiente práctica, la moral, sino también aquellas disciplinas particulares que afectan a sus trascendencias social, política y jurídica. Incluso, y ya ahondando más en la mencionada extensión, todo ello inscrito en el tiempo, la cuarta y última de las preguntas que nos podría asaltar enlazada con las tres expresadas anteriormente sería, afectando al *SERÁ*, *¿Desde cuándo se es y hasta cuándo se SERÁ responsable?*, esto es, incorporada a todo lo que afecta a la dimensión colectiva e incluso, dilatada en el tiempo, histórica del ser humano.

Resulta curioso, a la par qué de gran interés, constatar cómo las cuestiones referentes a la Responsabilidad han tenido un bajo eco en el pensamiento filosófico, al menos como un tema exento, a lo largo de la historia de la disciplina. Pocos han sido los autores que se hayan ocupado de esta característica del actuar humano, habiendo gravitado habitualmente las disquisiciones y los análisis sobre este concepto alrededor de la ética y la moral, derivando en ocasiones también al ámbito del derecho, tanto hacia lo civil como hacia lo penal. No existen, desde el originario pensamiento heleno, tratados específicos sobre la responsabilidad, y autores de la altura de Kant, Schopenhauer o Rousseau aludieron brevemente a los contenidos propios de la Responsabilidad, pero no profundizaron en sus razones ni en sus extensiones. En definitiva y hasta la actualidad, consideramos que no se ha fundamentado por qué se ha de ser responsable, no se ha indagado en cuáles son las razones por las que resulte bueno, adecuado o necesario actuar responsablemente e, incluso, yendo más a su mismo núcleo constitutivo, si, como tal, la Responsabilidad tiene una dimensión práctica en sí misma sin ser por ello soporte de algún otro modo de actuar consciente. Se estima así una exigencia casi como un *a priori*, el hecho de que ser responsable se nos aparezca como propio del sujeto humano, considerándose un acto más de fe que de razón y, por tanto, anterior a la necesaria reflexión. Ser responsable se nos manifiesta como algo innecesario de justificación, evidente en sí mismo y obvio «por naturaleza». Pero, a nuestro entender no nos parece como tal, algo tan definitivo y rotundo, precisando, por lo tanto, una indagación de mayor honda profundidad.

Nos proponemos, tomando como punto de partida esta situación descrita, lograr tres objetivos concretos:

- Fundamentar el concepto de la Responsabilidad, entendido como un elemento inherente a la idea de Libertad.

- Acotar el término y sus contenidos, así como todo el espectro relacional considerable como un sintagma propio y específico.

- Y, por último, sostenerlo argumentada y argumentalmente llegando, incluso, a concebir su futuro.

Pretenderemos, por tanto, elaborar la necesaria arquitectura conceptual y terminológica que permita abordar con rigor todo el campo de influencia de la responsabilidad en el conjunto de sus posibles propagaciones. Partiendo de la consideración sobre el inherente sentido orientado responsablemente que mantiene el actuar humano, lo cual también deberemos razonar, convocaremos numerosos saberes y conocimientos organizados para así poder estimar debidamente la visión poliédrica que exige la Responsabilidad.

La reflexión sobre los fundamentos de la Responsabilidad conectará, desde la perspectiva histórica, más adelante, con la orientación manifestada por «*los otros avisadores del fuego*», retomando la expresión atribuible a todos aquellos autores que presagiaron las consecuencias e implicaciones de la sinrazón nacionalsocialista parida en Alemania en el primer tercio del siglo XX. Polemizaremos con los pensadores que pueden cubrirse bajo el paraguas común de los que denominaremos como «*los filósofos de la sospecha sobre el progreso tecnológico*», es decir, todos aquellos quiénes, en el entorno del sendero abierto por la metafísica de Heidegger (sobre todo en lo referente a su desconfianza acerca de la técnica y la tecnología), asumieron la consideración de la Responsabilidad como virtud eminentemente humana, alerta ante las implicaciones de un futuro abrumadoramente tecnológico. Serán pensadores de la talla del propio Martin Heidegger (*La pregunta por la técnica*, de 1949), Hans Jonas (*El principio de responsabilidad*, de 1979) o Günther Anders (*La obsolescencia del hombre*, de 1956 y 1980), y otros no tampoco menores, aunque sí menos relevantes en la actualidad como Eduardo Nicol (*El porvenir de la filosofía*, de 1972) y Jacques Ellul (*La técnica o la apuesta del siglo*, de 1954). Así como Franz Rosenzweig o Walter Benjamin, (en feliz expresión de este último, los *Feuermelder* o 'avisadores del fuego' de su obra de 1928 titulada *Einbahnhnstraße* (*Calle de sentido único*), supusieron las clamantes conciencias sobre los resultados de la catástrofe inminente que conllevaría la puesta y eclosión del huevo de la serpiente del hitlerianismo, aún no habiendo vivido en carne propia las consecuencias de 'la Solución Final', siendo quienes sospecharon y denunciaron que la metafísica occidental contemporánea era una ontología del totalitarismo y su derivación notoria la confrontación y la guerra, estos autores mencionados se convirtieron en tronantes y sonoras trompetas, heraldos sobre la orientación hacia la destrucción que presenta la tecnología, bebiendo con ello de una postura ya anunciada por su maestro Heidegger, metafísico por excelencia del siglo pasado. El progreso tecnológico, sin matices, conlleva para ellos, inevitablemente, la degradación del ser humano.

Dos partes bien diferenciadas se presentarán en esta obra, dividida en dos volúmenes. En la primera, se argumenta sobre la Responsabilidad; en la segunda, se ejemplifica sobre la Responsabilidad. La inicial es filosófica; la consiguiente, histórica. Por la anterior, transitaremos, entre otros saberes, a través de la lógica, la epistemología, la antropología, el derecho, la ética, la moral o, incluso, la política; por la posterior lo haremos a través de la historia y los relatos de vida, en esta ocasión la contemporánea, en concreto la correspondiente al periodo de nacimiento, auge, apogeo y destrucción provocadas por el nazismo, con todas sus macabras y delictivas extensiones, las cuales nos permitirán ejemplificar lo expuesto y concretar de un modo más práctico las taxonomías consideradas en la primera parte a través de personajes relevantes del nacionalsocialismo responsables de los desastres provocados por el nazismo.

LA RESPONSABILIDAD COMO IDEA FUNDANTE DE LA LIBERTAD

1. Libertad y Responsabilidad: la extraña pareja

«La libertad supone responsabilidad. Por eso la mayor parte de los hombres la temen tanto»

George Bernard Shaw

«No busquemos solemnes definiciones de la libertad. Ella es sólo esto: responsabilidad»

George Bernard Shaw

Hemos tomado, como inicio de este apartado, dos citas del mismo autor, el irlandés George Bernard Shaw, satírico crítico de su tiempo y por extensión, del género humano; son ejemplos de una de las confusiones más habituales al tratar el tema general de la Libertad y el específico de la Responsabilidad: considerarlas ideas o conceptos no sólo similares o coincidentes sino, incluso, iguales y sustituibles.

Son abundantes las referencias y caracterizaciones apuntadas por numerosos analistas acerca de la concepción sobre las connotaciones y las derivadas de la Libertad con mayúscula. Pero, tal y como pretenderemos ofrecer en este capítulo, lejos de poder considerarse Libertad y Responsabilidad términos equivalentes e, incluso, intercambiables, ambos hacen referencia a realidades muy distintas y diferenciables, aunque conectadas. Es más, así como la Libertad ha sido una idea ampliamente tratada y debidamente desmenuzada, no ocurre lo mismo con la Responsabilidad y su inextricable relación con la Libertad.

El basamento de la Responsabilidad lo haremos residir en la Libertad; de este modo, la responsabilidad mora en la libertad. La acción humana (entendida esta al modo de Ludwig von Mises, es decir, *todo comportamiento con un propósito* (consciente)), está, indefectiblemente, instalada en la Libertad, y de este modo, utilizando la distinción clásica entre Libertad Absoluta y Libertad Relativa, la Responsabilidad la haremos habitar en la última, en la Libertad Relativa. Consideramos por tanto que existe un concepto, estimado al modo de un universal, que afecta a la Libertad en cuando Idea Fin, de fundamento teórico y trascendente. Frente a esta concepción de orden abstracto, la Responsabilidad a tener en cuenta reside en la Libertad Relativa; la aplicación práctica (*libertad para actuar*) de la Libertad Relativa, en cuanto uso, lo supone la Responsabilidad.

Sosteniéndonos en la mencionada distinción, consideraremos a la Libertad, tal y como se acaba de citar, como una Idea Fin, cercana a la concepción de la Libertad Absoluta, imposible en una consecución final completa de por sí, pero vital en su desenvolvimiento. Partimos por tanto de la inexistencia real como tal de la Libertad Absoluta, restringible únicamente al ámbito de la mera teoría, considerable como una de las más importantes Ideas Fin aplicables al ser humano (donde tales otras son la Igualdad, la Justicia, la Solidaridad (o Fraternidad) y la Felicidad), existentes como abstracciones, como ese tipo de luz referencial que ilumina el actuar humano pero imposibles de colmar totalmente en la práctica.

En línea con lo anterior y no negando la existencia, aunque meramente ideal, de la Libertad Absoluta o Teórica, estimamos a ésta como idea en sí misma, como *Idea Fin,* siendo la Libertad Práctica una *Idea Medio.* Y será en esta vertiente pragmática donde residiremos, donde haremos vivir y se afianzará la Responsabilidad. Una posible ética de la responsabilidad genérica, como veremos con detalle más adelante, mora en una ética de las ideas medio y no tanto en una ética de las ideas fin; y por ello, es necesario analizar su derivada de aplicación y no tanto su abstracción teórica. Una ética de ideas fin aboca, necesariamente, a una opción absoluta basada en una raíz de creencia y que determinaría una moral orientada previamente y que no se enfocase al ejercicio de la libre elección como tal, su vertiente '*de uso*' en definitiva. Como podremos argumentar más adelante, la concepción de la Responsabilidad que se haya fundada en su absoluta equivalencia con la Libertad tendrá siempre un origen religioso o encuadrado en una moral de base revelada. Se convertirá en una realidad revelada y no en una exigencia rebelada. Estaríamos así, ante lo revelado y no ante lo rebelde. Es por esto que la Responsabilidad, con su sustrato netamente humano, siempre habitará en el mundo de la rebeldía y no en el de la revelación. Podemos comenzar a afirmar que una Responsabilidad que no se concrete, que no se especifique y tome tintes de requerimiento y justificación, devendrá en una mera nominación, sin mayor trascendencia que su enunciación, siendo parte, habitualmente, de argumentaciones basadas en la revelación y no en la rebeldía, como ya hemos hecho notar.

Partiendo de la inexistencia real en la práctica de la Libertad Absoluta, restringible únicamente al ámbito de la mera teoría, abogamos, en esta misma línea y habiéndolo citado ya, por estimar la existencia de otras cuatro Ideas Fin, siendo estas, la Igualdad, la Justicia, la Solidaridad o la Felicidad. De este modo, existiría la Igualdad, pero no hay una igualdad absoluta posible a término; habría Justicia, pero no acontece un ejercicio completo y radical de la misma con carácter infalible y rotundo; lo mismo ocurre con la Solidaridad, puesto que es imposible que se produzca siempre y de modo completo. Ni que decir tiene que es necesariamente imposible que se dé una Felicidad redonda y sostenida perennemente en el tiempo, completa. En definitiva, las Ideas Medio nacen directamente de los más intrínseco del ser humano y ahí es donde reside su valor.

Supone la Libertad el ejemplo de una idea generada por y para el goce del entendimiento, como extrapolación a los obligados límites del actuar humano que exige una dimensión superior del ejercicio de la libre acción concreta. La concepción de la Libertad Absoluta, considerada esta como *causa sui*, se restringe al marco de la Metafísica, como una cualidad trascendente de la libertad en sí, esencia del ser humano. De la Libertad que partimos es de la Relativa, aquella que se concreta en los límites impuestos por la mera práctica. La mediación en la aplicación concreta de la libertad a través de su vertiente de uso la ejercita la Responsabilidad.

La Libertad Relativa configura lo que denominaremos y definiremos como '*Perímetro de la Libertad*', el campo de ejercicio de dicha libertad relativa en su inevitable vertiente práctica.

Este nominado como '*Perímetro de la Libertad*' supone la confluencia de tres elementos o componentes necesarios para ejercerla, en definitiva, sustentos considerables como Conceptos similares, aunque no iguales a las Ideas Medio; tales son la Responsabilidad, la Independencia y la Conciencia. Y así,

- La *Libertad para actuar* se produce gracias a la acción de la **Responsabilidad**.

- La *Libertad para elegir* se genera a través de la **Independencia** (o **Autonomía**).

- La *Libertad transcendente* o *Libertad para decidir*, supone la ejecución y puesta en práctica de la **Conciencia** (entendida como '*darse cuenta*' o '*ser consciente de*').

Como puede deducirse, es imposible convertir en absolutos a los componentes de la Libertad. No existe una Responsabilidad Absoluta, como tampoco una Independencia o un Conciencia Absolutas. Estos tres conceptos se deberán mover siempre en lo contingente, lo relativo y lo práctico para resultar útiles y practicables. De no ser así, no podrían ser atributos humanos. Al modo de Popper, la Libertad lo es debido a que puede ejercerse, porqué existe la restricción e incluso su cancelación.

En consecuencia, dado que hay libertad y posibilidad de su puesta en práctica, hay, necesariamente, responsabilidad y por ello la responsabilidad sólo puede ser ejercida y ejercitada en el marco de la existencia real del libre actuar humano, del clásico *libre albedrío o arbitrio*; es, de este modo, como ambas se condicionan y se determinan. La Libertad sólo se rebela en la práctica de la actuación, en su uso, a través de la Responsabilidad (como también ocurre con la Independencia y con la Conciencia); yendo un poco más allá y rebasando el mero horizonte teórico, en dicha práctica, la Responsabilidad, como elemento exento, se convierte en el *«coste inherente»* al ejercicio posible de la Libertad. Pero una idea plena de Libertad supone la confluencia de las tres posibilidades enunciadas: la inherencia de la responsabilidad (*«toda acción tiene, al menos, consecuencias»*), la necesaria autonomía en el actuar, alejada del automatismo o del instinto (*«siempre hay un sujeto que actúa por decisión propia»*) y la conciencia sobre lo realizado (*«dándose cuenta acerca de qué se está decidiendo y para qué se está actuando»*). La privación manifiesta de alguno o de todas las categorías aplicables a la Libertad hace que esta no se pueda considerar como tal, impidiendo su presencia y ejercicio.

Hay Responsabilidad porque hay Libertad que la abarca y determina; la Responsabilidad deriva en un concepto similar a una idea medio, un previo a la ejecución en cuanto asunción de las consecuencias del actuar. La habitud de la Responsabilidad se encuentra en la Libertad, residiendo por tanto en el ser y no en el deber ser (ese deber ser que, en el fondo, en la mayoría de las éticas y morales de base prescriptiva, deontológicas y por lo tanto sostenidas en la creencia y en la fe, se encuentra ya, de origen y con anterioridad, en el ser). Cuando hablamos de la libertad absoluta y por tanto asentando en ella una posible responsabilidad absoluta, nos hallamos en el mundo de la teología, puesto que siendo Dios la causa absoluta, del primer motor como atributo dimana la libertad absoluta y por tanto la responsabilidad absoluta. Es más, dicho orientación acaba derivando en una Teodicea, dado que por la circularidad de su razonar, la causa primera exige no solo el reconocimiento como tal, sino que cualquier consecuencia se convierte en justificación. La existencia de la responsabilidad supone una afirmación de la libertad individual, es decir, hay Libertad porque se puede ejercitar la Responsabilidad (así como también ocurre con la Autonomía y con la Conciencia). Una Libertad sin Responsabilidad (y, por supuesto, sin autonomía y sin conciencia) no es Libertad *stricto sensu*. La Libertad existe, en gran parte, porque, dada una elección, sobre todo si esta tiene trascendencia, se puede dar cuenta del actuar para, posteriormente, proceder a su fiscalización y, también con posterioridad, proceder a un reconocimiento, positivo o negativo, ante la presencia o falta de conexión previa entre las acciones y sus consecuencias. Como veremos más adelante, se produce una implicación esencial entre la responsabilidad y el tiempo, así como concurre una consiguiente y natural dimensión temporal de la misma; supone el concepto que permite unir y conectar, para su valoración, el pasado, a través del presente, con el futuro.

Ubicando la Responsabilidad en las derivas del ser, y no en el deber ser, evitaremos orientar desde el inicio a la Responsabilidad, y por lo tanto a la Libertad misma, de manera unívoca. La Responsabilidad como tal resulta así 'inherente', no sobreviene a través del acto en si, sino que está, argumentativamente, antes del acto, no se nos aparece después del actuar, está inscrita en la elección en si misma; resulta ser su fundante. Hablamos de la Responsabilidad como mediación en la aplicación de una idea medio, y no tanto de las responsabilidades y de sus vertientes concretas, aspectos estos que se tratarán en capítulos posteriores. Y es por esta razón por la que es posible hablar de la acción por omisión o las omisiones en general como plenas faltas de responsabilidad; incluso de la corresponsabilidad o de la responsabilidad compartida (tal y como se presentará en detalle más adelante), o bien, y ya, por último, de la ausencia de responsabilidad o de la irresponsabilidad en sí.

Sin ejercer la Libertad en su dimensión práctica es imposible que exista y subsista la Responsabilidad como tal. Dicha Responsabilidad es, y se agota como concepto, en la acción libre, intermedia en el actuar y por ello se convierte en la conexión con la exigencia posterior que analiza y permite su enjuiciamiento. No hay, por tanto, ningún actuar humano libre que no conlleve, que no albergue en su seno, la presencia misma de la Responsabilidad. Lo que ocurre es que el resultado final presenta grados de esa misma exigencia aplicables a la Responsabilidad nuclear inherente y ello es lo que trataremos de ordenar. No resulta posible acometer la Libertad en su dimensión ejerciente sin que la Responsabilidad, en mayor o menor medida, haga acto de presencia; y es por ello que el juicio posterior resulte posible. Toda acción presenta, así, al menos, no solo consecuencias sino también implicaciones, aunque no en la misma gradación ni en el mismo grado. En ocasiones resultará determinante, en otras, meramente condicionante. Pretendemos, por tanto, separar acción y juicio, resultado final y valoración previa; en definitiva, la Responsabilidad, inherente al ejercitado de la Libertad, no mantiene una única dimensión de resultado único. La Responsabilidad es el medio del que se vale la libertad práctica para mostrar su propia configuración, para hacerse visible. Religar actuar libre y acción práctica es la función primaria y principal de la Responsabilidad.

En resumen, no se produce la ejecución concreta de la Libertad sin sostenerla en el ejercicio de la Responsabilidad, entendida ésta última como intermediación fundante de la idea medio que supone la puesta en práctica de la Libertad. La libertad absoluta o teórica y su correlato de la responsabilidad absoluta o teórica son abstracciones de orden intelectual fruto de la influencia de la teología en su aplicación sobre el análisis del proceder humano. Ello no es intrínsecamente bueno ni malo, simplemente, *es*. Nuestra opción surge de la consideración del mero ámbito práctico del ejercicio de la libertad y, consiguientemente, del ejercitar la Responsabilidad misma. Radicándola en el ser, como la libertad, y, conceptualmente, separándola del deber ser, pretendemos no sostener, por ejemplo, una ética de la Responsabilidad, al modo de Hans Jonas, autor con el que dialogaremos más adelante; optamos por radicar la Responsabilidad en el ejercicio de la Libertad como algo 'inherente' al ser libre y no una 'óntica del deber ser libre'. Por tanto, el estudio y el análisis de la Responsabilidad no atañe únicamente y de modo esencial a la ética, tal y como enuncia Jonas al inicio de su *Das Prinzip Verantwortung* (*El principio de responsabilidad. Ensayo para una ética para la civilización tecnológica*, 1979) cuando sostiene «[*Por*] *todas las éticas habidas hasta ahora* […] *habremos de afirmar que la modificada naturaleza de las acciones humanas exige un cambio también en la ética*». Para nosotros, la Responsabilidad atañe al sujeto humano antes de la propia acción, tal y como argumentaremos más adelante; pero no se restringe al plano de lo teórico, sino que supone la base del propio actuar humano, estando así en su misma raíz, en su seno más profundo. Y no ocurre nada por ello, es una exigencia que tiene el ser humano como tal que lo hace vivo y terreno, como ser contingente que es, orientado hacia los demás en su *deber de especie* (aunque le dedicaremos con posterioridad más espacio a este concepto fundamentador y básico, concluimos en este apartado la denominación del «*Deber de Especie*» como una amalgama de conceptos provenientes de la obra seminal de Hans Jonas, tales como «*el deber para con el futuro*», «*la responsabilidad del hombre por el hombre*» o «*la continuidad*»), y con un rango propio de autoridad.

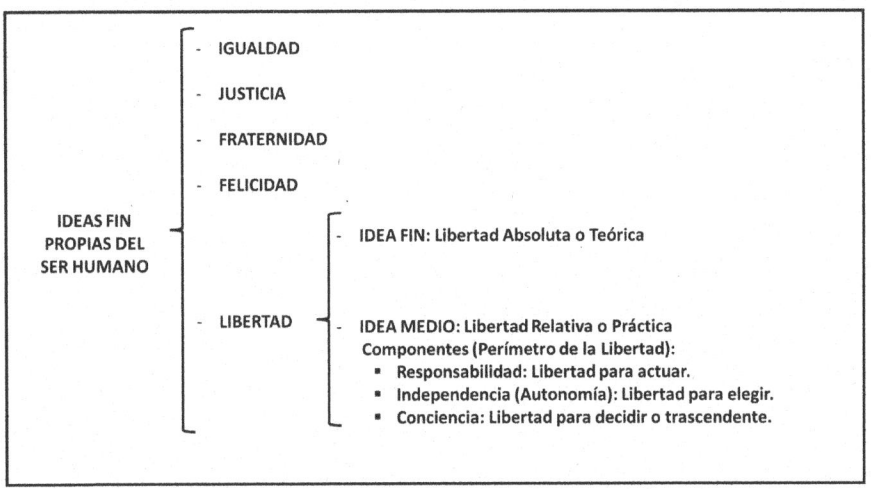

LA LIBERTAD COMO IDEA FIN PROPIA DEL SER HUMANO

2. Libertad como Paradigma: argumentaciones sobre la Libertad

> *«El hombre nunca ha encontrado una definición para la palabra Libertad»*
>
> Abraham Lincoln

Tal y como planteamos en el apartado anterior, partimos del razonamiento sobre la consideración de la Libertad (en su formato absoluto) como una Idea Fin, ideación propia de los seres humanos nacida en el seno de la cultura y que se desarrolla a través de la misma (esto es, que no es un concepto o idea cerrada y clausurada desde su inicio; bien al contrario, el devenir histórico supone una reiterada consecución de conquistas, cuyo sustento está en su propio acontecer y no en su finalización y cierre; no supone, por lo tanto, un concepto agotado y cerrado sobre sí mismo, válido *per se*, sin decurso histórico). El Estado de Naturaleza no exige la existencia de la Libertad y por ello, esta se configura como una conquista cultural (al fin y al cabo, como enuncia el famoso paleoantropólogo Juan Luis Arsuaga, *«la cultura es una capa muy fina que recubre la biología»*). De tal manera que y atendiendo a este referente conceptual, sobre la Libertad en genérico, como Idea Fin no se podrá argumentar de modo convincente puesto que es de suyo carente de contenido: se argumentará sobre los medios, no sobre los fines.

Aun a pesar de poder resultar reiterativos, la Libertad, en su dimensión de Idea Medio, es y supone básica y sustancialmente, en su orientación primaria hacia la acción, la obligación de elegir, debido ello a la capacidad humana de discernir y su obligada orientación hacia la toma de decisiones. La Libertad se manifiesta, así, a través de su puesta en práctica además de con su uso y ejecución concretas.

Si aplicamos todo lo anterior al ámbito de la explicación, podemos determinar que la Libertad solo es posible explicarla como una idea análoga (que no unívoca) y que se logra su argumentación a través de su puesta en uso en el seno de las sociedades humanas gracias a la Deliberación, dado que no se pueden argumentar sus logros mediante ningún tipo de razonamiento científico ni utilizando explicaciones meramente racionales. Los tres elementos componentes de la Libertad como Idea Medio (la Responsabilidad, la Independencia y la Conciencia) se ofrecen como los vehículos para la expresión de la Libertad en su formato práctico y sobre las que recaería el ejercicio concreto de la deliberación y la argumentación acerca de la Libertad (tal y como veremos más adelante, en la responsabilidad asentamos el origen de los Deberes u Obligaciones; en la Independencia radicamos los Derechos o Exigencias y, finalmente, en la Conciencia, como consciencia y reflexión, insertamos todo lo referente a los juicios de la Ética y la Moral, esto es, los aspectos de estricta aplicación y valoración sobre nuestras actuaciones).

Al objeto de ejemplificar lo expuesto con anterioridad, acudiremos a un autor netamente clásico como es Aristóteles, así como a una de sus obras más representativas, aunque, a nuestro juicio no suficientemente valorada, y esta es la *Retórica*.

La personalidad y la obra de Aristóteles resultan prácticamente imposibles de resumir y compendiar, tal es su extensión y profundidad. Acometió todos los temas de interés en su época y siempre con una maestría tal, que lo han convertido en el filósofo por antonomasia. Enciclopédico en el saber y cúspide de la elaboración intelectual, ante obras de la magnificencia conceptual de su *Metafísica* o la propia actualidad de la *Física* o sus coherentes tratados sobre *Lógica*, compilados en el llamado *Organon*, se suele considerar que, en el conjunto de sus grandes aportaciones, una quizás de rango menor, lo pueda suponer su magnífica, organizada e imperecedera *Retórica*.

Aunque resulta, dentro del conjunto de los libros atribuidos al estagirita, una obra irregular en la ordenación de sus materias y a la que parece no sobrarle una última mano, su estructura está dividida canónicamente en tres libros. En el primero de ellos, así como también en el segundo se ofrecen las pruebas o medios para persuadir; en el tercero, retomará dicha cuestión y analizará cada una de las demostraciones retóricas ya expuestas para acabar realizando un análisis de la Retórica tradicional y donde, en concreto, se determinan los elementos que componen el discurso como herramienta básica de persuasión.

Para el pensador macedonio, la Retórica supone «*una descripción sistemática de los recursos que ayudan al orador a descubrir en su conjunto, en cada tema y objeto concreto, los medios posibles para persuadir*». En definitiva, es un arte o técnica indisolublemente unida a la democracia (cuyo espíritu se manifiesta a través de la argumentación), hermana de la Lógica y de la Dialéctica (aunque con rangos distintos y así, la Lógica se ocupa de la demostración verdadera y científica así como la Dialéctica se enfrasca en la demostración filosófica); en su caso la Retórica trata sobre lo plausible, en concreto, esta última, se orienta, así mismo, a la inducción de creencias razonables, la cual, como referimos ya, versará sobre lo probable y opinable, como verificación de la Libertad; como mínimo, la que se refiere a su expresión argumentativa.

Para Aristóteles, la Retórica presenta tres ramas o géneros perfectamente distinguibles, en función de las intenciones que se pretendan al transmitir; existe la oratoria forense propia del abogado, quien argumenta fundándose en los aspectos legales o ilegales de un hecho ya acontecido en el pasado. Se da, por otro lado, la oratoria de quien trata de mostrar, sobre todo ante la Asamblea, que una idea o medida resultará útil o perjudicial en el futuro; y, por último, hay un tipo de discurso basado en una elocuencia 'mostrativa', de corte más ornamental, festivo o pomposo, cuyo objeto es evidenciar el carácter noble o vil de algo considerado como existente en el presente.

Al primero de los géneros lo denominará el filósofo heleno como Judicial (*génos dikainikón*), al segundo Deliberativo (*génos symbouleutikón o genus deliberatorium*) y al tercero Demostrativo (*génos epideiktikón*). Así como el primero lo establecerá en el pasado, al segundo lo sitúa en el futuro y al tercero en el presente. Y será en el segundo, en el Discurso Deliberativo, donde nos ubiquemos, debido a que argumentar o deliberar deberá utilizarse con la finalidad de aconsejar o disuadir a la Asamblea sobre una decisión que se tomará en el futuro arguyendo, con la ayuda de aquellas herramientas que nos ofrece la retórica, y considerando que el objetivo último sea persuadir.

En línea con lo propuesto en la Retórica como «*la facultad de teorizar lo que es adecuado en cada caso para convencer*», estima Aristóteles que las pruebas o razonamientos de las que dispone el orador para generar la persuasión han de ser de dos tipos, el *entimema* (ἐνθύμημα) y el ejemplo, denominado en griego, *paradigma* (παράδειγμα). Frente al *entimema*, el cual es el equivalente retórico al silogismo lógico en la Dialéctica, por lo tanto, con una base racional consistente en demostrar las propuestas del orador (tratando de utilizar una conexión entre sus propias afirmaciones con el conjunto de creencias, opiniones y hábitos de los oyentes), el *paradigma* resulta ser la prueba retórica o razonamiento adecuado que basa la argumentación en el ejemplo, derivado este de cuestiones concretas semejantes a lo discutido, para lograr con ello afirmaciones que permitan inferir lo general. Por esto, así como el *entimema* tiene su equivalencia en la deducción dialéctica, el *paradigma* se funda en lo particular, asemejándose por ello a la inducción, también, eso sí, dialéctica. De este modo, se llega con dicha argumentación a lo general, mediante un procedimiento inductivo (argumento por inducción), partiendo de lo similar de uno o más casos, logrando con el ejemplo que la argumentación resulte verosímil.

Y así, el *paradigma*, situado en el seno de lo deliberativo y por tanto en tiempo futuro, supone un modo de argumentación o deliberación retórica en donde, haciéndose mención sobre un caso específico o *exemplum* retomado de acontecimientos concretos, este es utilizado por parte del orador con el objeto de extraer de él una regla general, que, mediante un procedimiento deductivo, será de aplicación en una actuación futura, la cual se supondrá similar a la situación concreta traída como referencia. La construcción argumentativa más conveniente como razonamiento para su aplicación a la Libertad corre a cargo del uso del paradigma. En palabras del propio Aristóteles expresadas en su ya citada «*Retórica*», el paradigma establece una relación «*no de la parte con el todo, ni del todo con la parte, ni del todo con el todo, sino de la parte con la parte, de lo semejante con lo semejante*».

Deliberar supone razonar y expresarse de manera adecuada, basándose en el ejercicio correcto de la inteligencia aplicada a los temas contingentes, en definitiva, tratando de lograr una opinión fundada, al objeto de permitir la elección más conveniente; y así, el propio Aristóteles enuncia que «*¿Se delibera sobre todas las cosas y es todo susceptible de deliberación, o sobre algunas cosas la deliberación no es posible? [...] Y así, todos los hombres deliberan sobre lo que ellos mismos pueden hacer. [...] La deliberación se da respecto de las cosas que generalmente suceden de la misma manera, pero cuyo resultado no está claro, y de aquéllas en que es indeterminado. Y en las cuestiones importantes nos hacemos aconsejar de otros porque desconfiamos de nosotros mismos y no nos creemos suficientes para decidir. Pero no deliberamos sobre los fines, sino sobre los medios que conducen a los fines*», tal y como enuncia, más en concreto, Aristóteles en su «Ética a Nicómaco». En resumen y acudiendo para ello a una afirmación más cercana en el tiempo, sobre aquello que no se pueda deliberar, a efectos prácticos, lo mejor es callarse.

Consideraremos que, derivado de lo anterior, el Discurso Deliberativo es el más adecuado para plantear cuestiones sobre la Libertad. Por lo tanto, habita su explicación en el campo de la Retórica y no de la Dialéctica, no pudiendo hacerlo obligadamente en la Lógica. Ello se debe a que es necesario, en el ejercicio deliberativo, persuadir para hacer avanzar a la Libertad; sólo argumentando y de manera meramente lógica (lo que la haría residir en la Dialéctica), sin asumir la necesidad no sólo de convencer sino también de persuadir, se volvería mero enunciado. El Discurso Deliberativo está basado en la deliberación, esto es, en el razonar para poder elegir con posterioridad lo que es preferible. Su exposición precisa la convicción y el uso de la persuasión como fórmulas de explicación.

Gracias al *Ejemplo* como herramienta, con ello se intenta persuadir a alguien de una verdad esencial y de modificar eventualmente su comportamiento contándole una historia o situación práctica.

El *Paradigma* es la prueba retórica o tipo de argumentación más adecuado para el Discurso Deliberativo. Por lo tanto, la argumentación que está basada en el ejemplo es la más conveniente para la explicación de las cuestiones concretas y prácticas de la Libertad (en definitiva, argumentar sobre el fin en sí mismo de la Libertad es mera prédica; lo que hay que plantear es el *cómo hacer*, no el *qué es*, siempre y cuando el objetivo sea aumentar los límites de la Libertad). La mera apelación a la Libertad no significa, para nada, la salvaguarda de esta o el aval legítimo para la toma de decisiones.

La verdad resulta inútil si su enunciación carece de modos efectivos de persuadir a los demás de las bondades y utilidades de las conquistas concretas de la Libertad. Todas las argumentaciones sobre el 'en sí' mismo de Ideas Fin como la Libertad no suelen resultar convincentes (son, en definitiva, ensimismamientos). Son enunciaciones metafísicas o religiosas con base en la creencia, no en la argumentación. El avance se encuentra en la inducción aplicada de las creencias y, así, la Retórica es un legado del pasado clásico que se nos aparece como una eficaz herramienta para el tratamiento de los argumentos que pretendan tanto explicar la Libertad como exigirla o ponerla en práctica.

Por todo ello, para la explicación de la Libertad, la argumentación basada en ejemplos es la más adecuada (tal y como fue enunciado ya por el propio Aristóteles en una lejana, aunque no tan distante, antigua Grecia) aplicada, eso sí, al Discurso Deliberativo, cuya finalidad como tal es aconsejar o disuadir a un grupo sobre la decisión que se tomará en el futuro. De este modo, el ejemplo, el logro específico, la práctica demostrable son lo que hace progresar a la Libertad en su proceso deliberativo, esto es, en su enunciación y posterior demostración.

El discurso o la argumentación de la Libertad deberá hacer, necesariamente, referencia al futuro; ni al pasado ni al presente. Por ello, deberá ser conquista y precisar, por tanto, coraje para su logro. El coraje supone la actitud básica a futuro que permite el avance, tramo a tramo, de la Libertad, nunca finalizada. Las grandes propuestas genéricas, las proclamas y las soflamas solemnes dedicadas a la Libertad, suelen ser, en el fondo, ataques a la propia Libertad. Las apelaciones a la Libertad tienen que estar argumentadas y fundadas sobre ejemplos concretos y posibles con vocación de aplicación y resultado futuros.

Son los desarrollos de la Libertad o sus elementos componentes, los que son objeto posible de Deliberación: la Responsabilidad, la Independencia y la Conciencia. No puede ser motivo de deliberación la Libertad en sí, sino que lo serán los medios conducentes al logro del fin, la proximidad nunca alcanzable con la Libertad misma, puesto que el objeto de la deliberación y el de la elección para calibrar los resultados a futuro tienen que ser el mismo. Todo planteamiento sobre la Libertad que, en primer lugar, no sea posible ejemplificar de manera específica con relación a los rasgos concretos a lograr, y, en segundo lugar, no se someta al juicio y el contraste que supone la deliberación, se convierte en imposición. Y, finalmente y considerable como esencial, sin previamente calcular y posteriormente medir y cotejar las consecuencias, las implicaciones, las repercusiones y las secuelas, distinciones que ya definiremos y concretaremos más adelante.

Derivado de la concepción asumida de que los antiguos privilegiaban la Libertad Pública frente a la Libertad Individual, en oposición a los modernos, los cuales ponen por delante las Libertades Individuales frente a las Públicas o Colectivas, deberemos estimar que, en la actualidad, resulta mucho más adecuado hablar de Libertades debido a que la conquista de estas la ha vuelto plural. Y así, el siglo XXI está asistiendo al momento de eclosión de las Libertades Individuales.

2

EL CONCEPTO
DE RESPONSABILIDAD

«El vínculo con el otro queda anudado sólo como responsabilidad»

Enmanuel Lévinas

Si por algo se haya caracterizado, hasta el momento presente, el término responsabilidad es por su ambigüedad, tanto en lo conceptual como en lo correspondiente a sus atribuciones. Incluso, cuando se argumenta sobre el posible fundamento de la Responsabilidad, se tiende a ejemplificarla con situaciones triviales y poco clarificadoras. Es muy posible que ello se deba tanto a lo inaprensible del término en si con respecto a sus características como a la dificultad de tratar todos los aspectos que conciernen al término. Cuando se explica de qué se puede ser responsable, casi nunca se citan cuestiones de relevancia como pueden ser, en lo vital, por poner solo algunos ejemplos de por si arto evidentes, la orientación vocacional o las donaciones gratuitas de sentido como la amistad o el amor; o en lo relativo a cuestiones de corte negativo como son la participación en procesos de corrupción, el robo o el asesinato, aspectos todos ellos propios de lo humano, de lo más específicamente humano; pero tampoco se alude a las bondades del actuar, o a la felicidad o al bienestar como consecuencias de un buen hacer responsable. Suelen ser ejemplos menores, sobre atribuciones sencillas, incluso simples, de la actuación de las personas cuyas consecuencias e implicaciones se ofrecen de modo inmediato y con escasos matices, resultado de aproximaciones muy poco detalladas y con aclaraciones en exceso limitadas; en definitiva, suelen ofrecerse ejemplos al caso de situaciones atribuibles a meras paradojas éticas o morales y de claro rango menor. Es más, y en términos de inmediata actualidad, la Responsabilidad es un término con muy 'mala prensa', y siempre que se utiliza se alude a compromisos, a imposiciones, a deberes, en definitiva, se asimila a una semántica de corte impositivo o negativo, sobre actuaciones en cuestiones de bagaje exclusivamente moral.

Ejemplos diversos abundan de una cierta 'banalidad del argumento' y como tales podemos considerar a los términos sistemáticos del tipo «*tu-tu*» aplicables a las responsabilidades exigibles al puente de mando y máquinas en una jerarquía naviera o las diversas metáforas de la obligación de corte marino que ofrece en su conocida obra *On guilt, Responsibility and Punishment* (1975) el jurista danés Alf Ross. Así mismo, también se regodea en el uso de las comparaciones marineras la obra de H. L. A. Hart *Punishment and Responsibility* (1988), donde, además de a la vida marítima, aplica conceptos y criterios sobre la responsabilidad a la soldadesca cuartelera, reflejos ambos que consideramos inapropiados y poco clarificadores; además de producirse en ambientes escasamente dados al ejercicio del libre arbitrio por estar directamente condicionados. Mención aparte y significada merecen los ejemplos propuestos por Susan Wolf aplicados a un tal *JoJo*, hijo favorito del dictador sádico y malvado *Jo El Primero* y conforme a cuyas acciones le permite a su creadora considerar una condición crucial para la responsabilidad y esta sería el suponer que el agente que realiza una acción deberá estar cuerdo («*an agent must be sane*», aparecido en un artículo del año 1987 de título «*Sanity and the Metaphysics of Responsibility*»). En estos casos, la metáfora como recurso gráfico no supone el refugio más explícito para clarificar el concepto de responsabilidad (a partir de ahora, utilizaremos en el texto el término Responsabilidad en minúscula de manera recurrente, dejando el inicio del término en mayúscula para los momentos en los que se ponga en relación con la Libertad).

Definitivamente, el olvido e incluso la ya citada banalidad sobre el concepto de responsabilidad no se debe sólo a su consideración de término ambiguo a la par que pretendidamente evidente *per se*; también, y ello derivado de la escasa profundización en el ámbito de lo conceptual, se suele adornar con el uso de muestras e imágenes en la aplicación de la responsabilidad poco aclaradoras y, en ocasiones, de escasa enjundia sustancial. Es más, también resulta habitual considerar que el modo de reflejar la importancia de la responsabilidad se hace más vívido a través de ejemplos de carácter negativo, más con el uso de evidencias sobre escasez que sobre situaciones de mejora de la existencia. En definitiva, se suele aplicar en mayor grado sobre actuaciones de falta de responsabilidad o clara irresponsabilidad que acerca de resultados de índole positiva en el ejercicio de ésta. De esta manera, la supuesta falta de responsabilidad parece ofrecer un reflejo más auténtico que la aplicación responsable sobre las acciones con resultado satisfactorio. El sentido negativo sobre la responsabilidad se ofrece, de modo más nítido, en su conexión con el derecho (atribución a la que podemos denominar como *juridificación* del término responsabilidad, más en el ámbito de lo civil que de lo penal, como veremos con mayor detalle más adelante); así, la responsabilidad se aplica sobre las dimensiones de carga, imputabilidad, exigibilidad o sancionabilidad y no tanto sobre el resultado positivo de la aplicación debida a la utilización adecuada, consciente e inequívoca de la responsabilidad. Y ello obedece, fundamentalmente, al carácter finalista que hasta ahora hemos otorgado a la responsabilidad, a la responsabilidad entendida en destino y no a la considerada en origen; o al menos en un balance entre ambas.

Como tal término, la responsabilidad (dada su dimensión semántica de sustantivo abstracto) no aparece en castellano hasta el siglo XIX, aunque el adjetivo responsable haría acto de presencia un siglo antes, en el XVIII (según el lingüista Joaquín Corominas, la primera aparición documentada en español del término *responsable* es de 1737, adjudicando el surgimiento del sustantivo responsabilidad al siglo xix). Como tal responsabilidad, aparecerá consagrado como término y denominación en la Constitución de Cádiz de 1812, siendo aplicable a los funcionarios y a los jueces. El término deriva de la palabra latina *respondere* cuyo significado compendia ideas como *prometer solemnemente, jurar, asumir una obligación, merecer* o *pagar*. Así mismo y con significados similares está el antecedente griego del verbo *spéndo* (σπένδω), que se aplicaba a la práctica de la libación, a concertar un pacto o al hecho de llegar a un acuerdo. El término latino derivado *spondeo* se utilizaba en las fórmulas jurídicas con el significado de prometer solemnemente a alguien, constituirse en fiador, dar garantía o caución a favor de alguien, en definitiva, *obligarse* o *comprometerse*.

En la tradición que nace en la Grecia clásica, los textos filosóficos, albergan el término 'αἰτία' para designar la responsabilidad en su vertiente ético-práctica e incluso judicial. Y será desde esta perspectiva desde donde derivará y evolucionará su sentido hacia el campo semántico de «causa», que será muy utilizado por Platón y Aristóteles.

Desde el latín, el término 'respondere' se encuentra muy ligado con 'spondere' que es la expresión solemne en la forma de la 'stipulatio', por la cual alguien asumía una obligación, así como 'sponsio' es la palabra que se aplicaba como tal a la obligación. *Respondere* y *spondere* son verbos usualmente utilizados en la antigua jurisprudencia romana. Pasará a la aplicación del derecho en la Edad Media con el mismo criterio de cumplir lo propuesto, en línea con la concepción de la responsabilidad en su faceta consecuente, tal y como se analizará más adelante, utilizándose para ello dos vocablos: 'responsalis' y 'responderius'.

Ambas formulaciones, la helena y la romana, tienen en común *la idea de asumir una inicial obligación de garantía, comprometiéndose con las consecuencias* (lo que implica la consideración como causa de lo causado) y se usaban en el ámbito jurídico aplicándolos a la defensa de alguien o a la obligada justificación de la acción. Todo ello deberá ir acompañado, en el caso de los trabajadores públicos, con la obligación de la rendición de cuentas.

Respondere pasó al lenguaje corriente y al jurídico con el significado de responder o contestar, de ahí el término *responsum* que significa respuesta. Utilizado en el francés primigenio, dio como resultado el término *responsable*, es decir, aquel que responde o da satisfacción. Como tal término, *responsabilité* hará su aparición en el año 1798, once años más tarde del surgimiento del término *responsibility* en inglés (diferenciándose, a partir de ese momento en dicha lengua entre *responsibility* y *liability*, el primero utilizado para nominar a la responsabilidad política y el segundo aplicado al campo semántico de la responsabilidad civil extracontractual, de la que se hablará con gran amplitud, en un apartado concreto, más adelante). De ahí, desde Inglaterra, saltará al continente a través de Francia, entrando en el *Dictionnaire de l'Academie Française* en fecha de 1798, definiendo la responsabilidad como «*obligation légale de répondre de ses actions, d'être garant de quelque chose* [...]. *Il s'applique aux Ministres, aux hommes publics* [...]», primándose como se puede observar el aspecto público de la responsabilidad. La palabra que enuncia la responsabilidad en alemán, *Verantworlichkeit*, mantiene los mismos matices que el término en los otros idiomas mencionados, aunando responder y justificar.

En el siglo XVIII la palabra acabará empleándose por parte de los juristas para calibrar la reparación de los daños ocasionados, así como el correspondiente acto de indemnizar por los perjuicios causados. Desde ese momento y para el campo legal, un individuo es responsable cuando, de acuerdo con un orden jurídico determinado, es susceptible de ser sancionado y se le debería exigir una reparación ante un acto determinado. Tanto en el caso de la utilización de los vocablos en inglés y francés como en el concreto del castellano, todos los términos son contemporáneos y herederos de la Modernidad, de las revoluciones inglesa y francesa, así como de la Revolución Industrial; hijos preclaros, en definitiva, de la Ilustración, las Luces y el pensamiento moderno, basados todos en el uso de la razón y de la demostración científica. Supone tanto el término como los contenidos que este alberga, algo que habremos de considerar un resultado fruto de la modernidad, así como de un asentamiento relativamente reciente en el decurso de la historia humana: la tendencia clara a la individuación de la responsabilidad y a su concreción en una persona autónoma, libre y, por lo tanto, responsable.

En consonancia con la diferenciación que realiza Diego Gracia Guillén con respecto a las dos responsabilidades surgidas en el siglo XIX y que configurarán los modelos de éticas propios del siglo XX (*responsabilidad consecuente*, de base jurídica y de carácter externo versus *responsabilidad antecedente*, de base moral y de carácter interno), tres son los autores más interesantes en su tratamiento sobre la responsabilidad en el propio siglo XIX, siendo estos, en su segunda mitad, F. H. Bradley, L. Lévy-Bruhl y F. Nietzsche (nos declaramos radicalmente en deuda con Diego Gracia a través de sus ocho conferencias que sobre la temática de la Responsabilidad ofreció en la Fundación March de Madrid en el mes de marzo del año 2004 configurando el ciclo *Balance moral del siglo xx: la ética de la responsabilidad* (Fundación Juan March https://www.march.es/es/madrid/balance-moral-siglo-xx-etica-responsabilidad).

El primero de los autores que consideraron la importancia exenta de la responsabilidad sería el filósofo inglés F. H. Bradley, muy reconocido en su tiempo, aunque, en la actualidad, ya bastante olvidado. En su obra *Ethical Studies* (1876), el primer capítulo nominado como ensayo llevaría por título, «*La noción vulgar de la responsabilidad en conexión con la teoría del libre albedrio y el determinismo*». Resulta una aproximación idealista, desde la metafísica, a la responsabilidad entendida como un 'universal concreto' o unidad de lo múltiple, tratando de elucidar qué se quiere decir con el término y cuáles son las relaciones que se pudieran establecer con el libre albedrío y con el determinismo. Desde una perspectiva jurídica de la responsabilidad, rescata la consideración de Stuart Mill sobre esta fundada en el castigo, donde la estudiada noción vulgar une responsabilidad y pena. De este modo, desgrana Bradley los componentes de la responsabilidad, poniendo especial énfasis en la importancia de la conciencia, lo que determina la responsabilidad moral, fundada en el ejercicio de la libertad, entendida como suma de oportunidades. En conclusión, la responsabilidad solo puede existir en un agente moral, siendo el fin en sí mismo de la moralidad la realización de nuestro *self*, de nuestra 'mismidad', una dimensión privativa de la existencia humana, exclusiva, por tanto, del hombre, en tanto que ser autoconsciente, racional y social. Y como resultado, asistimos a un peldaño más en la conquista de la responsabilidad individual y la ampliación de la responsabilidad basada en la consecuencia hacia la consideración de la responsabilidad, fundada también en algo novedoso en aquel momento, de la intención.

La aportación de Lucien Lévy-Bruhl, sociólogo y antropólogo francés, discípulo y colaborador intelectual de Émile Durkheim, especialmente estimado por su estudio de la 'mentalidad primitiva', hemos de considerarla como no muy destacada. Su exposición sobre la responsabilidad se encuentra en su tesis doctoral titulada *La idea de responsabilidad* (1884), editada posteriormente con una dimensión considerable, ocupando más de 250 páginas. El tomo, plagado de referencias filosóficas, en particular francesas, se encuentra organizado a través de seis capítulos, dedicados al análisis subjetivo y objetivo de la responsabilidad para derivar en la formación de la idea y el desenvolvimiento de la noción de responsabilidad. Mantiene un tono académico propio de la época, no conteniendo, en realidad, ninguna idea original, siendo un recopilatorio de lugares comunes sobre el concepto muy propio de su tiempo. Insiste Lévy-Bruhl en el carácter dual de la responsabilidad, con sus dos dimensiones, legal y moral, siendo esta última la que precisa un desarrollo mayor, demostrándose con ello que será una orientación que todavía va a necesitar mucha más indagación y reflexión. El autor la acusará de ser una concepción vaga e incluso vacía, en línea con el pensamiento positivista dominante, máxime en el caso de Lévy-Bruhl, discípulo conceptual de Augusto Comte y a cuyo sistema filosófico dedicaría un volumen, y al que, ya finalmente, cita expresamente, decantándose por dicha tendencia e instando a desligarse de su conexión con la metafísica, en particular, tomando como sostén a Kant, afianzándose, de este modo, en la orientación legal. En definitiva, la obra acabará convirtiéndose, más que en un análisis sobre la responsabilidad, en un alegato sobre el positivismo.

Caso contrario ocurre con la perspectiva de Nietzsche sobre la responsabilidad. Inserta en su concepción filosófica, aún suponiendo una tesela más en el sugestivo mosaico de ideas propias y generadoras de las herramientas usadas para crear el material de derribo en filosofía que cerrará el siglo XIX, permitiendo así abrir el veinte, tiene un cierto lugar destacado en su pensar. La moral criticada por Nietzsche en *La genealogía de la moral. Un escrito polémico* (1887) es la imperante por parte de una propuesta de comportamiento judeocristiana sostenida en el resentimiento. La moral cristiana subvirtió los valores de la noble aristocracia y esta inversión fue motivada por el rencor; por eso la moral cristiana es una moral resentida, una moral sostenida en la conciencia de culpa entendida como deuda, una internalización de las obligaciones considerada como un débito ineludible. De este modo, el resentimiento se revuelve en el hombre como culpa, generando un desprecio de sí mismo, desprecio al que Nietzsche denomina 'mala conciencia'. Frente a esta negación de la vitalidad, aparece la exaltación de la vida y de los instintos a través de la voluntad de vivir y la aparición de una moral sostenida en valores vitales, subversión de los vigentes, gracias a la 'voluntad de poder' (dicho en propios términos de Nietzsche, *el instinto de la libertad*). Esta 'gnoseología de la moral', comenzada ya en su libro anterior *Más allá del bien y del mal. Preludio de una filosofía del futuro* (1886), crítica acerba de la por él considerada vacuidad moral de los pensadores de su siglo, claramente influenciados por una heredada pasiva asunción de la moral judeocristiana.

Para Nietzsche, el valor de la responsabilidad consiste en eliminar el velo de los prejuicios ante los valores negadores de la vida, convirtiendo a los seres humanos en activos y libres, liberados de la carga de la culpa para que se transformen en legisladores de si mismos. Supone el paso de la responsabilidad soportada en la culpa, condicionada por la deuda con la parte histórica del ser humano, trasunto, en definitiva, del pecado original, a la responsabilidad depositada en el arrepentimiento, que es lo que hace que el hombre sea responsable de sí mismo, ante los demás. Al ser consciente de sí mismo, el ser humano se vuelve consciente a su vez, del otro por medio de la responsabilidad. Finalmente, para Nietzsche, la responsabilidad personal se convierte así en el fundamento de toda moralidad. La posibilidad de fundamentar la responsabilidad jurídica se provoca anclando la responsabilidad moral en el arrepentimiento, en eliminar la mala conciencia, que permita superar el estado de angustia que le impide estar y ser mejor. «*El orgulloso conocimiento del privilegio extraordinario de la responsabilidad, la consciencia de esta extraña libertad, de ese poder sobre sí y sobre el destino, se ha grabado en él hasta su más honda profundidad y se ha convertido en instinto dominante: - ¿cómo llamará a este instinto dominante, suponiendo que necesita una palabra para él? Pero no hay ninguna duda: este hombre soberano lo llamará su conciencia* [...]», anotará casi al inicio de *La Genealogía de la Moral*. Supone todo ello el comienzo de la moderna concepción de la responsabilidad que será hondamente tratado en el siglo siguiente, con la distinción clara entre la responsabilidad y la culpa, convirtiendo a Nietzsche en el último de los filósofos del siglo XIX y el primero del siglo XX.

Después de la descripción de los fundamentos etimológicos e históricos del vocablo Responsabilidad, así como de todo lo expuesto anteriormente, nos aventuramos a realizar una primera aproximación a una definición completa del término Responsabilidad. Lo haremos en dos dimensiones, una primera, de recorrido corto y una segunda, de espectro más amplio, entendido este último como un concepto largo o extenso que conlleve, entre otras cuestiones, tanto la descripción de los elementos constitutivos como el horizonte de su aplicación.

1. Concepto limitado de Responsabilidad

Supone el deber u obligación, aplicable a los seres humanos, de asumir la libertad a través de hacerse cargo (o no) del resultado provocado por el propio comportamiento. En definitiva, es el coste que conlleva el ejercicio consciente de la libertad; por lo tanto y, en consecuencia, hacerse cargo implica una asunción responsable de las posibilidades que acompañan a la acción consciente; por el contrario, no hacerlo conllevaría un actuar irresponsable.

Existe, de este modo, una imputación posible en todo acto humano no sólo en función de sus resultados sino también por el hecho mismo de actuar. No se da acción humana sin opción de imputación; lo que ocurre es que, en situaciones extremas o actuaciones con consecuencias radicales, y dándose por ello una falta de asunción en las obligaciones debidas, se acentúa la situación de irresponsabilidad llegándose incluso a plantear la posibilidad de la sensación de impunidad por desmesura. En ese caso, hablamos de una *irresponsabilidad extrema o flagrante*.

Consideraremos la importancia del actuar irresponsable en función de la negación de las atribuciones aplicables a la responsabilidad; es decir, un actuar irresponsable es aquel cuyas consecuencias, implicaciones, repercusiones o secuelas no son asumidas de modo consciente por un sujeto habiendo sido estas derivadas de su proceder, siempre y cuando las mismas resulten absolutamente manifiestas y se observe una dependencia también notoriamente directa. Así mismo, resultará imprescindible la existencia de modificación sustancial, daño o lesión a un afectado o varios de ellos, así como la posibilidad de sanción aplicable a la actuación caracterizada como irresponsable.

2. Concepto extenso de Responsabilidad

Es un elemento constituyente (siendo los otros dos elementos también constituyentes de la Libertad *la Conciencia* y *la Independencia*, considerada esta última como *Autonomía*. Sin la interrelación de los tres elementos no puede ejercerse y ejercitarse una Libertad en el sentido pleno), un componente de la Libertad en su vertiente práctica. Como tal, como Responsabilidad, está constituida por los siguientes elementos conformadores:

- *Un sujeto de obligación:* es decir, la responsabilidad sólo es atribuible, con exclusividad, al ser humano y resulta aplicable a través de la acción humana concreta que cada individuo pueda llevar a cabo. Por ello, consideramos que el sujeto humano, en el ejercicio de su libre arbitrio o libertad en genérico, instala ya, en germen, la responsabilidad cuando obra. Todo actuar humano, en el inevitable marco del ejercicio de su libertad, conlleva la atribución de responsabilidad hacia un sujeto específico. Además de volverse inevitable e inherente a la acción humana, ello no sólo resulta insoslayable, sino que exige el concurso de los otros dos elementos componentes de la Libertad que ya hemos considerado, *la Conciencia y la Independencia*, para resultar plena. Y todo ello no es un mero determinante que invalida el actuar humano; más bien refuerza a la propia idea de Libertad. Es absolutamente consustancial que el obrar humano esté orientado desde el inicio por la exigencia que supone la Responsabilidad, obligada en el ejercicio inevitable de la Libertad.

- *La justificación de la acción:* toda actuación humana conlleva la posibilidad de su explicación y consiguiente justificación. Ello no supone que dicha justificación se asuma *per se*, sino que todo actuar humano, en el ejercicio de la libertad, tiene su causa o sus causas. En todo aquello que compete al ejercer humano, nada ocurre porque sí, sin el concurso de la motivación, la consideremos a esta legítima o no, en mayor o menor medida ilegítima o no. El juicio sobre la acción es, inevitablemente, posterior a la acción. En términos prácticos, para juzgar una acción y hacer una «*atribución de responsabilidad*» es condición necesaria la justificación, sea esta última cierta o no, demostrable o no. Esta justificación precisa de argumentación y demostración como momentos esenciales.

- *La obligación misma:* en el seno de cualquier acción humana se alberga no sólo la justificación posible sino también el *deber de justificación*. La obligación es, por tanto, el 'criterio de exigibilidad' que está en la base de la necesidad misma de explicar el comportamiento. Ningún comportamiento humano está exento tanto de explicación y justificación posibles como de la obligación de su contraste. Esto es más claro en el caso de las actuaciones punibles atribuidas a un comportamiento indebido, sea este es el que fuere. Hasta las intervenciones meramente privadas pueden ser, derivadas de sus consecuencias, implicaciones, repercusiones y secuelas, objeto de una respuesta inevitable. De ello no se deduce que todo comportamiento humano y en cualquier momento, siendo como es responsable en origen, sea obligado y necesario objeto de explicación o justificación. Pero, en el ámbito conceptual en el que nos estamos moviendo, todo actuar responsable conllevaría, *per se*, una obligación en la posibilidad de llevar a cabo las asunciones planteadas. Esta característica de la responsabilidad es lo que permite las exigencias tanto en el seno del Derecho como de la Moral y la Ética, tanto en su formulación —argumentación como en su presentación— demostración.

- *Otro afectado:* sin un *alter*, sin la dimensión de la alteridad propia del ser humano, resulta imposible la atribución de la responsabilidad. Para que esta exista como tal, como dimensión sustancial del ejercicio de la Libertad, es necesario que otro u otros se vean afectados. A la extensión de esta característica la denominaremos '*la necesidad de ligazón*', es decir, todo actuar, siendo como es consustancialmente responsable, exige la concurrencia del otro para considerarse debidamente su propia dimensión como responsabilidad. Esta afección puede ser directa o indirecta. Por ejemplo, en el asesinato de una persona por otra, cuando exista demostración rotunda, la atribución de responsabilidad se aplica al asesino, es decir, resulta consecuente; en un delito ecológico provocado por una empresa se produce una atribución indirecta localizable, debido a que la empresa en cuestión será propiedad de una o más personas (es más, en numerosos países existe en la actualidad la adscripción estricta de responsabilidades penales directas a las propias empresas entendidas estas como personas jurídicas, lo cual no obsta las atribuciones indirectas con resultado de pena). Ahondando todavía un poco más, en el cuidado del medio ambiente o en las situaciones de desastre natural «provocado» por la naturaleza, siempre, indagando, se pueden localizar las primeras responsabilidades, salvo aquellas provenientes de situaciones imprevisibles (y aún en estas, es posible determinar una «mano humana» bien por omisión, bien por dejación). Y estas primeras responsabilidades que hemos mencionado, suelen tener un rostro humano, netamente humano.

Bajo nuestro criterio y siendo coherentes con lo expresado hasta ahora, no es posible atribuir responsabilidad ni a la Naturaleza ni a los animales (y, en consecuencia, menos habrá posibilidad de adjudicarla a organismos de otra índole o a seres inanimados). Ello no resta valor ni importancia a los sucesos provocados por ambos; simplemente pretendemos resultar coherentes y por ello, aplicar los criterios que más adelante veremos a la Naturaleza (por ejemplo, ante desastres naturales) o a los animales (un carnívoro que devora a un ser humano, otro ejemplo) desde el punto de vista de la responsabilidad tal y como la estamos concibiendo, no resulta ser lo más adecuado. Sólo el ser humano resulta determinable como sujeto de responsabilidad, directa o indirectamente (aunque sólo sea debido a que, como tal, es el único a quien podremos atribuir la conciencia de la libertad, así como el fundamento en la libre decisión sostenida en la independencia).

- *Establecimiento y atribución de consecuencias* (una primera aproximación): con respecto a la atribución de consecuencias, haremos en este punto un primer acercamiento, aunque en términos muy amplios, dejando los matices para más adelante. Toda acción humana conlleva, como mínimo, consecuencias (veremos con posterioridad como el campo de detección de los resultados del actuar se verá sensiblemente ampliado); es decir, una acción no se agota en el mismo momento que se produce, sino que conlleva la conexión con otras actuaciones inmediatas (acciones ya sin participación directa del sujeto) y otras acciones posteriores (propias del sujeto o sugeridas por su comportamiento, pero que obligan a la concurrencia de resultados predeterminados, es decir, intencionales). Esta primera acepción de las consecuencias conlleva, derivadas del ejercicio de la voluntad, cuatro características definitorias:

  ▸ En primer lugar, a las consecuencias las podemos considerar como *emancipatorias*, es decir, una vez producidas, dan sentido al actuar y por tanto se desligan de la actuación. Cada acción producida por un ser humano es el resultado de una actuación de la voluntad, de una orientación inicial y, en consecuencia, el resultado depende originariamente de su vinculación con la intención. Por ello y aunque enlazadas de inicio con la causa estimada, se emancipan de la misma y adquieren rango propio; además, a su vez, emancipan también al propio ejecutor porque lo orientan hacia otra toma de decisión.

  ▸ En conexión con lo anterior, hace su aparición una segunda característica general de las consecuencias y esta se refiere a la necesaria *relación entre estas y su origen*, es decir, existe en las consecuencias una cuenta pendiente con el pasado, aunque sólo fuese porque son posteriores a la intención primigenia o intenciones primeras. Además de ello, las consecuencias dan sentido al actuar puesto que ambos términos están ineludiblemente conectados, siendo uno primero y las segundas, posteriores. La dimensión temporal de las consecuencias resulta ser, así, algo inevitable. Esta dimensión temporal de las consecuencias será tratada con mayor detenimiento más adelante. Aún así, asumimos dentro del concepto de causa como referente básico la distinción de fundamento temporal entre las dos fases existentes en la determinación de una relación causal entre dos eventos y estos son, en primer lugar, *la empírica*, cuya orientación es ser demostrativa y su carácter es amplio y la segunda, es decir, *la de carácter atributivo o adscriptivo*, cuya orientación es ser relevante y su carácter resulta ser concreto. Ambos dos momentos están ligados temporalmente de modo indefectible como trataremos con posterioridad.

▸ En cuanto las consecuencias se producen, surgen dos posibles dimensiones formales que denominamos *Derechos y Deberes*. Ambos son el resultado del ejercicio concreto de las consecuencias del actuar responsable (y como contrapartida, también del irresponsable). Consideraremos a los Derechos como las concreciones del ejercicio de la Responsabilidad que afectan a las *Exigencias* consideradas éstas como ventajas legítimas demandables y los Deberes aquello que corresponde a las *Obligaciones*, consideradas como sacrificios delimitados inevitables (estos últimos y teniendo en cuenta la solución al denominado dilema de Fishkin propuesto por Ernesto Garzón Valdés, se dividirían en *deberes positivos*, es decir, aquellos que prohíben omisiones, expresando por ello mandatos de hacer lo que beneficie a otro y *deberes negativos*, es decir, aquellos que prohíben acciones que puedan hacer daño a otro (o la obligación de no permitir un acto perjudicial para otro). Para Fishkin, el contenido de la obligación es siempre el mismo: un sacrificio delimitado o trivial).

Tanto Exigencias (*ventajas legítimas demandables*) como Obligaciones (*sacrificios delimitados inevitables*) se perpetúan a través de la acción persistente; se suele decir que los Derechos se tienen si se exigen y, en consecuencia, se ha de forzar su cumplimiento. Ocurre de modo distinto con los Deberes, dado que estos obligan a su cumplimento, pero teniendo en cuenta que la noción de causalidad es utilizada para imputar mayor responsabilidad al agente de la acción que al de omisión; por ello, los deberes (tanto por acción como por omisión), si no se insta su ejercicio o su cumplimiento, no se materializan. Por tanto, los derechos son exigidos o reclamados *por parte de* los sujetos y los deberes son requeridos u obligados *a* los sujetos, incluso aquellos que no son asumidos. En definitiva, los derechos están para *ser-nos* exigidos, los deberes lo son para *ser-nos* obligados.

▶   Y, por último, las consecuencias en el actuar bien responsablemente o bien irresponsablemente, conllevan la aceptación o no del bien o del mal producidos. La asunción del resultado del actuar forma parte del concepto de consecuencia. Por ello, y lo haremos más adelante con mayor detalle, delimitar el '*contorno de responsabilidad*', el cual afecta al límite en las consecuencias, se vuelve imprescindible. En numerosas ocasiones, la aceptabilidad de lo producido deberá instarse y para la atribución de pena podrá demandarse, a través de la asunción de responsabilidad, el sentimiento del arrepentimiento, cuestión esta última enormemente difícil de ser demostrada, dado su carácter individual y nominativo, así como de imprecisa constatación y medida. Tendrá, por tanto, una adscripción meramente nominal y de contraste propiamente externo: arrepentirse supone un acto de mera aceptación personal, exigiéndose que se realice de manera explícita.

•   *Contraste con las reglas:* dado que existe un entorno normativo, dicho entorno condiciona la consideración sobre la Responsabilidad. Se conciben por ello una serie de reglas o contenidos normativos establecidos como válidos por y para el conjunto de la sociedad, de cada sociedad, que evalúa como adecuados y convenientes o no determinado tipo de comportamientos en el ámbito de la exigencia de responsabilidades. Por ello, consideraremos que el entorno normativo (sea este social, ético/moral o jurídico) es un elemento constitutivo, como referencial, de la Responsabilidad, lo que hace que ésta se radique en la realidad. En el se albergan tanto los derechos como los deberes o las normas de convivencia e, incluso, los valores prevalentes en una sociedad. Dichas reglas, en sociedad, no son eternas e inamovibles, sino que presuponemos que se encuentran en dependencia de los cambios y las adaptaciones producidas por la influencia del decurso histórico.

- *Opción de fiscalización:* toda actuación responsable deberá ser objeto posible de contraste. Y es dicha posibilidad lo que hace legítimo el control o fiscalización posteriores, se dieran estos o no. De esta circunstancia nace la aplicación del derecho y de la justicia, aplicaciones de la ejecución de dos de las ideas fines anteriormente mencionadas, la Justicia y la Igualdad (el ámbito de la Fraternidad afecta al ejercicio de la solidaridad, donde se manifiesta la emoción de *la compasión*, traducción latina del vocablo griego *simpatía* (συμπάθεια). Dichas actuaciones posibilitan la adjudicación de las posteriores sanciones o aprobaciones de las conductas sujeto de responsabilidad y para ello resulta obligada la realización de atribuciones de responsabilidad. A dichas atribuciones las denominaremos *Enunciados de Responsabilidad*, tal y como explicaremos un poco más adelante.

En puridad, todo acto humano deberá ser objeto posible de la aplicación de los criterios atribuibles desde la Responsabilidad. Toda acción presenta consecuencias y dichas conexiones son siempre rastreables y, consiguientemente, imputables en origen. Pero son aquellas que conllevan una alteración sustancial de las situaciones concebidas en inicio y cuando exista obligación, las que nos resultan de interés, además de implicar, en un modo más explícito, a quien recibe las consecuencias del actuar.

Teniendo en cuenta las vertientes lógica y epistemológica que sustentan cualquier explicación sobre los fundamentos ontológicos, no podemos olvidar que existen un conjunto de enunciados cuyos contenidos versan acerca de la responsabilidad. Dichos enunciados ya citados, así como denominados *Enunciados de Responsabilidad*, son de dos tipos y sobre ambos recae la vertiente temporal de la enunciación de la responsabilidad; tales son:

▶ Los *Enunciados Prospectivos*, es decir, aquellas expresiones atribuibles a las responsabilidades entendidas como juicios prospectivos, esto es, aplicables a situaciones futuras. En ellos, alguien tiene la responsabilidad de procurar que se dé algún estado de cosas futuro. Si encargamos a alguien el cuidado de un niño y la persona acepta, (siempre y cuando dicha persona pueda ser sujeto de responsabilidad, es decir, no valdría su atribución para, por ejemplo, un loco, un enajenado u otro niño, es decir, sujetos de una no responsabilidad completa imputable), las consecuencias posteriores atribuibles a dicha persona son de su propia competencia, con lo que se genera un deber u obligación por su parte. Supondría enunciaciones del tipo «*Si te haces cargo de su cuidado, eres responsable de lo que ocurra con el niño*». Los Enunciados Prospectivos son aquellos que se utilizan para considerar los DEBERES u OBLIGACIONES DEBIDAS.

▶ Los *Enunciados Retrospectivos*, considerados éstos como juicios retrospectivos o anteriores, son aquellos que permiten la conexión con las correspondientes actuaciones realizadas en el pasado, convirtiéndose de esta manera en exigencias, constituyéndose así un vínculo que permite la atribución de un derecho. Siguiendo con el ejemplo anterior, si al regreso de alguno de los padres del infante en cuestión, con él hubiese ocurrido contingencia alguna, la atribución posible de responsabilidad se aplicaría sobre quien aceptó el cuidado del menor; de este modo, el padre o la madre tendrían derecho a la exigencia de responsabilidades. Supondría, en este caso, enunciaciones del tipo «*Eras responsable de su cuidado, por tanto, también de lo que le haya ocurrido*»; es decir, tenías un compromiso y estabas obligado a cumplirlo. Los Enunciados Retrospectivos son los atribuibles, en mayor grado, a la hora de considerar los DERECHOS o las EXIGENCIAS LEGÍTIMAS.

Establecemos un *Enunciado de Responsabilidad* (al modo como lo explica el ya mencionado con anterioridad Garzón Valdés) como aquella formulación que considera una importación de autoría o imputación en una relación causal que conduce a un estado de cosas con implicaciones normativas. En ambos casos, la imputación de autoría requiere el establecimiento de una relación causal entre el acto, bien por acción o bien por omisión, del agente a quien se dirige un Enunciado de Responsabilidad y el estado de las cosas que se trate. Dichos Enunciados son aplicables a las conexiones causales o relaciones de causa-efecto entre dos estados de cosas donde exista una acción humana, es decir, intervención por parte de un agente humano. A dichos Enunciados, que son fundamento de los Juicios de Responsabilidad, se les califica como personales (y no meramente causales, como tal ocurre, por ejemplo, en las situaciones propias de la Naturaleza. Como ejemplo, la consecuencia de la lluvia sobre las plantas es su crecimiento, no siendo por ello responsables de manera consciente las nubes sobre su aumento en dimensión).

• *La posibilidad de imposición de una sanción o castigo*: en el caso concreto de los seres humanos, no puede existir imputación de responsabilidad (en su dimensión de exigencia) sin darse, de manera conectada y por ausencia de la misma, castigo o sanción cuando la responsabilidad asumida o asumible haya derivado en una posibilidad real de imputación. Entendemos dicha sanción o castigo como una atribución negativa por incumplimiento de obligación, de tal modo y como considera John Stuart Mill, «*la responsabilidad significa castigo*». O en frase de F. H. Bradley en su libro *Ethical Studies* (1876) ya citado, «[…] *responsabilidad y punibilidad pueden ser considerados como (términos) convertibles y, por lo tanto, la teoría que podría justificar el castigo podría dar cuenta también de la responsabilidad; y si la primera careciera de sentido […], la última tampoco la tendría*». Además de la referencia a la sanción o al castigo, la responsabilidad atribuible exige, una vez mostrada y demostrada, reparación (evidentemente, cuando la consecuencia del actuar se muestra en su faceta negativa y lesiva). Por tanto, existe una conexión lógica entre la responsabilidad, el castigo (en el caso de ser demostrada su ausencia consciente y exigible de la misma) y la reparación, conexión que deberá ser correctamente expresada a través de los Enunciados de Responsabilidad. Serán, por lo tanto, enunciaciones, siguiendo el ejemplo anterior, del tipo (en línea con el ejemplo propuesto anteriormente), «*no has sido suficientemente responsable del pequeño; al no vigilarlo se ha caído y hecho un daño muy grave, por lo tanto, eres culpable/responsable de no haber sido cuidadoso, dado que estabas obligado a vigilarlo. Y por ello, tu proceder conlleva un castigo, castigo que yo exigiré pues estoy en mi derecho*». La responsabilidad que consideraremos a partir de ahora es aquella que, en primer lugar, es atribuible de manera directa a las personas, y que, en segundo lugar, éstas puedan ser sujetos de castigo por vulneración de los derechos ajenos y que, en tercer y último término, habiendo asumido la obligación o el deber de reparar el mal causado (siempre en el marco legal y jurídico establecido como referente de convivencia social reglada), dicha reparación les pueda ser exigida, debiendo por ello efectuarse, hacerse efectiva en definitiva. Aunque existe, así mismo, la posibilidad de imputación de la responsabilidad con ausencia de castigo y esta se valida cuando se produce el reconocimiento, esta también se puede dar cuando, derivado de la obligación asumida en el aumento de los límites mínimos de responsabilidad, se produce una asunción de obligación extrema (ejemplo, el reconocimiento de los 'justos' por parte de los judíos posteriormente al Holocausto).

3

LAS EMOCIONES PROPIAS DE LA RESPONSABILIDAD

«La responsabilidad del hombre no se refiere solo a él mismo, sino a toda la humanidad.»

Jean-Paul Sartre

Dado el carácter decididamente humano de la responsabilidad (a partir de ahora, ya en minúscula siempre, entendida en su vertiente como aplicación), su puesta en práctica, su ejercicio, en definitiva, genera un conjunto de emociones que se pueden atribuir y asimilar tanto al proceso de su ejecución, como, en especial, a sus resultados posteriores. De este modo y en conexión con la propia reflexión racional, tanto la activación y la puesta en práctica de la responsabilidad como la imputación posible a partir del resultado logrado conllevan la existencia de emociones, entendidas estas como estados del ánimo o disposiciones mentales y anímicas provocadas por la ejecución de actuaciones conscientes con resultado imputable por el ejercicio de la propia responsabilidad, tanto por parte del ejecutante como por parte del recepcionista de las consecuencias de las acciones emprendidas por el primero (no en vano se acude a la expresión 'sentirse responsable' cuando se alude al momento de consciencia plena acerca de la imputabilidad como sujeto de responsabilidad debido a la dimensión emocional y sentimental que esta engendra). No hablaremos del sentimiento de plenitud o reconocimiento propio o incluso de origen ajeno derivado del deber cumplido, del ejercicio debido de la responsabilidad exigible y aceptada, no; argumentaremos sobre la complejidad que surge de la puesta en marcha de los mecanismos inherentes a la definición larga expuesta con anterioridad y que aplica a las resultantes de la imputabilidad cuando se haya dado una situación de irresponsabilidad (la referencia más gráfica lo supone el caso de la que denominaremos *irresponsabilidad extrema o flagrante*, el caso más radical de la falta de responsabilidad). El planteamiento que exponemos más abajo responde a una gradación desde la manifestación de un sentimiento propio e interior hasta otro de raíz externa, tanto en lo que corresponde al sujeto agente como al sujeto paciente.

Así mismo, existe una relación de equivalencia entre cada una de las emociones atribuibles al responsable y las que aplicamos a la víctima como efecto del resultado final. En definitiva, tal y como expondremos prolijamente más adelante, sin el otro no hay sentimientos o emociones manifestadas a través de una ejecución responsable. De este modo, dichas emociones, nacidas al amparo de la obligación, sobre todo cuando ésta no se haya cumplido y que, como se podrá ver, afectan tanto al sujeto que produce la consecuencia como al que soporta la misma, podemos clasificarlas de la siguiente manera:

- Por parte del *responsable o imputable* habremos de considerar cuatro y estas son *la culpa, el remordimiento, la indiferencia* y *la negación*. Ahondemos un poco en cada una de estas emociones surgidas en torno al ejercicio de la responsabilidad, sobre todo cuando concurra su faceta de *irresponsabilidad extrema o flagrante* (por resultar ésta mucho más gráfica, tal y como se expondrá en un siguiente libro dedicado a la deliberación a través de un ejemplo de carácter histórico de enorme significación y relevancia):

  ▸ *La Culpa* (primera aproximación al sentimiento de culpa), emoción interior que, en este caso, surge con posterioridad a la auto imputación de irresponsabilidad.

Mas tarde, en otro apartado dedicado a la categoría de la Responsabilidad Individual, determinaremos las características fundamentales de la culpa y su diferenciación con respecto a la responsabilidad (desde su derivación como factor óntico) pero, en esta ocasión, sólo trataremos su dimensión de sensación y posterior elaboración como sentimiento o emoción. Varios han sido los autores que han tenido en cuenta a la culpa como un sentimiento moral derivado del ejercicio de la conciencia. Schopenhauer mismo en su obra *Los dos problemas fundamentales de la ética* (1841) considera que «*allí donde mora la culpa ha de residir también la responsabilidad, siendo esto lo único que nos permite conjeturar la libertad moral*». Por su parte Kant únicamente utilizó como tal la palabra 'responsabilidad' (en alemán '*Verantwortlichkeit*') en una única ocasión, en la segunda parte de su obra *La Metafísica de las costumbres* (1797). Frente a esta escasa incidencia del término responsabilidad, el concepto de culpa aparece conectado a la denominada conciencia moral, base argumental de su idea del tribunal interior, y en la obra antes citada especifica Kant que «*el ser consciente de un tribunal interno dentro del hombre —tribunal ante el cual sus pensamientos vienen a disculparse o acusarse recíprocamente— constituye la conciencia moral*». Ya Montaigne había hablado en sus *Ensayos* (1588) de este *tribunal interior*, esa voz proveniente de nuestra propia profundidad que nos juzga y que, por tanto, nos puede encontrar culpables o absolvernos ante algo de lo que nos podamos considerar causantes o responsables. Somos, de este modo, juez y parte, fiscal y defensa creándose así un '*sentimiento moral*' que se concreta en la noción de culpa. Consideraremos a esta, en cuanto sentimiento moral como tal, como aquella emoción consciente que se deriva de una reflexión asumida como obligada sobre las consecuencias de un actuar relevante que afecta a otro u otros con el consiguiente resultado de un daño digno de castigo y obligado de reparación, manifestado de modo muy explícito cuando concurre, por ejemplo, y como situación más evidente, una irresponsabilidad extrema o flagrante.

La ausencia de un sentimiento de culpa, sobre todo cuando es manifiesto y manifestado por parte del sujeto de responsabilidad, provoca en el imputador el sentimiento de la *ira*, afección esta que referiremos un poco más adelante.

▶ *El Remordimiento* lo estimaremos como una extensión, sobre todo en el tiempo, del sentimiento de culpa. Cuando dicha culpa se convierte en un amargor constante y mantenido, consecuencia de la comparación entre lo que hemos hecho y lo que hubiéramos debido hacer, y cuyo fruto haya envilecido el recuerdo de nuestro actuar, es cuando hace su aparición el remordimiento. En frases del *Emilio* (1762) de Rousseau, «*se habla del grito de los remordimientos que castiga en secreto los crímenes ocultos y viene a patentizarnos con suma frecuencia. ¡Ay! Quién de nosotros no ha conocido nunca esa importuna voz. Se habla por experiencia y se querría borrar ese involuntario sentimiento que nos granjea tantos tormentos. Mas obedeciendo a la naturaleza conoceremos con qué suavidad aprueba lo que ha ordenado y cuán encantada se halla el alma contenta de sí misma disfrutando con su paz interior*». Habitualmente, el remordimiento supone una elaboración continuada, un guiso que se cocina de modo lento y silencioso, una culpa no confesa que va convirtiéndose, cada vez más, en una pesada carga que, mediando una creencia religiosa de raíz cristiana, sólo puede aliviarse con la confesión. Tal y como relata en sus propias *Confesiones* (1782, edición definitiva en 1789, aunque incompleta), Rousseau a raíz del recuerdo de su «*acción atroz*» de atribuir el robo de una cinta a una joven y hermosa cocinera de nombre Marion, residente en la misma casa donde Rousseau trabajaba como lacayo en Turín cuando sólo contaba con dieciséis años de edad, «*este recuerdo cruel me trastorna y me altera hasta el punto de ver en mis insomnios a esa pobre chica reprocharme mi crimen como si lo hubiera cometido ayer*». En ocasiones, el remordimiento puede convertirse en el sentimiento de vergüenza, tanto la que se expresa en el ámbito de lo interno como su manifestación pública externa a través del acto de arrepentimiento. Ambas dos son consecuencias de la necesidad de hacer manifiesto el ya mentado remordimiento. Años después de la redacción de las *Confesiones* en el año 1776 comenzaría a escribir *Las ensoñaciones del paseante solitario*, obra inacabada y publicada póstumamente en 1782, donde reflejaría otra vez «*aquella espantosa mentira cometida en la primera juventud, cuyo recuerdo me ha perturbado toda mi vida e incluso continúa durante mi vejez entristeciendo un corazón afligido por tantas otras cosas. Aquella mentira, que fue un enorme crimen en sí mismo, debió serlo aún más por unos efectos que yo siempre he ignorado, pero que el remordimiento me ha hecho suponer tan crueles como era posible*». Por contra, Rousseau nunca sintió remordimiento alguno, incluso lo tuvo como un comportamiento sensato y loable, cuando abandonó en un hospicio a sus cinco hijos tenidos con Thérèse Levasseur. Aunque siempre se consideró responsable de haber realizado la mejor acción posible para garantizar el futuro de sus vástagos realmente, en puridad, acabó albergando graves remordimientos por su proceder y finalmente acabó sintiéndose culpable.

La ausencia del sentimiento de remordimiento por parte del imputable como responsable provoca en el imputador el sentimiento de *indignación*. La evidencia de la culpa se muestra tanto en su manifestación explícita, «*soy culpable*», como en el desagrado de lo realizado indebidamente y que acompaña cual pesada losa. Pero no dándose la culpa de modo expreso y por tanto no apareciendo esa comezón interior por lo mal hecho, el otro reacciona a través de la indignación y manifestándose en consecuencia mediante explícita y dañosa protesta «*por no sentir ni remordimientos*».

▸ *La Indiferencia* afecta a la sensación y consiguiente sentimiento de lejanía frente a la culpa y el remordimiento. Supone la ausencia de conciencia moral sobre el actuar contraviniendo con ello la afirmación de Schopenhauer expresada en su ya citada obra *Los dos problemas fundamentales de la ética* de que todos tenemos «*un sentimiento firme y claro sobre la responsabilidad por aquello que hacemos, un sentimiento relativo a la imputabilidad concerniente a nuestras acciones, lo cual descansa en la inquebrantable certeza de que somos los autores de nuestros actos*». Pero cuando media una ausencia de sentimiento de autoría o una visión alejada de las consecuencias, hace su aparición la indiferencia. Por lo expresado, esta puede surgir tanto de la distancia con respecto a la causa asumida de la actuación como sobre la atribución de sus consecuencias. No considerándonos el 'sujeto moral' de la situación provocada, el sentimiento que nos acompaña es el de la indiferencia. Obviar la culpa y, como consecuencia, evitar el remordimiento, es la raíz de la indiferencia. Cuando suponemos que el sujeto moral del resultado de la acción hubiese podido ser otro o bien que el obrar deriva de una obligación o un deber asumidos sin criterio y sin valoración, es cuando acontece la indiferencia sobre el resultado. La indiferencia radical lo supone la ausencia total de culpa ante el resultado de la acción.

▸ La indiferencia alberga en germen un ocultamiento o ignorancia de la situación del otro, un extrañamiento, una cierta incapacidad de identificarse con el sentir ajeno, así como una clara sordera emocional. Extendida esta actitud de manera colectiva, se convierte en un narcótico social que se introduce en el tuétano común hasta volver a las sociedades insensibles ante situaciones clamorosamente injustas e incluso delictivas tales como la esclavitud, el genocidio o el crimen terrorista. Su ulterior desarrollo, convertido en costumbre, deviene en *conformismo*, caracterizado por Elliot Aronson como «*un cambio en la conducta u opiniones de una persona como resultado de una presión real o imaginada de personas o grupos de personas*». De este modo, las respuestas conformistas al influjo social pueden adoptar tres formas rotundas: *la sumisión, la identificación* y *la interiorización*. El silencio colectivo, la complicidad muda de un consentimiento culpable llevan siempre pareja la pérdida de sentido moral y de la decencia social.

Por contra y en contraposición, la presencia manifiesta de un sentir reiterado de indiferencia por parte del imputable como responsable, ante evidencias que resulten claramente obvias, provoca en el imputador el sentimiento de vergüenza por la actuación ajena. Cuando esta roza la incomprensión absoluta, el sentimiento de *vergüenza* se asume como propio; tal es el caso de lo vivido por parte de Primo Levi en su espantosa experiencia en el *läger* nazi durante su presidio en el campo de exterminio de Auschwitz y narrado en su sobrecogedora trilogía y en el resto de su obra, donde siempre se encuentra presente el *campo*. En ella, nos hace sentir de manera vívida la emoción de la vergüenza sobre el resultado, es decir, el vergonzoso sentimiento de haber sobrevivido «*gracias a un privilegio que no has ganado*», la doble cara que supone la vergüenza por la suerte propia frente a la absoluta desgracia ajena por un parte y, por otra, la derivada de la repugnancia por pertenecer a una especie que se ha deshonrado a si misma a través de la industrialización del horror: «*somos hombres, pertenecemos a la misma familia humana a la que pertenecían nuestro verdugos*», concluirá Levi.

▸ *La negación*, sentimiento este que refleja la lejanía máxima de un sujeto responsable o imputable con respecto a la consecuencia de su obrar. La negación puede responder tanto a la sensación de falta de responsabilidad en lo acontecido (la *negación como apartamiento*) como a una utilización interesada de la explicación sobre las causas y razones del actuar (la *negación como negación*); en definitiva, ambas pueden albergar directamente la mentira, una como defensa y otra como mera eliminación.

Ya Freud en su opúsculo del año 1925, de título *La negación (Die Verneinung)*, consideró que ésta es «*una forma de percatación de lo reprimido; en realidad, supone ya un alzamiento de la represión, aunque no, desde luego, una aceptación de lo reprimido. Vemos cómo la función intelectual se separa en este punto del proceso afectivo. Con ayuda de la negación se anula una de las consecuencias del proceso represivo: la de que su contenido de representación no logre acceso a la conciencia*». Destaca por tanto el vienés como la negación contiene en sí la falta de aceptación, la tergiversación sobre las causas de lo sucedido a través de la fácil y nada comprometida fórmula de evitar la aceptación y, por ende, la responsabilidad. Es un cierto «*yo no estaba allí; por lo tanto, si no estuve, no fui*» (este *no fui* se entiende en dos vertientes: no habiendo ido y no habiendo sido); o, como veremos con detalle más adelante, supone acudir a la socorrida expresión «*cumplía órdenes, las cuales no se discuten*». Por supuesto que se pueden discutir e incluso no cumplir. Existe, por tanto, la vocación de extrañamiento, la actitud de evitación a través de la acción de la no reflexión que, al ejercer la negación, puede llevar incluso al convencimiento de la imposibilidad de la imputación tanto por estricta ausencia como por una carente imputación externa. Por ello concluye Freud en la cita arriba referida que «*de lo cual resulta una especie de aceptación intelectual de lo reprimido, en tanto que subsiste aún lo esencial de la represión*».

La evolución posterior del análisis realizado en los albores del psicoanálisis como terapia por parte de Sigmund Freud ha llevado a la psicología contemporánea a considerar la negación como un mecanismo de defensa, el cual consiste en enfrentarse a situaciones conflictivas o desagradables negando tanto su existencia como su origen o la relación y relevancia de estas con respecto al propio sujeto. De este modo, se rechazan e incluso eliminan los aspectos de la realidad que no resulten agradables o aceptables con el objetivo de evitar los sentimientos antes mencionados u otros similares tales como la rabia, el descontento o directamente el dolor por el resultado producido. Negando, en consecuencia, reprimiendo, sentimientos como la culpa, el remordimiento o incluso yendo más allá de la propia indiferencia, las sensaciones desagradables parecieran diluirse, incluso, desaparecer.

Pero no sólo la negación responde a su reacción como un estricto mecanismo psicológico de defensa. La psicología actual denomina como '*punto ciego*' a esa capacidad que tiene el ser humano de auto convencerse de que algo no haya sucedido por las razones conocidas o de que, incluso, el sujeto de una acción no se considere responsable de la misma llegando en ocasiones a olvidarlo por completo. En correspondencia con el mismo concepto de la biología aplicado a la fisiología ocular (es ese lugar en el ojo donde la imagen desaparece y que se encuentra en la parte posterior del globo ocular donde confluyen las distintas neuronas del nervio óptico responsable de la transmisión de los impulsos nerviosos hasta el cerebro; en dicha zona no se registran las variaciones luminosas procedentes del cristalino y por ello se genera una laguna en la información que es enviada al cerebro), entenderemos aquí el punto ciego mental como uno de esos momentos vitales que nos resultan ajenos, los autoengaños provocados con el objetivo de no asumir las consecuencias del propio actuar, de nuestro propio comportamiento.

En las obras de Ibsen aparece de manera recurrente esta capacidad humana para el olvido interesado y para ello, el dramaturgo acuñó una expresión harto gráfica; son las denominadas por él como «*mentiras vitales*». Es, en definitiva,

esa capacidad tan humana de ser selectivos con los recuer-
dos que nos infunden sensaciones y sentimientos profundamente negativos y dolorosos. Dicha selección puede ser
tanto consciente e interesada como inconsciente y asumida
(como ocurre con las ausencias o las denominadas lagunas
o secuestros mentales); aunque puedan darse ambas, en las
dos posibles el fundamento es el mismo, evitar las sensaciones negativas provocadas por un recuerdo doloroso, sajar la
angustia y la ansiedad que producen la memoria de sucesos
difíciles de olvidar por resultar intensamente negativos a través de la disminución e incluso la eliminación de la conciencia. Esa niebla mental que rodea a las imágenes inadecuadas
se volverá entonces tan espesa, tan tupida, como nosotros
deseemos.

La reiteración efectiva de la negación como sentimiento de
lejanía por parte del responsable, siendo consciente o no de
dicha asunción de la negación, provoca, finalmente, en el receptor de las consecuencias de la falta de responsabilidad, el
sentimiento de la resignación[1].

- Por parte de la *víctima o imputador* las emociones atribuibles
  son *la ira, la indignación, la vergüenza* y *la resignación*, las
  cuales aparecen de modo clamorosamente manifiesto cuando concurren situaciones de *irresponsabilidad extrema o flagrante*, tal y como también aplicamos con anterioridad en el
  caso del imputable o responsable:

---

1   Nota: La negación, es un breve texto de 1925 que se encuentra en Freud,
Sigmund, *Die Verneinung*, en Gesamtwerk, t. XIV, 1925, y en español en *La negación*,
(en Obras completas, Madrid, Biblioteca Nueva, Tomo 3, pp. 3884-3886). Lo cita, así
mismo, Cristian Iangro en *Crecer y destruir. Los intelectuales en la máquina de guerra
de las SS*, Editorial Acantilado, nº 347, Barcelona, 2017, pp. 518 – 519. Y así, refiere
en el capítulo de título «*Los intelectuales de la SS sometidos a juicio*», en la nota nº 65
en la que se habla del proceso de negación realizado por los SS que participan en las
intervenciones de los *Einzatzgruppen* en el este de Europa. Incluimos esta única cita
en esta parte, derivado de la conexión conceptual entre las dos cuestiones planteadas
en esta obra, responsabilidad y nazismo, apareciendo por ello también en ambas.

▶ *La ira* resulta un sentimiento tan extremo, tan evidente, incluso con traslación de manifestaciones físicas, que la tradición cristiana la convertirá en un pecado capital, en el seno de uno de los septetos más clásicos. Corresponde a la expresión de una agresividad extrema fruto de acontecimientos o situaciones que exaltan de modo radical el ánimo de un sujeto; incluso va más allá de ser considerada una emoción, debido tanto a su intensidad como a su perdurabilidad, asemejándose en su manifestación al odio, y por todo ello la podemos configurar más como una pasión. En línea con lo mencionado, ya Spinoza la definió en su «Ética, demostrada según el orden geométrico» (1661-1675, publicado póstumamente en 1677) como «*un deseo que nos incita, por odio, a hacer mal a quien odiamos*», anunciando en la proposición XLV de la Parte Cuarta que «*el odio nunca puede ser bueno*». La ira, la cólera manifiesta, contiene en sí misma tanto la pulsión dominante del deseo propio del mal ajeno como la imperiosa necesidad de mantener una búsqueda de venganza motivados ambos por un sentimiento asumido de procedencia externa teñido de desprecio y falta de consideración. Va mucho más allá de la irritación y por sus consecuencias, suele resultar inútil y contraproducente por ser extrema, así como carente del auxilio de la razón.

En su aplicación a la responsabilidad, más bien a la falta de ella, su aparición deriva, en el marco conceptual que estamos delimitando, de la observación de una ausencia de sentimiento de culpa ante el mal causado por parte del causante, una supuesta lógica consecuencia de un ultraje infligido, de un desprecio sobre la falta de un sentimiento ajeno de reposición frente a dicho mal. La ira como pasión intensa, ciega y cegadora siempre ha sido considerada en la literatura moral como uno de los sentimientos más perturbadores calificado por Séneca en su *De la ira*

(41 d.C.) como «*la pasión más sombría y desenfrenada de todas*», una especie de locura breve que olvida toda cordura, obstinada y terca, que se torna sorda ante los consejos de la razón; y a su juicio «*perjudicial siempre por sí misma*». Para el cordobés afincado en Roma, la ira es «*el deseo y no la facultad de castigar,* [...] *es el deseo de devolver el daño*». De lo vano e inútil de la emoción extrema de la ira da cuenta el estoico cuando sentencia que «*la ira, en fin, nada útil tiene en sí, nada que impulse al ánimo a las cosas bélicas; porque nunca se apoyó la virtud en el vicio, bastándose a sí misma*». Discrepa con Aristóteles cuando el griego considera que la ira bien orientada y cuando no se torna general y se mantiene soldado, resulta necesaria, incluso conveniente, sobre todo dirigida contra los enemigos, «*la ira, dicen, es útil porque libra del desprecio, porque asusta a los malvados*»; más el romano estimará como falso ese pensamiento, porque si se auxilia de la razón, la ira ya no es tal, es rebelión, versión antigua de la indignación y la propensión a poner en práctica los ánimos reivindicativos.

▸ *La indignación* como tal presenta una manifestación de menor intensidad que la ira, incluso en su modo fisiológico. La indignación se ve provocada por la detección de una falta de consideración por parte de otro quien debiera observar ante un comportamiento negligente propio cierto remordimiento, incluso, si cabe, una vergüenza manifiesta. La ausencia de reconocimiento del mal causado o la indiferencia ante las consecuencias del obrar negligente, causan indignación. La eliminación de respuesta, incluso si ello deriva del propio desconocimiento, también provocan indignación. Así, el desconocimiento del resultado del obrar no exime de ser objeto, en consecuencia, de un proceder y comportamiento indignados.

Aristóteles, en su *Retórica*, la opone a la compasión, debido a que «*al pesar que se experimenta por las desgracias inmerecidas se opone* [...] *el que se produce por los éxitos inmerecidos*»; el concepto griego que lo abarca es denominado *némesis* (νέμεσις), el resultado divinizado, como sentimiento, por una diosa del mismo nombre Némesis, hija de Nix, la noche, correspondiente a la justicia retributiva. Por ello, la indignación supone la consecuencia de la falta de aplicación de la justicia o la percepción de una injusticia manifiesta y de difícil o imposible resarcimiento, que precisa restitución por necesidad de equilibrio; nace por tanto para Spinoza de «*el odio hacia alguien que ha hecho mal a otro*». Pone de relevancia la incomodidad o el enojo ante lo inmerecido, frente a aquello que carece de explicación y de sentido en un proceso que debiera ser justo y racional desde el inicio, de ahí la necesidad de volver al equilibrio. Consideraremos *el resentimiento* como el sentimiento derivado de una indignación continuada y legítima, de la acumulación nociva del odio provocado por una supuesta causa justa injustamente tratada. De este modo, tal y como expresa Max Scheler en su obra *El resentimiento en la moral* (1912, segunda versión ampliada en 1915), el resentimiento nace de la contradicción entre deseo e impotencia, aumentando por nuestra parte que ello deberá producirse en modo continuado y sostenido en el tiempo.

Modernamente, la indignación ha pasado a ser considerada prácticamente como una virtud más que como un defecto o sentimiento negativo, quizás debido a que siempre parece ir acompañada del calificativo de moral, *indignación moral*. Indignarse no sólo es bueno sino también justo y la manifestación de dicha indignación se vuelve un elemento imprescindible de la reivindicación del reajuste obligado aplicable sobre las situaciones consideradas como injustas, así como faltas de un criterio de evaluación razonable, en particular si ello afecta a grupos, colectivos afectos y afectados o al conjunto de la sociedad. Otra de las características más actuales de la indignación es que ha pasado del mundo de lo intelectual y ético al de lo práctico y se considera legítimo e incluso justo manifestar indignación y presentar batalla por ello, exigiéndose la reparación inmediata sin estimar que la indignación por sí misma no obliga al resarcimiento. Y así, se proclama en el panfleto de Stéphane Hessel *Indignez-vous!* del año 2010, fuente inspiradora de otros muchos libelos y prontuarios, instando a través del exhorto y la protesta a resistir actuando de manera contundente, aunque pacífica contra los responsables de la profunda crisis económica acontecida a lo largo de las dos primeras décadas del siglo veintiuno.

▸ *La vergüenza* es también un sentimiento imputable además de exigible al provocador de la consecuencia objeto de demanda en el actuar responsable. Cuando no se produce una resolución satisfactoria puede aparecer como reacción la sensación de vergüenza. La vergüenza supone así ese sentimiento («*una tristeza , acompañada por la idea de alguna acción que imaginamos vituperada por los demás*» como la definió Spinoza) que se deriva del descredito personal que surge de la actuación indebida; se nos manifiesta en esa sensación, incluso con manifestación fisiológica a través del enrojecimiento (Bernard Williams la caracteriza como una «emoción roja», que son aquellas emociones de origen social, frente a las denominadas como «emociones blancas», derivadas estas últimas de la conciencia interior), provocada por la pérdida de la imagen propia, en definitiva, por la lesión de la reputación asumida. Aristóteles lo refleja en su *Retórica* (367 a 347 a.C.) caracterizándola como «*un cierto pesar o turbación relativos a aquellos vicios presentes, pasados o futuros cuya presencia acarrea una pérdida de reputación. […] De este modo, importa el juicio de quienes nos admiran o de aquellos otros a quienes admiramos o por los que queremos ser admirados, así como el de aquellos cuyos honores nos sirven de estímulo o cuya opinión no cabe desdeñar*». Desde nuestro punto de vista, la vergüenza exige la mirada reprobatoria del otro, la exigencia de respuesta y por tanto es un sentimiento fruto de una construcción necesariamente social puesto que es una emoción social primaria; supone el tránsito a «*sentir vergüenza*» a través de «*hacer sentir vergüenza*». El juicio ajeno provoca el sentimiento de vergüenza aunque puede existir una sensación nacida del propio interior que se manifiesta como tal; a ello le denominaremos, como elemento fundante del sentimiento, *pudor* (en ese aspecto, no consideramos únicamente el pudor en su vertiente erótica que resulta más evidente en su faceta carnal y física; hablamos del pudor entendido como esa orientación con forma de actitud que fundamenta el sentimiento de evitar mostrarse en público teniendo muy en cuenta la consideración y el juicio de los demás siendo el impudor esa osadía manifestada en acciones y palabras indignas, tal y como lo caracteriza Teofrasto, sucesor de Aristóteles en la escuela peripatética, en su obra *Caracteres morales* (hacia el 319 a.C.).

Por lo tanto, nos interesa en este caso, trasladando por ello la vergüenza al perímetro vital de la víctima o del imputador, la exigencia externa que provoca, o al menos lo pretende, el sentimiento interno de la vergüenza; por tanto, la vergüenza entendida por ello como el resultado de la reprobación. Consideramos así que no se pueda provocar verdaderamente un sentimiento de vergüenza si no existe un inquisitorial ojo que inquiera y juzgue a la persona a quien exigimos responsabilidad sobre lo ejecutado. Responde a la exigencia expresada en la frase «*debería darte vergüenza*», la cual pretende afear una conducta considerada como reprobable, asociándose de esta manera al disgusto y al desdén reprobatorio por parte de los otros. Frente a la denominación de «*vergüenza natural*» (la cual nosotros atribuimos al sentimiento de pudor) por parte de John Rawls, existe la que también él denomina como «*vergüenza moral*». Dicha reprobación puede ejercerse incluso desde el ámbito de lo social

siendo imputable en estos momentos una cierta relaja-
ción en las exigencias morales y sociales propias de las
sociedades liberales que posiblemente haya conllevado
un claro desvanecimiento en la provocación de la sensación de vergüenza ante comportamientos cuestionables
tales como la corrupción de cualquier tipo, las variadas
injusticias flagrantes con colectivo determinados, el enriquecimiento ilícito o el indebido comportamiento falto
de moral de los servidores públicos.

▸ *La resignación* es un sentimiento, una volición más bien,
que conduce directamente a la inacción. Dicho estado de
ánimo se basa, fundamentalmente, en una asumida certeza sobre la imposibilidad e incluso inutilidad de hacer
cambiar el estado de la situación, impidiéndose con ello
invertir el resultado actual e incluso coartando una posible modificación futura. Como actitud, mantiene una
raíz religiosa siendo en ocasiones calificada de manera
coloquial como cristiana, *resignación cristiana*.

Kierkegaard reflejó de manera muy elocuente el carácter positivo de la resignación desde la perspectiva cristiana, desde
la propia fe, por tanto. En su obra *Temor y Temblor*, fechada
en el año de 1843, el eje central de la misma lo hace radicar
en la consideración de que «*la resignación infinita es el último estadio que precede a la fe, de modo que quien no haya
realizado este movimiento no alcanzará* la fe. *Sólo en la resignación infinita me descubro en mi valor eterno:* sólo entonces,
en virtud de la fe, podré tratar de hacerme con la existencia
de este mundo». La resignación siempre lo es ante la desgracia, ante lo contingente y lo inevitable, siendo la fe una
propuesta de consuelo ante lo finito y limitado del proceder
humano, incluso ante lo humano mismo. Renunciando, re-
cobro la senda de la tranquilidad y teniendo fe puedo superar el absurdo de la existencia. *El caballero de la resignación
infinita* (ejemplificado en el personaje del joven amador de la
princesa, trasunto autobiográfico del propio filósofo danés),

quien asemeja resignación y renuncia, permite, gracias a una consciente progresión y al valor de la fe, mudar en *El caballero de la fe*, aquel que se entrega de lleno a lo infinito, ubicándose en lo general, en lo absoluto; finalmente, el caballero de la fe «*sabe el entusiasmo que produce la renuncia cuando uno se sacrifica por el bien general, y sabe el valor que se requiere para obrar así...*». Pero, como el mismo Sören Kierkegaard nos propone, la fe, entendida como milagro y como pasión, «*la pasión más grande del hombre*», comienza donde sucumbe la razón y por tanto, ante planteamientos derivados estrictamente de la aplicación de la razón, la resignación se nos antoja una claudicación, un afrontamiento acomodaticio carente de reacción, el desencantamiento que provoca una huída pactada con uno mismo; tal y como expresa el ya citado filósofo, precedente del existencialismo, «*por la resignación renuncio a todo; es un movimiento que hago por mí mismo, y si no lo hago será a causa de mi cobardía y de mi indecisión, a causa de que me falta el entusiasmo, y debido, además, a que no soy consciente de la alta dignidad que supone el que un individuo sea su propio censor; dignidad más importante que la del mismo censor general de la república romana*». La resignación puede considerarse, tal y como lo hemos hecho hasta ahora, como mera renuncia; pero también puede establecerse como una actitud racional frente a sucesos o a aconteceres ante los que hayamos comprobado su imposibilidad de transformación. Seguir luchando ante la inutilidad acabará por ser el resultado de una pasión inútil; y, por lo tanto, lo mejor sería resignarse.

Las emociones descritas anteriormente presentan dos orientaciones distintas; la primera está en función del sujeto sobre quién se aplican y así las atribuidas al responsable o imputable tienen un marcado carácter individual o personal. Frente a éstas, las atribuibles a la víctima o imputador no sólo presentan esta faz personal, sino que también suelen tener una faceta más social o colectiva; son exigencias y suelen ser, además de vividas de modo personal y propio, compartidas de manera colectiva; no en vano las emociones en general tienen una construcción eminentemente social. La responsabilidad ejercida y ejercitada provoca emociones, todas ellas de marcado carácter moral, es decir, que transcienden el sentimiento mismo para convertirse en argumentos de orden ya propiamente morales. Por todo ello, podremos considerar que el análisis de la responsabilidad en su faceta vivencial deberá ir más allá de la mera argumentación racional; también habrá de incorporar el universo de las sensaciones, los sentimientos y las emociones. Así y con todos estos elementos, la responsabilidad permite ser radicada plenamente en la órbita de lo propiamente humano. En definitiva, *los seres humanos somos lo únicos sujetos de responsabilidad*. En palabras de Victoria Camps y avanzando un paso más, el gobierno de las emociones en general resulta ser el verdadero cometido de la ética.

Dejamos para finalizar este apartado, una emoción convertible de modo directo en sentimiento e incluso en una actitud y que es *la confianza*. Para Hans Jonas es un sentimiento opuesto a la confianza el que dispara la obligación de actuar, en general, de modo responsable, lo que denominará como *coraje para la responsabilidad*, y este es el temor, el *temor responsable*, aquel que me insta a obrar. El temor se convertirá así «*en el primer deber, en el deber preliminar de una ética de la responsabilidad histórica*». En su búsqueda de una ética de la previsión y de la responsabilidad, para Jonas, la primera vocación de la responsabilidad es responder a la pregunta ¿Qué le sucederá a eso si yo no me ocupo de ell*o?*

Lo opuesto al *temor*, en definitiva, al *miedo* (entendido éste como la expectativa de un mal futuro), lo supone *la confianza* (frente al citado miedo, la confianza supone la confluencia de tres variables: *la creación de dependencias*, siempre se confía en algo o en alguien; *la apertura a diversas posibilidades*, siendo las más básicas el confiar o no y, finalmente, *el planteamiento de expectativas positivas*, aspecto este último en abierta oposición al temor y al miedo). Para conseguir obtener la confianza necesaria en que los acontecimientos suceden según criterio propio, el *temor responsable* de Jonas, ese que se dispara con la necesidad de actuar, así como de paliar y espejar la incertidumbre ante las diversas posibilidades, exige la concurrencia de la *esperanza*, ansiedad positiva de futuro que provoca y apuntala, en consecuencia, la confianza. Siguiendo la idea manifestada por Ernst Bolch en su libro de título revelador, *El principio esperanza*, (elaborado entre los años 1938 y 1947, finalmente publicado en 1954), «*el temor tiene que estar acompañado de la esperanza*», si lo que queremos lograr sea una situación de confianza. Una teoría complementaria a la racionalidad que incorpore la importancia transcendental de las emociones exige la inclusión de las expuestas más la que compendia todos los sentimientos generados por el ejercicio de la responsabilidad, y que ello deviene en la *confianza*.

Encontraremos aquí la confianza asimilada siempre al ejercicio del actuar, actuación que sea intrínsecamente responsable, como aquella disposición del ánimo que, anclada en la esperanza, estima que lo que debería ocurrir acabará sucediendo; supone un dar crédito a las posibilidades concebidas como expectativas alcanzables con el anhelo de un resultado final positivo para el sujeto. Aplicada a la responsabilidad, podemos considerar la existencia de dos tipos de confianza:

- En primer lugar, *la confianza de origen*, es decir, toda actuación imputable de responsabilidad es realizada con la pretensión de un logro determinado («*las cosas pasan como esperemos que pasen*») y

- En segundo lugar, una vez iniciada y afectando a otro, éste deberá mantener la sensación y la actitud de que la exigencia y la reparación, sobre todo en el caso de situaciones de irresponsabilidad extrema o flagrante, puedan producirse como consecuencia asumida de lo que acontezca. A esta la denominaremos *confianza de reparación* («*las cosas no deberían haber pasado de esta manera; alguien deberá hacerse responsable del resultado; y, en consecuencia, responder por ello*»).

- La intermediación entre ambas la protagoniza *la argumentación*, es decir, la conexión necesaria entre el planteamiento de origen y la posibilidad de supervisión y reparación; la coherencia será el sustrato, el terreno, sobre el que se edificará la argumentación. Sobre la faceta que suponen tanto el diálogo como la argumentación en la responsabilidad, razonaremos más adelante.

En definitiva, la confianza se encuentra, nuclearmente, en el interior, en el mismo seno, de la responsabilidad debido a que es el sentimiento que concilia el ser, que las cosas sean y el deber ser, como debieran haber sido y no siéndolo como deberán ser, se entiende en términos de actitud y sentimiento, no en su consideración esencial u óntica. Históricamente, la confianza supone la desacralización de la fe religiosa y por tanto es un concepto propio de la Modernidad; como la Responsabilidad misma. Por tanto, y al contrario que la fe, la confianza (cuya raíz etimológica se encuentra en el verbo latino *confido*, es decir, *tener fe*) es un sentimiento que precisa la concurrencia del otro, incluso su exteriorización; por ello, necesita el arropo de la comunidad y el ejercicio del contraste. Aunque se asiente en lo interior, su respaldo proviene del intercambio. Ese sentimiento, por lo tanto, acompaña tanto a quienes tienen fe como a aquellos que pudieran carecer de ella.

Otra de sus características ilustradas y modernas lo supone la consideración de una base material para asentar la confianza, sobre toda la de rango social y esto es el progreso material. La herencia del espíritu revolucionario del siglo XVIII nos deja la aceptada y asumida idea de un obligado progreso continuo, del avance constante, de la consecución de logros acumulables que repercuten en la mejora de la calidad de vida de las personas (no en vano conceptos asimilables a la confianza son *dar crédito* o *ser solvente*). Confiar resulta equivalente a estimar el crecimiento como posible, a prosperar, a mejorar, en definitiva, a lograr más. Pero todo lo expuesto afecta de un modo u otro al primer elemento que sobre la confianza hemos establecido, la confianza de origen, pero no al segundo, la confianza de reparación. En cuanto a esta segunda y habiéndose secularizado la fe, convertida en confianza y asentada en el intercambio (no en vano las filosofías postmodernas representadas por Habermas y Rawls coinciden en que lo básico para la convivencia es el método, como muy inteligentemente apunta Victoria Camps en su *El gobierno de las emociones* (2011), y éste no es otro que el diálogo, cuya base como posibilidad relacional lo supone la argumentación), la humanidad no ha progresado, no ha conseguido mayores logros en lo referente a la reparación que los meramente derivados del mínimo arreglo obligado cuya base en ocasiones es la eliminación de los sentimientos negativos por parte del agraviado y, como mucho, su mera reparación material.

Quizás una de las bases más obvias de la profunda crisis no sólo económica sino también social y política que asuela las dos primeras décadas del siglo veintiuno y que parece extenderse más allá en la siguiente década, se asiente en la imposibilidad de ejercitar la reparación y la restitución. Uno de los fundamentos de la crisis mencionada es la falta de confianza en que exista arreglo *«dentro y desde dentro del sistema»* y que, en el fondo, no haya una posibilidad real y efectiva de fiscalización y, cuando esta concurra, una exigible restitución del bien enajenado o de los costes derivados del mal producido. Consideramos que el ahondamiento en la *confianza de reparación* obliga, al menos, a tres cuestiones transcendentales y que son la valoración efectiva del bien enajenado, el establecimiento de los costes de reparación y la imputación de un canon contra la impunidad. La confianza, como base de la responsabilidad, se fundamenta en la posibilidad real y efectiva de ejercitar la reparación, de cumplir con la asunción del resultado. Por ello, cualquier expectativa humana debería ir pareja con el contrapeso del conocimiento de las consecuencias de su incumplimiento, convirtiéndose así mismo en una exigencia previa, sobre todo en lo concerniente a las responsabilidades con imputabilidad inherente, como es el caso de las que corresponden a ejercicios públicos o comunales, es decir, aquellas que van más allá de lo personal afectando de lleno a lo colectivo y que podemos denominar como *responsabilidad institucional*, campo todavía poco cultivado y que precisaría un tratamiento específico y pormenorizado.

4

LAS CATEGORÍAS
DE LA RESPONSABILIDAD

Terreno escasamente roturado y pobremente abonado en lo que respecta a la consideración de la semántica de la responsabilidad, lo supone la caracterización de las tipologías que podamos determinar, esto es, qué tipos de responsabilidades hay, así como también cuáles puedan ser planteadas, ejercitadas y expuestas, respondiendo así a las preguntas *¿Qué tipos de responsabilidad hay?*, *¿Cómo se es responsable?* y *¿Cuánto se es responsable?*, en definitiva, de qué manera podemos «pesar» y «valorar» la responsabilidad y lo que ella entraña. De hecho, no existen compendiadas en una taxonomía única, salvo la ejercitada por Karl Jaspers en su obra *El problema de la culpa. Sobre la Responsabilidad Política de Alemania*, de la cual hablaremos más adelante, aunque esta fuese derivada de una circunstancia tan particular como supuso el ejercicio intelectual de distribuir la culpa entre los responsables y perpetradores del Holocausto y la Segunda Guerra Mundial desde la parte alemana, inmediatamente después de finalizada ésta (no podemos olvidar que el curso que da lugar al libro citado fue impartido por Jaspers durante los meses de enero y febrero del semestre de invierno entre los años 1945 y 1946, siendo publicada la obra pocos meses más tarde simultáneamente en Heidelberg y en Suiza en el mismo año de 1946). Nos proponemos, en este apartado, diseñar un conjunto coherente y ordenado de conceptos alineados y clasificados que permitan distinguir las diversas facetas del ejercer responsable entendidas como Categorías de la Responsabilidad y su derivada posterior en Modos y en Grados, esto es, las distintas y diferentes cualidades o atributos aplicables, por el decurso del acontecer humano, a la Responsabilidad.

No podemos dejar de nombrar al inicio de este aparatado el vano intento de Román Ingarden en su obra *Sobre la responsabilidad, sus fundamentos ónticos*, en cuyo capítulo VI nominado como «*El valor como fundamento óntico de la responsabilidad*», hace un amago de clasificación que consideramos que acaba teniendo un resultado manifiestamente fallido.

Consideraremos dichas categorías, en su orientación más básica, al modo y manera, aunque adaptadas y desprovistas de su sentido trascendental, de lo expresado por Kant en su *Crítica de la razón pura*, en concreto en la Doctrina Trascendental de los Elementos, en su segunda parte, la Lógica Transcendental, primera división, la Analítica Trascendental, en su capítulo II «*Deducción de los conceptos puros del entendimiento*» en las secciones primera y segunda, en particular en la última.

En principio, distinguiremos el anterior planteamiento del propiamente aristotélico reflejado en su obra nominada como *Categorías* de la caracterización llevada a cabo por parte de Kant en su primera *Crítica de la razón pura* (1781) y ampliada en la segunda edición (1789), en concreto sobre la función de las categorías (esta se refleja en las páginas correspondientes a la sección 10 de título «*Los conceptos puros del entendimiento o categorías*» situada en el seno de la sección tercera correspondiente a la «*Guía para el descubrimiento de todos los conceptos puros del entendimiento*» y donde expresa de modo nítido lo siguiente: «*De esta forma, surgen precisamente tantos conceptos puros referidos* a priori *a objetos de la intuición en general como funciones lógicas surgían dentro de la anterior tabla en todos los juicios posibles.* [...] *De acuerdo con Aristóteles, llamaremos a tales conceptos* **Categorías***, pues nuestra intención coincide primordialmente con la suya, aunque su desarrollo se aparte notablemente de ella*»). Decir con Kant que ambas beben del mismo origen, esto es, la necesidad de practicar una jerarquía, establecer un orden, diseñar una taxonomía que permita, como clasificación abstracta e intelectual, ordenar la realidad en cuanto que predicable. Pero en contraposición a Aristóteles que establece una tabla de ordenación únicamente explicativa, una mera lista de predicados (entendidos estos como distintos tipos de existencia aplicables sintácticamente al uso del verbo 'ser' o, semánticamente hablando, las diversas maneras a las que se ajustan la enunciación de dicho verbo 'ser' cuando se realizan juicios) generada a partir de la disección de la realidad empírica, Kant hace que las categorías supongan las condiciones de posibilidad objetiva de lo real, nacidas del ejecutar intelectual del entendimiento (son los denominados conceptos puros, formas primeras de toda objetividad en general planteadas como condiciones lógicas de posibilidad, las condiciones puras que permiten la síntesis posibilitadora del conocimiento, del pensar, que devendrá, como consecuencia y posteriormente, en científico, teniendo en cuenta lo que ello significa en el propio pensamiento kantiano), y, en este caso, que nos faciliten los planos, como si de una construcción se tratase, que nos provean para entender ordenadamente los contenidos, las diferentes afecciones y nominaciones de la responsabilidad. De tal guisa, podremos establecer, en primer lugar, las Categorías de la Responsabilidad en el ámbito de la ordenación teórica como las formas que adquiere la responsabilidad (orientadas desde un cierto *a priori* estrictamente intelectual y explicativo, totalmente alejado del carácter trascendental que se atribuye a la disección kantiana) y, en segundo lugar y más adelante, los Modos de la Responsabilidad como las respuestas, maneras prácticas o circunstancias derivadas de la actuación (orientadas estas a su vez desde un cierto *a posteriori*) responsable, orientando así el cómo ser responsable. Presentará por ello la exposición una cierta factura arquitectónica. Podemos establecer así que las categorías se refieren a la cantidad y los modos a la cualidad en su aplicación a la sintaxis y a la semántica de la Responsabilidad (dejando la pragmática para los Grados de la Responsabilidad, es decir, afecta, en su vertiente de alcance, a quienes ejercen la responsabilidad); en definitiva, las que consideramos como Categorías establecerán los referenciales clasificatorios de la Responsabilidad y los Modos supondrán las manifestaciones posteriores a partir de la puesta en uso y en la práctica de la Responsabilidad. Utilizamos por tanto el báculo kantiano como un soporte argumentativo al objeto de dotarlo de cierta entidad clasificatoria, un mero apoyo conceptual y argumentativo, convirtiéndolas así no sólo en estrictas nominaciones (de ahí la denominación de la Responsabilidad en mayúscula), sino también atendiendo a su aplicación posterior (de ahí su traslación consiguiente hacia las responsabilidades, estas ya, por lo concreto, en minúscula).

Con respecto a su determinación y clasificación, estableceremos una primera distinción en cuanto a la primera clasificación en dos de las **Categorías** (a qué nos lleva ser responsable), las teóricas y las prácticas, que, a su vez, se harán concretas en el ejercicio de la responsabilidad que definiremos más adelante. Frente a la clásica distinción de la década aristotélica (substancia, cantidad, cualidad, relación, lugar, tiempo, modalidad, hábito, acción y pasión) y a las posteriores cuatro kantianas (cantidad, cualidad, relación y modalidad), haremos uso de meramente dos de corte más general, las teóricas y las prácticas, pretendiendo ser mucho más sencillos. El origen de las primeras es de orden meramente conceptual, derivando con ello en la abstracción y las segundas lo tienen en el ámbito de la aplicación y su uso es práctico y concreto; estas últimas están enfocadas a las conexiones más directas con lo que, posteriormente, estableceremos como ámbitos o *dimensiones* prácticas de la responsabilidad, entendidos como **Modos**, (qué conlleva ser responsable). Un tercer elemento lo supondrán los **Grados** de responsabilidad aplicables a los sujetos de responsabilidad y que se referirán básicamente a la mayor o menor cercanía en si en relación con las categorías y los modos de la responsabilidad por parte de los sujetos de imputación (qué sobrelleva ser responsable), esto es, no solo el qué, sino también el cómo, el cuánto y el quién… aplicables a la Responsabilidad. En resumen, podemos caracterizar a partir de saber que es la Responsabilidad, aquello qué pan lleva (ejercitando el pan-llevar, término castellano que significa conjunto), a qué lleva (Categorías), qué con-lleva (Modos) y qué sobre-lleva (Grados) la responsabilidad para convertirse en responsabilidades.

Frente a la consideración de orden semántico establecido por Aristóteles en su ya citada obra *Categorías*, sita en la ordenación que posteriormente fue designada como Órganon (Tratados de Lógica), quien caracteriza a las categorías como predicamentos, describiéndolos más no definiéndolos, nuestra propuesta pretende distinguir, definir y describir, partiendo de la clasificación y la ordenación, en definitiva, el ejercicio de realizar una taxonomía sobre la Responsabilidad; por tanto, su concepción se orienta más desde una perspectiva kantiana, en cuanto a la nominación, que desde una aristotélica, aunque meramente en el ámbito de su conceptualización y no encadenado al resto de un posible 'sistema' explicativo de orden y fundamento kantianos.

Acudiendo ya a lo concreto, alumbramos dos tipos de categorías generales en el seno de la responsabilidad entendida esta de modo genérico: **las teóricas** y **las prácticas**. Dentro de la primera consideraremos seis posibilidades y que por orden de gradación serán las siguientes: Responsabilidad Absoluta, Responsabilidad Histórica, Responsabilidad Personal, Responsabilidad Individual, Responsabilidad Compartida y Responsabilidad Diluida; las de corte práctico o aplicativo serán las otras cuatro, hasta completar las diez aludidas, siendo de modo específico la Responsabilidad Legal, la Responsabilidad Moral, la Responsabilidad Ética y la Responsabilidad Social. Pasemos ya a su caracterización, apoyándonos en ejemplos y autores que, con el análisis de sus obras, en particular las que tengan alguna referencia de valor claro aplicada a la responsabilidad, permitan así una mayor y mejor comprensión.

1. Las Responsabilidades Teóricas

Podremos considerar así que las **Responsabilidades Teóricas** afectan a la determinación de la causa u origen de la Responsabilidad, a la búsqueda de la intención subyacente, frente a las **Responsabilidades Prácticas** que indagan en la importancia del efecto, en el análisis del resultado final. En primer lugar, determinaremos las seis de carácter teórico para describir con posterioridad las cuatro de corte práctico. Comenzaremos la descripción de las primeras.

1.1. La Responsabilidad Absoluta

Supone la atribución completa de la responsabilidad ante la totalidad de las consecuencias aplicándolas a un único sujeto, sea este individual o colectivo y con carácter sustancial. Al razonamiento más básico le repugna una adhesión tan radical y plena, dado que, como ya hemos considerado, resulta enormemente difícil repercutir únicamente sobre un solo elemento el peso de una responsabilidad total, sobre todo cuando esta es enorme e inconmensurable, radical, en definitiva.

Ya Kant postulara un concepto aglutinante y completo cuando enunció su teoría del «*mal radical (das radikale Böse)*» en su obra de 1793 *La religión dentro de los límites de la mera razón*. Había aparecido dicho concepto con anterioridad, no muy en línea con el optimismo antropológico propio del Criticismo, en un artículo de fecha de abril de 1792 en la revista *Berlinische Monatsschrift* dirigida por su amigo Biester y cuyo título era «*Sobre el mal radical en la naturaleza humana*», escrito que habría de convertirse un año más tarde en la primera parte del citado libro (otros tres artículos más acabaron completando la obra en forma de un único volumen que obtuvo finalmente el *Imprimatur* por parte de la Facultad de Jena).

El fundamento de todo el pensamiento práctico del habitante de Königsberg está enraizado en la libertad («[…] *hay que notar que aquí por naturaleza del hombre se entenderá sólo el fundamento subjetivo del uso de su libertad en general* […]»). De este modo, la sola alusión a una posible orientación radical del mal empaña de modo realista una idea beatífica sobre el libre arbitrio atribuible al género humano, muy en boga en el pensar ilustrado. Pero la historia pesa para Kant y este considerará, ya en las primeras páginas y habiendo usado como inicio de su obra «*Que el mundo está en el mal es una queja tan antigua como la historia*» que, por el contrario, «*más nueva, pero mucho menos extendida, es la opinión heroica opuesta que ha encontrado sitio sólo entre filósofos y en nuestra época particularmente entre pedagogos: que el mundo progresa precisamente en dirección contraria, a saber: de lo malo a lo mejor, sin detenerse (bien que de modo apenas observable), que al menos se encuentra en el hombre la disposición a ello. Con seguridad, esta opinión no la han obtenido de la experiencia, si se trata del bien o el mal moral (no de la civilización); pues la historia de todos los tiempos habla demasiado poderosamente en contra».* Abundando en esta idea y en un anterior opúsculo del año 1786, titulado *Comienzo presunto de la historia humana*, ya expresaba con rotundidad que *«la historia de la Naturaleza comienza con el bien, pues es la obra de Dios; la historia de la libertad comienza por el mal, pues es obra del hombre».*

Aunque podemos considerar como una de las raíces fundamentales del pensamiento kantiano su débito con Rousseau, en lo que concierne al mal, Kant es más heredero de Hobbes y de la tradición luterana que del ginebrino (no en vano, en la tercera parte de *La religión dentro de los límites de la mera razón* el punto segundo de la Segunda Sección principia de este modo: *«Así como el estado de naturaleza jurídico es un estado de guerra de todos contra todos, así el estado de naturaleza ético es un estado de incesantes ataques por parte del mal [...]»*. Para Kant, en el corazón del ser humano existe una *«inclinación a la maldad (Hang zum Bösen)»* entendida esta como *propensión*; más, por el contrario, también habita en él una *«disposición original al bien (ursprünglichen Anlage zum Guten)»*, predisposición originaria esta última que debe ser objeto de continua *«restauración (Wiederherstellug)»*. De este modo, la propensión al mal resulta contingente frente a la disposición natural al bien que se manifiesta como necesaria. Entenderá Kant que *el mal radical* (definiendo radical como originario, de fundamento e inextirpable, en definitiva, *«de raíz»* y que lo es puesto que está *«entretejido en la naturaleza humana misma y enraizado en cierto modo en ella»*) se debe a una intención o propensión natural, a una actitud contraria al imperativo moral que puede producirse en todo ser humano (a tal mala actitud la denominará *«peccatum originarium»*, para Goethe una concesión secularizada y domesticada del argumento teológico del pecado original); pero, en contraposición a la interior culpa originaria producida por el histórico pecado adánico, Kant estimará que dicha predisposición resulta innata y no adquirida, perteneciente no a la propia esencia humana en sí, sino que «*tiene que haber surgido de la libertad (humana) y por ello puede serle imputada*». En definitiva, la doctrina kantiana del mal se enfoca en hallar su origen racional y no su inicio temporal. El fundamento (lo radical como raíz del *mal radical*) de la humana propensión hacia el mal estriba en la decisión libre, en una elección originaria y voluntaria condicionada por una máxima que se comporta como tendencia natural en todos los seres humanos y esta es definida como «*el amor a sí mismo (Selbstliebe)*», una perversión del corazón muy propia del género humano, subordinando cualquier imperativo o ley moral al mencionado principio. En consecuencia, el mal no es un elemento perteneciente a la teología, sino que, más bien, es propiedad de la antropología. De este modo, establecerá tres niveles de traslado o *propensiones* desde el libre arbitrio a la inclinación al mal en el ser humano y estos serán la fragilidad de la naturaleza humana, la impureza y la malignidad (tres habían sido también las *disposiciones* originales al bien inscritas en la naturaleza humana y siendo estas la animalidad, la humanidad viviente y racional y la personalidad). Por lo tanto, en consecuencia, el mal radical kantiano forma parte de la misma libertad humana, dado que es contraído por el propio uso de la libertad, de su naturaleza misma entendida esta como voluntad y la maldad aparece cuando éste, el ser humano, utilizando la tendencia natural del amor a sí mismo, atenta con ello contra la ley moral; lo cual supone una decisión personal, el imperio de lo subjetivo, de la voluntad decidida a conculcar la ley moral. Cuando triunfa la orientación hacia sí mismo frente a la ley moral, aparece la mentira y la posterior extensión del mal; más cuando la voluntad se sobrepone y se actúa por deber, el ser humano, en ejercicio de su innata libertad (dado que, si el hombre no fuese libre, no se precisarían ni existirían ni el bien ni el mal), superpone el bien al mal («*lo que el hombre es o debe llegar a ser moralmente, bueno o malo, es necesario que lo haga o lo haya hecho él mismo*»).

De este modo y de manera tajante, Kant consigue radicar el mal en la ética, aunque como un elemento propio de la antropología, sustrayéndolo así de la influencia de la metafísica y la teología y, sobre todo, evitará con ello atribuir a Dios el origen del propio mal; no se puede hablar de bien ni de mal fuera de los actos libres de la voluntad humana. La bondad o la maldad dependen por tanto no de la esencia y del ser en sí, tradición que provenía de la equivalencia griega entre el ser, la bondad y la belleza, sino del ejercicio de la libertad por parte del ser humano a través de la voluntad. Por lo tanto, para Kant la pregunta sobre la innata predisposición, el ser o no ser bueno o malo del ser humano no tiene sentido; lo realmente adecuado como pregunta no es si es bueno o si es malo *per se*, sino qué le *hace* ser bueno o malo; el sustrato moral del hombre presupone por tanto un 'hacerse' (lo cual no deja de ser un resabio del fundamento pietista de la religiosidad kantiana: la fe verdadera se plasma en obras). En resumen, el último responsable de la bondad o maldad absoluta del hombre es él mismo a través de su actuar.

La expresión 'mal radical' resultará ser así muy sugerente y enormemente sugestiva (uno más de aquellos intentos por parte de Kant de explicar racionalmente conceptos religiosos, haciendo en este caso asequible a la razón el correspondiente al pecado original cristiano; sin más. Tal y como escribirá de manera tajante en *La religión dentro de los límites de la mera razón*, la moral conduce ineludible e infaliblemente a la religión). Por ello, desde su enunciación por parte de Kant, provocó mucho interés en los filósofos que posteriormente se ocuparían directamente sobre el mal y la vigencia de la doctrina kantiana (Jaspers, Adorno, Bernstein, Rosenfield, Silver o Zizek), aunque fue definitivamente Hanna Arendt quien retomó su estela, tiempo después del conocimiento de los horrores de la actuación nazi en los campos de concentración. Y así, en *Los orígenes del totalitarismo*, edición original del año 1951, enuncia en el denominado *«Prólogo a la primera edición norteamericana»* fechado en el verano de 1950 que *«y si es verdad que en las fases finales del totalitarismo aparece* éste *como un mal absoluto (absoluto porque ya no puede ser deducido de motivos humanamente comprensibles), también es* *cierto que sin el totalitarismo podí*amos no haber conocido nunca la naturaleza *verdaderamente radical del mal*». Dicho problema, el del mal, había sido considerado por Arendt como una de las cuestiones fundamentales de la vida intelectual de la posGuerra Mundial debido al nivel alcanzado por las inauditas atrocidades cometidas y, de este modo, en el prólogo mencionado utilizará el hallazgo filosófico kantiano para explicar el fundamento de los horrendos crímenes perpetrados por los nazis en los campos de concentración y de exterminio. Con posterioridad y en la misma obra, retoma dicha temática con más detalle, en concreto en el interior del capítulo XII de título «*El totalitarismo en el poder*» en su apartado 3, de nombre «*Dominación total*». Después de un exhaustivo análisis de las características del estado totalitario y del uso de la coacción a través de la policía secreta, se sumerge Arendt en las procelosas aguas del denominado por David Rousset, habitante él mismo de los campos de exterminio, «*universo concentracionario (la societé la plus totalitaire encoré réalisée)*», esto es, la vida a partir de los demoníacos y macabros objetivos pretendidos por los nazis en los campos de la muerte. Para Arendt el único filósofo que sospechó la existencia del mal, del mal radical, del mal absoluto, de ese mal inherente y extremo «*un mal absolutamente incastigable e imperdonable que ya no puede ser comprendido ni explicado por los motivos malignos del interés propio, la sordidez, el resentimiento, el ansia de poder y la cobardía*», llevándola a la conclusión de que «[...] *hay crímenes que los hombres no pueden castigar ni perdonar*», fue Kant, quien racionalizaría dicho concepto como una «*mala voluntad pervertida*». Nuestra tradición filosófica no fue capaz de concebir lo horrendo causado por un poder totalitario y absoluto convertido en una máquina infernal de exterminio, donde, a juicio de Arendt, dicho mal absoluto tiene tres características fundamentales, esto es, fundadas estas en la mera eliminación en primer lugar de la persona jurídica, en segundo de la moral y por último de la espontaneidad. Dicho mal ya no permite castigo y resulta de imposible perdón; sólo puede surgir de lo más profundamente maligno de la negrura del alma humana absolutamente corrompida e indiferente con el dolor ajeno considerable como superfluo. El propio ser humano resultará así, también, superfluo.

Nos confía la pequeña historia del pensamiento alemán de la post guerra que Arendt envío el manuscrito de la obra ya citada a su maestro, Karl Jaspers (no en vano el prólogo comienza con una cita suya) antes de su aparición pública. Con anterioridad, el propio Jaspers había publicado un ensayo de título *El mal radical en Kant* en el año 1951 reunido en el compendio *Balance y perspectiva* siendo editada dicha obra en la próxima fecha de 1953. Pero será en su posterior correspondencia con Gershom Scholem en el año 1964 con motivo de la publicación de su reconocida obra *Eichmann en Jerusalén. Un estudio sobre la banalidad del mal*, datada en 1963, donde acabará considerando que «*de hecho mi opinión actual es que el mal nunca es 'radical', que es sólo extremo, y que no posee ni profundidad ni dimensión demoníaca alguna.* [...] *Solamente el bien tiene profundidad y puede ser radical*». Desde su primera enunciación en los años cincuenta hasta su posterior revisión a inicios de los años sesenta (en concreto, el tránsito temporal que discurre desde el año 1951 hasta 1962), la posición de Arendt mutó desde la consideración de lo absoluto en el mal radical inherente al horror y a la atrocidad extremas, hasta una atribución más concreta, cambiando la metáfora de la raíz por la del hongo, y así, el mal «*puede crecer y devastar el mundo entero precisamente porque se expande como un hongo sobre la superficie*». Como apuntaremos más adelante, la radicalidad del mal en cuanto a su aplicativo dio lugar a la «*banalidad del mal*», siendo más apropiado en su atribución al genocidio nazi el término «*rutinización del mal*» ideado por Seyla Benhabib.

Pero, a lo que realmente aludía Arendt como primicia conceptual por parte de Kant, no era tanto a la idea en sí del 'mal radical' (como 'mal absoluto'), cuanto, a uno de sus elementos, una de sus componentes fundamentales en el lado más oscuro del mismo, esto es, *la malignidad (vitiositas, pravitas)*, tercera consecuencia negativa de las tres propensiones al mal por él consideradas. La identificará con el estado de *corrupción (corruptio)* o *la perversidad (perversitas)* del corazón humano, es decir, posponer o dilatar el cumplimiento del deber moral, entendiendo que «*aunque con ello puedan aún darse acciones buenas según la ley (legales), sin embargo, el modo de pensar es corrompido en su raíz (en lo que toca a la acción moral) y por ello el hombre es designado como malo*». En definitiva, para Kant la legalidad no ampara el incumplimiento voluntario y consciente del deber. Y esta tercera propensión resulta ser la peor debido a que se puede juzgar como «*premeditada*» (*dolus*) y además presenta una cierta «*perfidia del corazón humano*» (*dolus malus*) que consiste en engañarse a si mismo sobre las propias intenciones.

Aplicado a las consideraciones que hasta ahora hemos puesto de relieve sobre la Responsabilidad, esta sólo es posible ejemplificarla en sujetos concretos, es decir, sólo se hace presente a partir de la asignación bien colectiva o bien individual, no siendo posible su adscripción generalizada y aplicada en abstracto (al modo de la culpa, tal y como argumentaremos en el siguiente apartado); se refiere así a las motivaciones y a las intenciones específicas, insistimos, colectivas o individuales pero, preferentemente individuales, no a un ente ausente y ajeno que no es posible sustanciar en modo concreto, por ejemplo, el mal en general o lo demoníaco en abstracto. Sólo hay responsabilidad cuando hay alguien responsable y por lo tanto ésta siempre tiene como horizonte una silueta delimitable, un perfil específico y personalizable; eso sí, con posibilidad, así mismo, de ser sujeto de restablecimiento o compensación en función de su actuar. Convertirla en un absoluto tergiversa su componente adscriptiva y particular, y por lo tanto lo consideraremos un planteamiento de corte abstracto y más un intelectualizado tropo literario y conceptual que una atribución posible cuando se pretenda aplicar sobre una entidad abstracta. Como argumentaremos más adelante, en la aplicación de la responsabilidad, al final, lo que hay son responsabilidades, no mera responsabilidad en un genérico absoluto.

1.2. La Responsabilidad Histórica

La consideraremos como aquella derivada de la estima sobre la existencia de un destino común aplicable a los pueblos y a las sociedades, que provoca que estos y estas asuman, de manera inevitable, el peso del pasado, así como sus consecuencias futuras; por lo tanto, los pueblos, los estados, las colectividades, pudieran resultar o no ser sujetos imputables de responsabilidad.

Como referencia clásica en la atribución de la responsabilidad histórica a un pueblo en concreto, a una colectividad, en esta ocasión entendida como auto-atribución posible, suele citarse el texto ya mencionado de Karl Jaspers *Die Schuldfrage*, (*La pregunta por la culpa*, traducido habitualmente como *El problema de la culpa* y cuyo subtítulo, *Sobre la responsabilidad política de Alemania*, espuriamente orientado habitualmente, pretende recuperar un supuesto sentido original de la obra que no se encuentra en el original). Quizás esta atribución por parte de diversas ediciones, cuando menos en español, a la 'responsabilidad política' sesgue el fundamento del texto de Jaspers que consideraremos histórico y no político (en abierta discrepancia con la ya clásica Introducción de título «*Filosofía, política y moral en Karl Jaspers*» obra de Ernesto Garzón Valdés, quién define a *Die Schuldgfrage*, un curso dictado entre los meses de enero y febrero del semestre de invierno de 1945-1946 en la Universidad de Heidelberg, como «[...] *su cuarto escrito sobre temas político-filosóficos después de la finalización de la Segunda Guerra Mundial*»). El libro de Jaspers no es solo un análisis de causas; es también una reflexión sobre los efectos y las consecuencias, actuales y futuras, de los hechos históricos provocados por los alemanes «de a pié» y de sus dirigentes políticos (en general, podemos afirmar que, fundamentalmente, la política se vincula, argumentativamente, a consecuencias; por contra, la historia considera, al menos, dos dimensiones, causas y consecuencias); todo el apartado B. «*Las preguntas alemanas*» es un ejemplo suficientemente obvio. Casi ya finalizando su opúsculo, Jaspers enuncia, premonitorio: «*Ha comenzado ya un nuevo período de la Historia. A partir de ahora son*

*las potencias vencedoras las que tienen la responsabilidad por lo que
suceda».*

Discurriendo por una senda argumentativa de corte dialéctico, y
ello orientado por su honradez intelectual, el texto está cuajado de
contraposiciones en cadencia de diálogo; no en vano, para Jaspers, el
ejercicio de la razón requiere la comunicación con el otro. Y así, una
comunicación 'auténtica' solo es posible si cada parte conserva su individualidad y su propia personalidad, su autonomía, en definitiva.

Para la caracterización de este aspecto de la responsabilidad teórica, excluiremos todas aquellas referencias que se relacionen con
los sucesos históricos concretos que concurrieron durante los doce
años de férrea y asfixiante dominación nacionalsocialista (debido
a que serán ampliamente tratados en un siguiente libro) y que el
filósofo de Oldenburg vivió con especial intensidad; no en vano,
su propia mujer, Gertrud Mayer, era judía y él mismo sufrió sanciones, censuras y restricciones que le impidieron llevar a cabo su
labor docente (de hecho, fue despojado de su cátedra por los nazis
en el año 1937), a pesar de su ya notable trayectoria como filósofo
ampliamente reconocido o su amistad personal con el metafísico
del régimen, Martin Heidegger (un apunte histórico, intrahistórico
más bien, de importancia: Jaspers y Heidegger se conocieron en
Friburgo, en Brisgovia, el 8 de abril de 1920 en casa del maestro
de ambos, Husserl, con motivo de su 61 cumpleaños. De resultas
de dicho encuentro, se fraguó una íntima amistad que duró hasta
el año 1933. Entre ellos constituyeron así una *'comunidad de lucha'* (*Kampfgemeinschaft*) contra aquel rancio pensamiento alemán
contemporáneo encabezado por Heinrich Rickert y tildado por los
dos como un escolar «desierto filosófico». Dicha profunda conexión, más allá de lo filosófico, similar a la de una *filia* (φιλία griega),
acabó en la fecha citada debido al claro posicionamiento nazi por
parte de Heidegger, ya como recién nombrado primer Rector nacionalsocialista de la Universidad alemana en Friburgo y totalmente fascinado por las *«maravillosas manos»* de Hitler, desencuentro
citado por el propio Jaspers en su *Philosophische Autobiographie.*
Nunca más volvieron a verse. Nos limitaremos, por tanto, a los as-

pectos meramente 'teóricos' e incluso 'metafísicos' que sustentan las enunciaciones de Jaspers y que competen a la caracterización de las dimensiones de la Responsabilidad en su vertiente teórica.

La obra de Karl Jaspers supone un honrado y descarnado intento, logrado, a nuestro juicio, sólo parcialmente, de incorporar luz al debate de las causas y consecuencias del Reich alemán de su época; en definitiva, una apuesta más en su devenir filosófico en favor de la verdad y de la necesaria adscripción a la guía que supone la razón, más allá de los meros sentimientos, incluso del sentimentalismo; y, por supuesto, de la irracionalidad. Y aunque no tuvo en el interior de Alemania la repercusión que sí tendría allende sus fronteras, su texto ha quedado como una referencia ineludible en el análisis y caracterización de la culpa atribuible a las colectividades en situaciones, en este caso, extremas y particularizado en el destino de la vencida Alemania.

En el pretendido modelo de contraposición dialógica que hemos creído detectar en *Die Schuldfrage* hay, como no, al menos dos grandes partes, la denominada A, «*Esquema de las distinciones*» y la nominada como B, «*Las preguntas alemanas*» (subdivida así mismo en otros tres fragmentos internos). Pero hay un apartado anterior caracterizado como *Prólogo* y que enuncia el contenido del escrito, albergándose en él dos unidades diferenciadas «*Introducción a la serie de lecciones sobre la situación espiritual de Alemania*» y «*El problema de la culpa*».

En un análisis más detallado, puede observarse como el *Prólogo* supone recurrir al principio generador de la obra en su conjunto que es la consideración sobre la 'situación histórica' de su Alemania contemporánea y que, como buen idealista, aplica a su propio espíritu como nación. El abandono de un 'camino espiritual común' ha supuesto la tragedia en la que todavía se encuentra el pueblo alemán y, por lo tanto, en la infamante y sufrida post guerra, el regreso al camino viene determinado por el diálogo, el ineludible hablar unos con otros («*la aprensión de lo común en lo contradictorio es más importante que la apresurada fijación de puntos de vista excluyentes con los que la conversación se acaba por inútil*»). Su texto es una aportación a ese necesario diálogo, al restablecimiento de la obligación de reflexionar, sin aspavientos sentimentales sobre la situación de su Alemania. Fiel a su ya citado marchamo idealista, resulta necesario luchar, de este modo, por *«la purificación del alma»* alemana, dado que el nexo negativo de unión entre los alemanes coetáneos a su exposición será *«la pertenencia a una comunidad nacional completamente vencida, entregada a la gracia o a la malevolencia de los vencedores; la carencia de un suelo común que nos una a todos; la dispersión: cada uno depende en lo fundamental de sí mismo y sin embargo cada uno está, como individuo, desamparado. Común es la no comunidad»* (un ejemplo más del modelo expositivo de contraste elegido por Jaspers). Y esta obligación viene orientada por lo acontecido en los doce años anteriores de apelación constante a la mentira, a la maldad abyecta y cruenta, así como con una muda y sorda discusión pública, elementos nucleares del nazismo. La solución pasa por que *«la unanimidad conseguida por medio del diálogo y de la comprensión mutua conduce a una comunidad que es capaz de mantenerse firme»*, tal y como plantea el propio autor. Pero antes, ineludiblemente, es preciso expiar la culpa, la individual y la colectiva. Supone tanto una exigencia externa, tiznada de castigo y venganza, como una exigible catarsis interior.

Por todo ello, la culpa se convierte en un problema central, crucial y decisivo para el presente y el futuro de Alemania. Más allá del sufrimiento, está la culpa; y después, la expiación: *«de hecho, nosotros los alemanes estamos obligados sin excepción a abordar con claridad el asunto de nuestra culpa y extraer las consecuencias pertinentes. Nuestra dignidad humana nos obliga»*. La respuesta a la pregunta sobre la culpa pasa por una respuesta basada en la conciencia. De no ser así, no ha lugar a la expiación; y por ello convoca Jaspers a la filosofía y a la teología, yendo así más allá de la mera política, condicionante para él de carácter externo y que no propiciaría el imprescindible «cambio interior».

Al objeto de aclarar y diferenciar los ámbitos de culpabilidad, Jaspers emprende una parcelación, una diferenciación con respecto al marco global de la culpa, aun aceptando que *«el origen de eso que denominamos culpa reside en algo general*». En el apartado A de título «*Esquema de las Distinciones*» considerará cuatro conceptos de culpa: *Culpa Criminal, Culpa Política, Culpa Moral* y *Culpa Metafísica*. Resulta curioso ver cómo es posible comparar estos cuatros conceptos con los establecidos por Jaspers con respecto a los también distingos que determina en lo *Englobante* o *Circunvalante* (*Das Umgreifende o La Totalidad del Ser*) que somos nosotros, quien está compuesto por el *Sujeto Vital* (*Befestigt*), la *Conciencia en general* (*Bewusstsein* überhaupt), la Existencia (*Dasein*) y el *Espíritu* (*Geist*).

Dicha distinción es absolutamente circunstancial, aunque pudiera parecer generalizable y se aplica, en este caso, específicamente a los reproches externos sobre el pueblo alemán. Estimamos, por lo tanto, que no es de carácter universal. Cada una de estas distinciones tiene consecuencias y, a juicio de Jaspers, estas son: la culpa criminal: castigo; la culpa política: responsabilidad; la culpa moral: arrepentimiento y renovación; finalmente, la culpa metafísica: transformación de la conciencia de sí humana ante Dios. El hecho de que la *Culpa Política* conlleve responsabilidad como resultado, hace que, por lo tanto, la responsabilidad sea una consecuencia de la culpa. Como resultado de las distinciones, considera Jaspers que una colectividad no puede tener ni *Culpa Criminal*, ni *Culpa Moral* ni *Culpa Metafísica*. Las dos primeras porque sólo son aplicables de manera individual y personal («*Pero es absurdo inculpar por un crimen a un pueblo entero. [...] También es absurdo acusar moralmente a todo un pueblo.*»); la tercera, porque lo sería a un colectivo que puede no considerarse a sí mismo como tal («*No existe un pueblo tomado como una totalidad. [...] Un pueblo no puede transformarse en un individuo*»). En conclusión, «*no puede haber culpa colectiva de un pueblo o de un grupo dentro de un pueblo —quitando la responsabilidad política—; ni culpa criminal, ni moral, ni metafísica*». La única distinción sobre la culpa en la que la culpa en general (de la cual sabemos su no existencia) se vincula a la responsabilidad es la *Culpa Política*.

Por lo tanto, culpa y responsabilidad no son lo mismo (a pesar de la confusión existente en la gran mayoría de los exégetas y analistas del texto de Jaspers) y éste hablará de responsabilidad sólo en el ámbito de lo político. De este modo, el reconocimiento explícito de la culpa únicamente puede darse en los ámbitos criminal y político, pero no en el moral y el metafísico puesto que *«hay que reconocer el castigo y la responsabilidad —la reparación—, pero no la exigencia de arrepentimiento y regeneración* (ni de la transformación de la conciencia de sí humana ante Dios, apunte nuestro), *que sólo pueden venir del interior de las personas».*

El carácter situacional aplicable a la obra de Jaspers se ve reforzado en la parte B denominada *«Las preguntas alemanas».* Proviene Jaspers, en este punto, de considerar que, en esta ocasión, por parte de los alemanes *«la culpa por la guerra es esta vez patente»,* en contraposición a otros momentos históricos. Pero, y a la luz de las distinciones, considera preciso clarificar el grado y características de «la culpa alemana». Frente a lo presenciado en los Juicios de Núremberg entre los años 1945 y 1946, donde se juzgaba el aspecto criminal de dirigentes y asociaciones nazis de modo particular, *Culpa Criminal,* en definitiva, el pueblo alemán habrá de asumir *«una penosa responsabilidad política»* y así, *«cualquier ciudadano comparte la responsabilidad y además resulta afectado por todo aquello que hace y sufre su propio Estado».* Al final, lo juzgado en Nuremberg supone, en particular, que, según Jaspers, *«para nosotros alemanes este proceso tiene la ventaja de diferenciar los crímenes particulares de los gobernantes, con lo que no condena colectivamente al pueblo».* Y, en general, *«lo que sucede en Nuremberg, por mucho que esté expuesto a numerosas objeciones, es un débil y ambiguo antecedente del orden mundial que se empieza a sentir como necesario».*

Cuestión distinta lo supone la *Culpa Política* también aflorada en Nuremberg dado que *«un pueblo responde por su vida política».* En este caso, los alemanes, como colectivo, y en concreto *«cada alemán se vuelve corresponsable. Somos colectivamente «responsables». La cuestión es, sin embargo, en qué sentido tiene que sentirse cada uno de nosotros corresponsable. Sin duda en el sentido político de la corresponsabilidad de cada ciudadano por los actos que comete al Estado que pertenece».* Pero considerarse responsables, corresponsables, no significa declararse moralmente culpable. En definitiva y de modo resumido acudiendo a las propias palabras de Jaspers *«la culpa colectiva existe, así pues, como responsabilidad política de los ciudadanos, pero no por eso en la misma forma que la culpa moral y metafísica y no como culpa criminal».* Dicha responsabilidad justifica las consecuencias posteriores e incluso las implicaciones, sobre todo, las de carácter material que se derivaron de la derrota; pero *«esa responsabilidad no alcanza el alma».* La responsabilidad política toca a todos los miembros de los estados contemporáneos; resulta, pues, imposible sustraerse a ella puesto que *«no hay ningún afuera en los Estados modernos».*

La faceta más individual de la culpa deviene representada por la *Culpa Moral.* Y esta depende de la propia conciencia, así como su sentimiento, de la asunción y su vivencia, del arrepentimiento. De este modo, la consecuencia de la asimilación de la culpa moral, así como la posibilidad de su resolución, se fundamentan en la expiación. Y así, algo tan rígido como puede ser la virtud militar (el deber para con la patria, narcótico muy socorrido contra la imputación de responsabilidad moral personal) no es ajena a lo expuesto, es más, *«la virtud militar no exime de todo lo demás».* A la culpa moral no se sustraen ni los activos, tanto los actores políticos y dirigentes como los cómplices, y los propagandistas, puesto que resulta más que obvio, ni los pasivos, es decir, los meros espectadores o los indiferentes: *«la pasividad sabe de su culpa moral por cada fracaso que reside en la negligencia, por no haber emprendido todas las acciones posibles para proteger a los amenazados, para aliviar la injusticia, para oponerse»,* sentencia Jaspers.

La Culpa Metafísica, originada en la fraternidad universal de un común *ser humanos,* implica *«la carencia de la solidaridad absoluta con el hombre en tanto que hombre».* Transcendiendo la propia culpa moral, habita la Culpa Metafísica, previa en cuanto a su origen, posterior en cuanto a su aplicación.

En concreto pues, cada alemán sin excepción tiene 'su' parte de responsabilidad política (además, por supuesto, de culpa), con lo cual está obligado a contribuir en las reparaciones; una minoría de alemanes han de sufrir la culpa criminal y, como resultado, ser juzgados; cualquier alemán puede ser sujeto de culpa moral en función de su propia y personal historia; en consecuencia, también casi cada alemán, en su particular soledad, deberá hacer una reflexión sobre su contribución a la culpa metafísica. Por tanto, como tal *Culpa Colectiva*, ésta únicamente puede atribuirse desde la perspectiva de la *Culpa Política* (que conlleva parte de una *Culpa Moral* colectiva aunque individualizable) puesto que «*la responsabilidad política es considerada al mismo tiempo como un castigo por la culpa moral*» y ella deriva de una culpa compartida por proximidad; tal es lo que acontece en las familias o en los estados y naciones (todo ello a pesar de las posibles «reducciones de pena» que permiten aligerar la culpa expuestas en II.- «*Atenuantes posibles*» tales como el terrorismo, el contexto geográfico-histórico, las responsabilidades ajenas o el propio pecado original, todo ello aplicado por supuesto al caso específico de la Alemania contemporánea de Jaspers).

Toda la segunda parte del libro culmina en el apartado III titulado «*Nuestra purificación*». Tal y como se ha considerado, la Culpa Moral exige expiación. Pero acusarse mutuamente, rebajarse y obstinarse, distraerse o evadirse no permiten el proceso de purificación ante la culpa. Dicha expiación comienza con la conciencia de la culpa propia. En el caso de la Criminal, se cumple en la condena; la responsabilidad política se sustancia en los tratados de paz y con las compensaciones impuestas. Pero la Culpa Moral y la Metafísica, esas perviven para siempre, no se borran nunca. Por lo tanto, la expiación presentará dos momentos: en primer lugar, el de la indispensable reparación; en segundo lugar, fruto de la propia e individual transformación, la asunción de un proceso constante de llegar a ser uno mismo. Esta purificación del alma es el sustento de la libertad política, aquella en la cual «*el individuo se sienta corresponsable de la política de su comunidad [...] él tiene que saber, al contrario, que la política busca el camino más practicable en el mundo concreto, conducido por el ideal del ser humano entendido como libertad*».

El ya tenido como clásico de Jaspers *Die Schulfrage* no es como tal un libro sobre la responsabilidad; es un alegato acerca del sentimiento de la culpa y de las dimensiones que esta adquiere ante un conjunto de hechos históricos concretos: la situación de Alemania antes, durante y después del nazismo, al menos hasta la publicación de la obra en forma de libro en el año 1946. Lo valoramos así como una propuesta de análisis histórico, pretendiendo responder con ello a dos preguntas vitales: ¿qué nos pasó (como alemanes) para llegar a la situación actual? y ¿qué nos debería pasar para afrontar el futuro?; causas y consecuencias en definitiva (al hilo del planteamiento sobre la Historia referido por el propio Jaspers: *«la concepción histórico-sociológica y la imagen histórica que se proyecta se convierte entonces nuevamente en un factor del acontecer y por ello en asunto de responsabilidad»*).

Ahondando en lo expuesto, en esta su dimensión histórica, supone un tratamiento sobre la culpa, más no de la responsabilidad, debido también a que, para corresponder a esta segunda, precisaría haber concretado, en lo perimetral, tanto el establecimiento de consecuencias, como el contraste con las reglas y como también la asunción y aplicación de fiscalización (la cual incluiría la obligación de la reparación). Estas últimas consideraciones únicamente y a modo de esbozo sí se aplican, en el caso de la Culpa Política, sobre su consecuencia, la responsabilidad política.

La responsabilidad siempre ha de imputarse con criterios de delimitación, necesitando cerco, teniendo por tanto un carácter «perimetral o circundante» (concepto este al que ya hemos denominado *«contorno de responsabilidad»*). Lo absoluto implica la fatalidad de lo inasible, de lo inconcreto y de lo disperso. La responsabilidad, no.

1.3. La Responsabilidad Personal

Será aquella que provenga del actuar propio desde una identidad común, esencia misma del obrar en una libertad conectada y que responde tanto a las motivaciones de inicio como a las consecuencias aplicables a las intenciones, extensibles en genérico al sujeto humano (como 'miembro de la especie humana'), a través de los grupos de referencia. Es personal porque aplica al concepto de persona, no de individuo, la cual se analizará con posterioridad. Cuando se trata de irresponsabilidad, resulta imputable a la persona en el caso de observarse 'culpa' por no haber actuado debidamente, por no haberse comportado 'como persona' perteneciente a una colectividad específica, sintiéndose parte sustantiva de dicho conjunto.

Durante el desarrollo de la Segunda Guerra Mundial, la conciencia sobre la destrucción de los judíos como pueblo estuvo constantemente presente, aunque no en el mismo grado e intensidad que lo que supuso con posterioridad el conocimiento de lo ocurrido en los campos de concentración nazis, en especial en los de exterminio. Profundamente enraizado en el pensamiento antisemita, la idea del judío como raza execrable y deudora secular del atentado más profundo contra la fe cristiana, la muerte de Jesucristo, siglos de «odio racial» y desprecio por la procedencia del diferente, terminaron dando con sus cuerpos en los hornos crematorios en una cuantía difícilmente imaginable y concebible.

Un autor que se atrevió a tratar la denominada como 'cuestión judía' lo fue Jean Paul Sartre quien escribe en 1944, poco después de producirse la liberación de París y cuatro años antes de configurarse el estado de Israel, su obra *Reflexiones sobre la cuestión judía* que acabará siendo publicada en el año 1946. Tiempo hubo pues para la reflexión por parte del existencialista francés, quien no rectificaría lo escrito un par de años antes (casi al finalizar la obra aseverará: «*la sangre judía vertida por los nazis recae sobre todos nosotros*», lo que indica que Sartre estaba en posesión de alguna información sobre el trágico destino que el pueblo de Moisés había padecido poco tiempo antes en forma de la denominada *Shoah*).

La obra está compuesta por cuatro partes: en la primera define el antisemitismo, un retrato de la situación del judío entendido como tipología, como formato personal para, como consecuencia, hacerse en la segunda parte las preguntas sobre la existencia en sí del judío y, consecuentemente, la posibilidad de 'la cuestión judía' que ello conlleva. La tercera parte la centra en lo que significa como tal ser judío para aportar en la cuarta una solución: la revolución socialista. Ello se debe a que existe demasiado antisemitismo en los obreros y que la propia revolución socialista resulta ser suficiente para suprimir el odio al semita.

Para Sartre, el judío es y supone algo similar a un 'mito', esto es, a una creación entendida como recreación, una idea configurada como un alter, como un otro, sujeto de determinación absoluta y por lo tanto convertible en algo muy específico por su consideración externa, siendo sustancia gracias a una visión externalizada que provoca el antisemita. Por ello, lo importante no es el judío en sí, no lo es su individualidad; lo esencial es la idea de judío, no su realidad y por ello, el antisemita necesita creer «*que el carácter judío es hereditario*». Y así, el judío, cualquier judío, es culpable por el hecho de pertenecer a una raza que, aun no habiéndola elegido, lo marca de manera indeleble e inevitable. Se configura de este modo el antisemitismo como una pasión, como una concepción del mundo, que se acabará convirtiendo en una manifestación del odio y la cólera: «*el antisemita ha elegido el odio porque el odio es una fe; ha elegido originariamente minusvalorar las palabras y la razón*», argumentará el propio Sartre. Volverá su irracionalidad en justificación, eligiendo «*ser temible*», estar en lo externo y rehuir así el raciocinio, convirtiendo su decisión sobre el judío, quien no puede elegir más que ser cosificado como sustancialmente judío y por lo tanto sujeto de desprecio, aislamiento y por qué no, desaparición, en un respaldo para su propia posición: «*el antisemita rehúye la responsabilidad como rehúye su propia conciencia; y al elegir para sí la perennidad de la piedra, escoge para su moral una escala de valores petrificados*».

Por lo tanto, es el antisemita el que crea la categoría vital, el marchamo de judío, la '*judeidad*' inoculada en su ser, sin que este sea consciente de su carácter sustantivo para el antisemita. De este modo, el judío sí es persona, pero, al fin y al cabo y sin intervención propia, persona, pero judía, persona jud*ía*. No pertenece como tal al género y condición de la persona en su grado de humanidad, sin que, siendo judío, el antisemita puede reprocharle al judío que sea judío incluso puede recriminarle constantemente que se considere judío. En consecuencia y derivado de esta reflexión, para Sartre «*el antisemitismo es el miedo ante la condición humana*», en definitiva, el temor a la admisión de la existencia de una condición humana común, en pocas palabras, el miedo a la diferencia en el interior de una posible naturaleza compartida: «son, sí, pero no son como nosotros». El antisemita considera al judío como imposible de asimilar; pero si ello fuese posible lo sería debido a que, desde su perspectiva, «*es porque no se le acoge como un hombre, sino siempre como el judío*». Esta condición general, este sentir humano común es el que hace decir al personaje de *Herzog*, la novela del judío Samuel Bellow, que «*todos los hombres son judíos; sólo que no lo saben*».

Para Sartre, una parte del hecho de ser judío proviene de su caracterización como tal por parte del antisemita, nace en el exterior, en definitiva y en un referente muy sartreano, «*es la sociedad quien ha alumbrado la cuestión judía*». El judío es, de este modo, judío porque se le convierte en judío, no por serlo. Supone su extrañamiento como otro, común y cercano sí, pero también distinto y distante. No existe un formato propio de judío, ni tan siquiera se le pueden atribuir ciertos malos comportamientos considerados como sustanciales (intelectualidad, falta de creatividad, bajas funciones corporales, exceso de pudor, gesticulación excesiva, ausencia de tacto o la avaricia, entre otros); es más, muy posiblemente ni exista como tal una raza judía, no siendo posible definirse al judío a través de esta categoría. Los judíos suponen simplemente una comunidad histórica abstracta. De este modo, Sartre sentenciará que «*así pues, el judío está en su situación de judío porque vive en el seno de una colectividad que lo tiene por judío*».

La cuestión judía provocará y configurará una temática netamente sartreana, la importancia del otro, cuando acabe considerando que esta, «*en el fondo, no se trata sino de nuestra relación con el Otro*» (no en vano, dos años antes, habiendo publicado su obra magna *El Ser y la Nada* en 1943, dedicaría toda una Tercera Parte, «*El Para el Otro*», a desgranar la alteridad). Con otra clara influencia de Heidegger, el judío se encuentra 'arrojado' a ser judío, está condenado a ser judío por el infierno que suponen los otros, en especial los antisemitas.

Radicalizando lo propio como personal, la propuesta de Sartre se centra en su caracterización, entendido como persona, en este caso, en el hecho de ser judío. Frente a una condescendiente tradición filosemita ya secular, Sartre aboga por una asimilación del judío a la condición humana aceptando su diversidad y discrepa de su consideración como raza aparte. Es más, Sartre abomina del sionismo. Tanto la distinción provocada (posición del antisemita) como la asimilación sin identidad (posición del filosemita), ambas son fórmulas concebidas para hacer desaparecer el judío; pero el francés apuesta por reconocerlo como tal: «*la comunidad judía no es ni nacional, ni internacional, ni religiosa, ni étnica, ni política: es una comunidad cuasi-histórica*». No deja de ser una salida de urgencia esta consideración sobre la peculiaridad del judaísmo, posiblemente derivada de una reconocida ausencia de referencias documentales a la hora de escribir *Reflexiones sobre la cuestión judía*, tal y como confesó el propio Sartre a Benny Levy en *Les entretiens de 1980*: «*Escribí 'La Cuestión Judía' sin documentación alguna, sin leer un libro judío*».

Aun considerando la bondad del planteamiento de Sartre y su intercesión ante los ataques que los judíos sufren desde tiempos inmemoriales y posiblemente todavía influido por los ecos del *affaire* Dreyfus, no parece aceptable considerar que 'ser judío' (o cualquier otra identidad social o cultural) dependa, únicamente, de la mirada del otro, de la consideración externa como fundamento de la identidad.

Entenderemos en este apartado la Responsabilidad Personal como aquella que se produce y deriva de la identidad propia que bien pudiera ser avalada por la mirada exterior, sea esta benévola o iracunda; en definitiva, que puede resultar representativa de un grupo determinado. No siendo obligada (son numerosos los casos de nacidos judíos que no sienten la identidad judaica, en particular, la estereotipada), para quienes se consideran que forman parte de un colectivo con identidad constitutiva, en cualquiera de sus niveles y alcance, existe una responsabilidad como persona perteneciente al colectivo concreto. La autenticidad por parte de cada sujeto surge cuando acepta o no, siempre de manera consciente, su pertenencia a un grupo del cual se considera deudor, asumiendo con ello tanto consecuencias como implicaciones derivadas ambas del actuar de su colectivo. Este es el ejercicio supremo de la libertad personal, asumir lo colectivo como elemento situacional ineludible, lo cual condiciona su aceptación o renuncia. En el caso del judío, tan inauténtico resulta cuando rechaza la imagen que se le impone desde el exterior como cuando asume su diferencia ante el contraste con el entorno. El judío auténtico, aceptada su identidad, asume el riesgo de enunciarla y renuncia con ello a una visión universal y abstracta de ser judío, oponiéndole su especificidad como comunidad. En definitiva, para ser libre y auténtico deberá elegir, y en la elección estará la sustancialidad de su autenticidad.

Esta autenticidad del ser o no ser judío vendrá determinada, pues, por la libre elección del propio sujeto, que, aun perteneciendo en este caso a una comunidad por el hecho de haber nacido de padre y madre judíos, decidirá asimilarse, en mayor o menor grado y con mayor o menor profundidad en una parte de su identidad orientada por su condición de persona perteneciente a un sentimiento común, en este caso y en términos de Sartre aplicándolas a la comunidad judía entendida como una *comunidad histórica abstracta, una comunidad cuasi histórica* (nacional y religiosa con un pasado histórico además de compartir un sentimiento común de pertenencia). Y ya estrictamente en las propias palabras del autor existencialista, existe ese sentimiento de comunidad debido a que configura al ser humano como un 'ser de situación', lo que significa *«que forma un todo sintético con su situación biológica, económica, política, cultural, etc. No se le puede separar de ésta, ya que ésta lo conforma y decide acerca de sus posibilidades, pero, e inversamente, es él quien la dota de su sentido al elegirse desde y por ella. Estar en situación significa, a nuestro entender, elegirse en situación, y los seres humanos difieren entre sí como las situaciones difieren entre ellas y según, asimismo, la elección que hacen de su propia persona. Lo que entre sí tienen todos en común no es una naturaleza, sino una condición, es decir, un conjunto de limitaciones y de obligaciones: el hecho de tener que morir, la necesidad de trabajar para vivir, de existir en un mundo ya habitados por otros hombres».* Concluye afirmando que lo que hace al judío es su situación concreta, siendo la identidad de situación aquello que le une al resto de judíos. En definitiva, la creación de la identidad a través de la recreación de una alteridad sobrevenida.

Sartre planteará, ya al final de su obra, un proyecto de eliminación del antisemitismo consistente en crear las condiciones sociales necesarias para que el judío pueda vivir su elegida identidad como judío auténtico en una sociedad sin clases, favoreciéndose su integración y convirtiéndolos en franceses de pleno derecho. Se trataría, pues, de dotarlos de todos los derechos completos, defenderlos como ciudadanos en plena legalidad y promover la revolución socialista. Esta apelación a la solución política, máxime en el momento histórico que la enuncia Sartre, careciendo de los conocimientos necesarios tanto de la cultura judaica como de la historia del antisemitismo, así como sin la información explícita de qué estaba ocurriendo en Auschwitz y en otros muchos campos de la muerte, la consideramos, no dejando de sentirla como sincera, incompleta, poco relevante y, siendo condescendientes, un tanto ingenua; o, como mínimo y aceptado por el propio Sartre, desinformada.

A raíz de lo ya tratado tomando como referencia la obra de Sartre, podemos afirmar que existe una responsabilidad personal, entendida como propia de la persona referida a una condición común asumida como tal, la misma que nos obliga al respeto por la decisión de la preservación de lo propio, a la propia identidad, tanto a la esencial, nuestra constitución física (evitando por ello que nos auto inmolemos) como a cualquier otra de carácter circunstancial (como pueblo, nación o grupo de identidad). Eso sí, siempre y cuando, dicha condición se asuma como propia y como elemento básico de identidad y diferencia. Tal y como hemos aludido, una de las referencias y ejemplos más claros de Responsabilidad Personal lo supone la preservación de la propia vida, no solo derivado del Deber de Especie sino también por el deber que supone pertenecer a la comunidad de los seres humanos. La existencia de una Responsabilidad Personal se encuentra en la legitimación de considerar evitar el suicidio como un deber y no como un derecho. Filosóficamente, bajo el paraguas de lo expuesto, el suicidio no solo es rechazable e incluso punible por lo que supone de atentado a la dignidad del ser humano, sino también por considerarse una embestida a la persona. Además de poder resultar un ataque letal en estas dos dimensiones descritas, supone, así mismo, un olvido de las condiciones de entorno; por ello, coincidimos en considerar, como Sartre, que el ser humano es un 'ser de situación' y, en consecuencia, el suicidio podemos estimarlo así mismo como un atentado al propio entorno por las consecuencias posteriores que conlleva, una demostración de irresponsabilidad del sujeto con su entorno. No siendo fruto de un desorden mental complejo e inevitable por su efecto de desconsolador arrastre, siempre parece suponer un cierto 'ajuste de cuentas' con el entorno basado en la creencia de imponer un castigo con la desaparición voluntaria; en definitiva, casi un ejercicio humano tiznado de una cierta soberbia.

1.4. La Responsabilidad Individual

Aplicable a la imputación directa (o *responsabilidad directa* denominada también, en ocasiones, *Responsabilidad Personal* pero atribuible al individuo y no a la persona como tipología, miembro de un colectivo entendido como grupo de referencia, tal y como se expuso en la categoría anterior), derivada de un actuar implicado '*ut singuli*' con consecuencias atribuibles de modo unívoco, inequívoco e implacable. Hay que considerar que las responsabilidades penales y civiles son susceptibles de convertirse en temas objetivos y por ello, existen como tales, siempre que se auxilien de la demostración y de las evidencias. Se es responsable sobre aquellas acciones (entendiéndose la acción humana como todo aquel comportamiento con propósito, como ya se expresó con anterioridad) acerca de las que se tiene un mayor o menor control. Y así, el control es la clave de bóveda de la atribución de la responsabilidad individual. De este modo, tal y como trataremos con detalle, se puede ser responsable sin ser culpable, debido a que hay una parte de la responsabilidad que no es atribuible estrictamente al sujeto concreto de modo pleno, dado que es compartida con el entorno en función de las conexiones que se pudieran establecer. Por ello, dos dimensiones a considerar; proponemos dos facetas de la Responsabilidad Individual: *la imputabilidad*, como faceta objetiva y *la culpabilidad* como faceta subjetiva.

1.4.1. Dimensión de imputabilidad

Que corresponde al grado de alcance y exigencia que muestre el resultado del actuar por parte del individuo. Tal y como ya se ha citado, el aspecto del control propio se torna decisivo, en particular cuando se aplica a la concepción de la Responsabilidad entendida esta como obligación, por lo tanto, como deber de justificación basado en lo que hemos denominado como 'criterio de exigibilidad' (localizable con anterioridad en la definición extensa del concepto de Responsabilidad en el apartado dedicado al Deber de Justificación). En concreto, en la responsabilidad individual, dado su carácter particular y de señal unívoca, el perímetro de la responsabilidad propia se torna ineludible. Para Iris Marion Young, ambos términos, Responsabilidad e Individual, resultan ser redundantes, pero en su concepción de la responsabilidad, esta no está basada únicamente en la mera obligación individual. La búsqueda de posibles responsables ante, por ejemplo, las injusticias sociales deberá reforzarse con un modelo que ella denomina de *conexión social*, implicando con ello a los ámbitos de afección sobre la responsabilidad con un origen social o común, tanto en lo que corresponde a la responsabilidad pública como a la colectiva. Considera Marion Young en su póstumo *Responsabilidad por la justicia* (2006), que la responsabilidad total individual no existe, dado que el ser humano no es una isla; se encuentra siempre condicionada por afectaciones externas, concretando esta circunstancia en un concepto que nomina como el «*modelo de la conexión social de la responsabilidad*» ('*social connection model of responsibility*'). En definitiva, *inter homines esse*, «soy entre mis semejantes». La atribución concreta de la responsabilidad individual es '*ad personam*', cierto es, pero su raíz asignativa es siempre y de algún modo, colectiva.

Por todo lo mencionado, determinar el contorno de la responsabilidad individual resulta, cuando menos, delicado. Y ello viene condicionado por las relaciones, de toda índole, que el individuo establece con su entorno, sus *conexiones* (que denominaremos, de un modo que consideramos más adecuado, como *posiciones*) en palabras de Marion Young, en particular aquellas considerables como sobrevenidas o no elegidas (tales como la condición biológica, la raza, la escala social, etc., más propiamente de origen). A estas posiciones las denominaremos «Situación de Partida», que será aquello que permita realizar, con posterioridad, un «Balance de Posiciones» y que se convierten en el conjunto de aquellas que marcarán el destino de las acciones que emprenda cada individuo.

Consideraremos que la «Situación de Partida» estará compuesta por dos elementos o tipos de posiciones: *posiciones condicionantes* (aquellas que afectan con cierto grado de condición, pero no determinan inevitablemente, es decir, orientan la actuación, pero no resultan ser taxativas ni limitantes *per se*) y *posiciones determinantes* (que son aquellas que fijan la actuación, es decir, resultan ajenas a la voluntad y a las capacidades del individuo y que, además, yendo más allá del mero condicionamiento, lo coaccionan de modo inexorable). En ambas, existen gradaciones sobre la posibilidad de aplicar un «Balance de Posiciones», esto es, cuáles de las posiciones se configuran como condicionantes y cuáles como determinantes. A modo de ejemplo, apuntamos que la pobreza severa es un condicionante frente a la ceguera genética incurable que es un determinante (al menos, por ahora), puesto que la primera, en muchos casos, es reversible y la segunda lo es en muy pocos, incluso en ninguno.

En una contabilidad de posiciones, además del establecimiento de su composición, resulta fundamental considerar cuáles y cuándo los determinantes se pudieran convertir en condicionantes, siempre y cuando ello resultase posible. En las sociedades modernas y avanzadas, cada vez más determinantes o anteriormente vistos como posiciones determinantes se van convirtiendo en condicionantes e, incluso, pudieran hacerse mínimos, llegando a ser posible su desaparición. Tal es el caso, como ejemplo, de la identidad sexual física, la cual fue, durante muy largo tiempo, un determinante, en especial cuando el sexo tenía una función principalmente reproductiva; pero, en la actualidad, no sólo se ha convertido en un condicionante que, incluso, puede derivar en una mera elección, al menos desde un específico enfoque fisiológico, gracias a los avances de la medicina en general y de la cirugía en particular. Muchos de los graves impedimentos físicos e incluso psicológicos pueden derivar en meros condicionantes e incluso ser atenuados hasta convertirse en simples aspectos de cierta relevancia a estimar gracias al desarrollo del conocimiento y de la ciencia, lo cual incrementa notablemente el ejercicio de la libertad individual. Por lo tanto, en el caso de la responsabilidad individual, podemos resumirla considerando que el rango de la libertad se encuentra en la posibilidad de convertir elementos determinantes en condiciones y a estos en simples aspectos a considerar relacionados con su grado posible de relevancia. En gran medida, esto permite el avance de la libertad y la aparición de nuevos derechos, aunque también, pero quizás con una menor intensidad, de obligaciones adheridas.

En definitiva, la Responsabilidad Individual afecta al desarrollo de la libertad en dos dimensiones:

- Aceptando o no la «Situación de Partida» al objeto de realizar un «Balance de Posiciones» que permita la gestión de las circunstancias de inicio.

- Convirtiendo o no las posiciones determinantes en posiciones condicionantes, hasta donde el «Balance de Posiciones» lo pudiera permitir.

Caracterizamos, de esta manera, a la responsabilidad individual como la asunción de una obligación conjunta (derivada de un entorno social), así como el conjunto de exigencias que se pueden solicitar a una persona individual en sociedad; esta responsabilidad conjunta es asumida personalmente, aunque «bien comunicada», puesto que no la asumo yo solo, la comparto, es distribuida, al menos, en su consideración más básica. Así mismo, esta mantiene gradaciones en función de las capacidades de acción y de injerencia con el entorno. Por ello, a mayores capacidades, más elevada será la responsabilidad, en particular en aquellos en lo que corresponda a su distribución compartida, debido a la mayor cantidad de interacciones y conexiones, en concreto cuando, sobre todo, existan circunstancias de ventaja personal o social.

La responsabilidad individual siempre es personal y concreta, dado que cada uno es responsable, en condiciones normales, de sí mismo, pero tiene una dimensión de obligación conjunta, de tarea colectiva, como conexión. De este modo, el entorno socio-estructural condiciona a las acciones individuales, pero no necesariamente las determina. Finalmente, afirmamos que el fundamento de la responsabilidad individual, al obligar a la preservación de la libertad de elección y de decisión, se encuentra en el ámbito de los deberes y no únicamente de los derechos, como veremos con un mayor detalle más adelante. En definitiva, a diferencia del aserto de Sartre, no estamos condenados a ser libres, estamos obligados a serlo. En feliz afirmación de León Duguit: «*Sólo existe un derecho; cumplir con nuestro deber*». Lo que ocurre, tal y como describiremos también más adelante, es que el universo de los deberes necesitará avenirse a ser, al menos, tan amplio como el de los derechos. Y, por ahora, esta circunstancia, al menos social y comunitariamente, no se produce.

1.4.2. Dimensión de culpabilidad

Es la segunda aproximación al sentimiento de Culpa, a la cual consideraremos como una segunda faceta, ésta ya de carácter subjetivo, de la Responsabilidad Individual y que responderá a las preguntas de si se puede llegar a ser responsable sin ser culpable, así como culpable sin ser responsable. De este modo, la culpabilidad se alberga, fundamentalmente, en el ámbito de la asunción personal y concreta de la irresponsabilidad. Supone la dotación de sentido por parte del sujeto de un consciente obrar irresponsable que puede producirse, bien de modo externo o bien interno.

En función de esta segunda aproximación, consideraremos en este caso a la Culpa como aquella emoción interior, por lo tanto, subjetiva, que surge de la toma de conciencia y posterior asunción completa y ratificada de las consecuencias de un obrar estimado, propia y conscientemente, como irresponsable.

Debemos a Hanna Arendt una pretendida neta diferenciación entre culpa y responsabilidad, extraña al derecho penal a efectos prácticos, ambas como atribuciones externas y no tanto como conciencia de un mal causado, expresada de un modo supuestamente claro en tres ensayos cortos: «*Culpa organizada y responsabilidad universal*» (artículo publicado en la revista *Jewish Frontier* en el año 1945, con el título de «*Culpa alemana*»); «*Responsabilidad social bajo una dictadura*» (intervención radiada y publicada en formato de artículo con posterioridad en el año 1964 en *The Listener*) y «*Responsabilidad colectiva*» (documento fruto de una intervención en la American Philosophical Society el 27 de diciembre del año 1968), además de en su libro quizás más leído a la par que polémico *Eichmann en Jerusalén. Un estudio sobre la banalidad del mal* (1963), considerado por Prior Olmos en realidad «*un informe sobre la responsabilidad*».

Condicionada tanto por su propia experiencia personal como judía perseguida en su Alemana natal, situación que la obliga a un exilio itinerante hasta que recala en los Estados Unidos del Norte en 1941, como por la polémica con su maestro y amigo Karl Jaspers sobre la culpa criminal individual y colectiva de los alemanes en los desatinos del nazismo y finalmente con su presencial notaría en el juicio contra Eichmann en Jerusalén, Arendt aboga por un formato de culpa radicalmente individual, donde, en afirmación que hizo escuela, «*donde todos son culpables, nadie en último análisis puede ser juzgado. Pues tal culpa no viene acompañada de siquiera la mera apariencia, la mera simulación de responsabilidad*», anotado ya en su artículo del año 1945 y que volverá a reescribir en el de 1968 del siguiente modo, «*donde todos son culpables, nadie lo es. La culpa, a diferencia de la responsabilidad, siempre selecciona; es estrictamente individual*». En realidad, la diferenciación entre Responsabilidad y Culpa en Arendt alude a la distancia sobre la pena a infligir. De este modo, no hay culpa sin acción que pertenezca a un agente y, por lo tanto, sin horizonte de pena. Somos responsables de nuestro pasado común pero no culpables del mismo, salvo que intervengamos de manera directa. Y, por supuesto, para la filósofa alemana no existe ni la culpa colectiva ni la inocencia colectiva; solo tiene sentido hablar de culpabilidad y de inocencia en relación a individuos concretos.

Al modo de Eichmann, la obediencia a normas externas, aún a fuer de resultar gravemente lesivas para el entorno, es el argumento más socorrido para desligar la responsabilidad del sentimiento de culpa. Arendt no lo admite, y como buena conocedora de la tradición filosófica que parte de Grecia, una cuestión es el mal en potencia y otra muy distinta lo es en acto. Eichmann es responsable como sus coetáneos ciudadanos alemanes de los profundos dramas producidos durante el régimen nazi, aunque con un grado mucho mayor por haber organizado el transporte de judíos hacia los campos de exterminio, mientras otros de sus compatriotas '*únicamente*' miraron para otro lado; pero ambos son responsables de lo ocurrido, todos resultan ser responsables, aunque en una gradación diferenciable, pudiendo existir por tanto la atribución de una 'responsabilidad colectiva' (a esta idea, Arendt la denominará propiamente como «responsabilidad política», un tipo de responsabilidad vicaria, que supone el precio que se paga por vivir en comunidad, en sintonía con lo propuesto por su amigo Jaspers). Esta es la coartada intelectual que utiliza Arendt para que el pueblo alemán, su propio pueblo, recuerde y no olvide su implicación en los resultados del pasado y el sangriento presente nazi durante la vigencia del nacionalsocialismo, una de cuyas víctimas lo fue la propia Arendt, aunque, comparada su situación con sus hermanos de sangre, en un rango mucho menor, sin duda alguna.

Cuestión distinta lo supone la atribución externa de la culpa, puesto que esta es adjudicable en función claramente del resultado del comportamiento y por tanto 'estrictamente personal'; cada uno es culpable o inocente a partir del resultado de su obrar. En definitiva, existe una responsabilidad colectiva que puede sustanciarse de manera individual en la atribución de culpa en relación con los resultados provocados de modo individualizado. La atribución de culpa, que concierne a lo moral o lo legal, es adjudicable, así, en función de lo que haya hecho cada uno. La responsabilidad puede ser colectivizada más la culpa sólo puede ser individual. Consideramos así que, fruto de sus vínculos con un pensamiento de origen judeo-cristiano, Arendt consigue atribuir un cierto 'pecado original' por un mal causado, siempre y cuando este se haya dado de manera conjunta, con la consiguiente atribución de un sentimiento de responsabilidad comunitaria, desligándolo del sentimiento de culpabilidad directa a través de la acción individual (de algún modo, no deja de ser un homenaje a todos aquellos que no actuaron indebidamente en el transcurso de la docena de años que duró el régimen nacionalsocialista). Casos tan concretos como el de su amigo Karl Jaspers, relegado de manera infame en la sociedad alemana del momento y que asumió con posterioridad la culpa colectiva; el abierto enfrentamiento por parte de los hermanos Scholl y los miembros de la asociación 'La Rosa Blanca' al terror nazi o el *Yo no. El rechazo del nazismo como actitud moral*, gráfico título de las memorias sobre aquella aciaga época que Joaquim Fest utilizó para subrayar su militante oposición al régimen (derivada de aquella frase que su padre le hizo conservar a fuego: «*Etiam si omnes, ego non*», «*Aunque todos participen, yo no*»). Los casos mencionados pueden resultar ser epítomes quizás también de la postura de continuo frentismo de la propia Arendt ante el horror nazi, quien ya había afirmado en una entrevista realizada en el año 1943, aludiendo al momento de la división en dos de su biografía, cuando confirmó «*lo decisivo fue el día que supimos de Auschwitz*», viéndose reafirmada su actitud con posterioridad al oír de manera directa las excusas de Eichmann acerca de su responsabilidad como gestor en el Holocausto resumidas en una sarta de obscenas afirmaciones: «*Jamás he matado a un ser humano.* […] *Mi único lenguaje es el burocrático.* […] *El arrepentimiento es cosa de niños*».

Enmendamos el planteamiento de Arendt, por escasamente esclarecedor y, en ocasiones, de difícil distinción (no en vano, una de sus exégetas más renombradas, Margaret Canovan, tilda sus propuestas filosóficas de propias de una *outsider*), sostenido durante varias décadas y expuesto en los tres artículos referidos, para acabar enunciando, finalmente, que alguien se pueda considerar responsable SIN sentirse culpable (tal sería el caso de los jerarcas nazis que, como Eichmann, argumentaron que se podían sentir legítimamente eximidos de una culpabilización externa, o al menos no la sentían como tal, por la ciega 'obediencia debida', que estaría por encima de otros principios considerados, por ajenos, como superiores a la obligatoriedad derivada del mando; en definitiva, no existe conciencia de culpa en el sentido moral por el mal causado) y que alguien se puede sentir culpable SIN resultar responsable (tal es el caso que relata Arendt con respecto a los jóvenes alemanes nacidos con posterioridad a la Segunda Guerra Mundial que asumían la culpa sin haber sido responsables salvo que les apliquemos la responsabilidad colectiva derivada de su pertenencia al pueblo alemán y que asimilen una supuesta 'responsabilidad histórica', difícilmente aceptable si no se siente como tal, dado que la ubicación del nacimiento es totalmente aleatoria y no elegible). A partir de esta última consideración, creemos que Arendt no definió temporalmente hasta dónde, hasta qué momento, alcanza la culpa y a qué alturas históricas se pudiera remontar. Y así, ¿se deben sentir culpables las generaciones actuales de la situación de esclavismo que sufrieron numerosas personas en el pasado, hace ya casi dos siglos, provocado y perpetrado el sometimiento por generaciones muy anteriores? Esta dimensión de culpabilidad también tiene un origen claramente subjetivo y será tratado con detalle más adelante en el apartado dedicado a la siguiente categoría de la Responsabilidad Compartida.

De este modo, atendiendo al concepto de responsabilidad colectiva (o responsabilidad política en palabras de Arendt) imputable a un grupo, la culpa seguiría viviendo en el perímetro de lo individual, tanto por su vertiente objetiva (imputabilidad externa) como por la subjetiva (sentimiento de imputabilidad interna). Nos alineamos así con Iris Marion Young cuando esta, después de un exhaustivo análisis de la distinción arendtiana entre Responsabilidad y Culpa, relatada en el capítulo III, «*Culpa versus Responsabilidad. Lectura y crítica parcial de Hanna Arendt*» en su ya citado volumen «*Responsabilidad por la Justicia*», determina que la distinción, tal como la expresa Arendt, es sugestiva pero carente de base, tildando a la caracterización dualista y un tanto maniquea de ambos conceptos como retrógrados; aun así, salva una parte de la denominada como responsabilidad política dado que pudiera tener un cierto carácter progresista si esta se considera un acicate para oponerse a las acciones perniciosas o nocivas y que fomenten un modo de actuar colectivo que suele tener un gran poder transformador sobre la injusticia social estructural (tal sería el caso de la revisión de la culpa alemana en los años sesenta del siglo pasado por parte de los jóvenes alemanes de dicho momento que permitió juzgar a jerarcas y cómplices nazis de manera reiterada, desafiándose con ello al olvido de sus atrocidades). De este modo, la responsabilidad estaría unida al interés por cambiar las situaciones injustas en un mundo intersubjetivo y compartido, máxime en el actual que resulta ser globalizado e interconectado (en definitiva, para Young, el origen de la responsabilidad se encuentra en las «*relaciones sociales interconectadas*», lo que implica la acción colectiva, una suerte de actuación ampliada de alcance cosmopolita y transnacional).

1.5. La Responsabilidad Compartida

También conocida como corresponsabilidad, afecta a todos aquellos que participen, por relación, de modo directo o indirecto, en el resultado de una actuación debida y adecuada o indebida y cuestionable, consideradas ambas como consecuencia de una originaria responsabilidad manifiesta, involucrándose ambas partes de manera inexorable. Las relaciones filiales, la obediencia debida, la complicidad o el escalado de responsabilidad por razones de cercanía y contacto ante actuaciones responsables positivas o negligentes, con ciertas dificultades para la imputación directa, suelen ser los ejemplos más vivos y notorios. Si tomamos como referencia el ejemplo que ofrece Jonas sobre los deberes que tienen los progenitores ante la descendencia, ambos mantienen una originaria responsabilidad que resulta común e ineludible, incluso en el caso de que ésta no se ejercitase dilatada y continuadamente en el tiempo. Ese tipo de vínculo, como un inapreciable hilo de seda, en muy numerosas ocasiones invisible, condicionante e inextinguible, se convierte en la clave de bóveda de la Responsabilidad Compartida. De este modo, en el caso concreto de las relaciones filiales, no puede haber padre o madre sin hijo o hija, aun no tornándose la existencia final en vida tangible externa como *nasciturus* pleno. Resulta parte inevitable de la vida y de la responsabilidad entre ascendientes y descendientes.

La Responsabilidad Compartida (siendo como es vicaria y subsidiaria) en su dual faceta de corresponsabilidad, se arma con dos factores que deberán producirse, ineludiblemente, unidos: el primero, supone una conexión entre aquellos que compartan una afinidad o circunstancia común, a la que nominaremos como *corresponsabilidad conectada*; y, el segundo, conlleva la asunción de parte o de la totalidad de la responsabilidad ante un hecho concreto condicionado por su trascendencia, a la que denominaremos como *corresponsabilidad asumida*.

Para auxiliarnos en esta tipología de responsabilidad nos apoyaremos en un autor alemán, discípulo y alumno de Husserl y de Heidegger, quien también se apuntó a la estirpe de los 'avisadores del fuego' en relación con la sospecha sobre el supuesto progreso tecnológico. Günther Anders en su obra capital *La obsolescencia del hombre* (*Die Antiquiertheit des Menschen*), publicada en el año 1956 su primera parte (siendo editada la segunda el año 1980), muy condicionado su largo escrito por la amenaza nuclear propia de la Guerra Fría, recela de los avances tecnológicos frente a la posible destrucción que se cierne sobre la humanidad entera ante un previsible holocausto nuclear. Esta situación supone una consecuencia extrema del desarrollo de las técnicas industriales cuyo poderío supera las capacidades humanas, tanto las derivadas de la propia decisión responsable como las imaginables para el conjunto de la Humanidad. La demoníaca Razón Tecnocientífica provoca, de este modo, que el hombre deje de ser agente de su propio destino (de ahí la determinación de la situación del hombre presente tildándola de obsolescente, como si de un producto industrial más se tratase).

Y será en este caldo de cultivo en el que enmarquemos dos obras más de Anders, ejemplos de su percepción sobre la muy preocupante situación contemporánea del ser humano, suponiendo ello que: «*el incentivado poder tecnológico que ha sobrepasado las dimensiones de la conciencia y de la responsabilidad humana trae consigo el mayor problema ético que puede considerase y que es 'la disolución de la responsabilidad'. La conversión del hombre en 'homo materia'*». De este modo, para Anders, la mayor parte de la actividad humana de mayor alcance e implicación se alejó e incluso se evadió de los criterios éticos de la responsabilidad; y este proceso, en particular en el siglo XX, comienza y eclosiona de manera violenta a partir del infierno de Auschwitz, demostración palmaria de que la humanidad no ha dejado la barbarie, pretendidamente objeto de arrinconamiento como si de un fenómeno del pasado se tratase.

Para Günther Anders, Auschwitz resulta monstruoso e inconmensurable, a la par que inconcebible, por la dejación y la conculcación de tres responsabilidades:

- **Responsabilidad directa:** derivada de la aniquilación institucionalizada de millones de seres humanos con métodos industriales y soportes burocráticos y legales con resultados cuantitativamente desmesurados e inasumibles.

- *Responsabilidad indirecta*: provocada por la mera aceptación y asunción de órdenes genocidas sin reflexión ni remordimiento algunos, aplicándolas de una manera bárbara e inhumana a la par que diligentemente eficaz.

- *Responsabilidad colectiva (o compartida)*: dado que millones de personas fueron ejecutadas con la complicidad o, al menos, con el atronador silencio cómplice de una ingente cantidad de otras personas, muchas de ellas conocedoras de las atrocidades que se estaban cometiendo.

Y así, el mundo que ausculta Anders se caracteriza por el «desfallecimiento» del sentimiento de responsabilidad. Aceptando el contexto histórico que lo condiciona y orientados por su corta taxonomía de responsabilidades, estimamos que la Responsabilidad Compartida mantiene dos criterios de ejecución (incorporando con ello las corresponsabilidades conectadas y asumidas) y que serán ejemplificados, así mismo, con dos de sus más conocidos libros de carácter divulgativo, tal y como ya hemos apuntado.

Responsabilidad de contacto o de conexión (corresponsabilidad conectada), que viene siendo aquella que se genera por la relación que mantienen, al menos, dos partes que se sienten identificadas con algún tipo de vínculo. Es la que se produce entre padres y madres con los hijos e hijas en relación de filiación y que, en la inmensa mayoría de los casos, provoca las relaciones paterno/maternofiliales naturales que, aun pudiendo producirse algún deceso o simple pérdida de relación entre ambas partes, se mantendrán vivas o latentes gracias, entre otras cuestiones, a la memoria y el recuerdo.

Consideraremos que la ejemplificación de este tipo de responsabilidad puede ilustrarse a través de la obra de Günther Anders «*Nosotros, los hijos de Eichmann. Carta abierta a Klaus Eichmann*», publicada originariamente en alemán en el año 1964 y siendo traducida prontamente al inglés. Anders la escribió, según sus propias palabras, «*inmediatamente después de la muerte de su padre*».

El libro se nos muestra a través de una larga misiva dirigida a Klaus Eichmann, hijo de Adolf Eichmann, uno de los perpetradores de los horrores nazis en los campos de concentración y de exterminio, anodino compositor de la sinfonía ferroviaria de traslado de desesperados deportados durante el Holocausto y que purgó judicialmente sus crímenes en el muy conocido juicio iniciado el mes de abril del año 1960, en particular gracias a lo narrado por Hannah Arendt en su *Eichmann en Jerusalén. Estudio sobre la banalidad del Mal*, filósofa con quién Anders estuvo casado entre los años 1929 y 1936.

En el fondo, la carta abierta supone una relación de dependencia vicaria. Por una parte, se encuentra su escribiente, Anders, postulado ante la posibilidad de exigir una explicación al hijo de un perpetrador de crímenes atroces como sucesor contra una estirpe casi destruida, los judíos; por otra parte, el conminado, Klaus, a quien su exigente acusador ofrece la posibilidad de darla, como hijo que ha perdido recientemente a su padre, en virtud de la conexión corresponsable que atribuye el autor tanto con él como por parte de Klaus con respecto a su progenitor. Aunque Anders no culpa de una posible «corresponsabilidad familiar» al hijo de uno de los mayores copartícipes del genocidio de su pueblo, sí lo hace corresponsable por ser dueño de un ignominioso silencio. Lo denomina la víctima seis millones uno y le reconoce haber perdido dos veces a su primer hacedor, una como padre del que podría y debería sentirse orgulloso y otra por su propio deceso. Con su mutismo sobre lo provocado por su padre, Klaus Eichmann, aun siendo afectado en su infancia a través del apellido debido al inmenso ultraje por lo perpetrado, compartiendo tragedia con el resto de los seis millones de damnificados, se convierte, con su silencio, en cómplice (en el sentido enunciado por Joan Fuster, «*cómplice es el que te ayuda a ser como eres*»). Porque «*sólo podemos llorar la pérdida de aquellos a los que hemos podido respetar*» y, por lo tanto, por una sencilla regla de reciprocidad, «*sólo podemos respetar a quien respeta a los demás*», sentencia Anders. Este conmina al hijo del carnicero a desligarse de su origen, a negar su apellido y a renegar de su ascendiente, dado que no se puede honrar a un padre de este jaez. La monstruosa herencia recibida solo puede ser objeto de rechazo por su parte, único modo de lavar una mancha moral de tal calibre.

Lo que debiera acongojar a Klaus para decidirse a abjurar de su procreador sería lo que supone la enormidad y la desproporción de su crimen, una obscena responsabilidad por cantidad. Así mismo, también recusa el modo como afrontó, con eficiencia funcionarial, su funesto y macabro cometido, el exterminio de todo obstáculo humano frente a los planes expansionistas de su jefe de filas sin ninguna mirada directa, y con una responsabilidad alejada, una falta de intrusión fisiológica que no le eximen de tener igualmente las manos manchadas de sangre. Como conclusión y posibilidad de redención, Anders terminará esta primera misiva conminando al hijo del gestor de millones de vidas segadas y rotas, a sumarse a los movimientos contra el exterminio de la humanidad, convirtiéndonos a todos con su actitud en verdaderos 'hijos de Eichmann': «*esto es, pues, Klaus Eichmann, lo que quería decirle para terminar. Usted tiene una oportunidad. Ciertamente, solo tiene ésta. Pero es una gran oportunidad. Piense bien si usted está dispuesto a dejar pasar la gran oportunidad de su vida*». Fin de la carta. En la Post Data, se muestra más claro y rotundo solicitándole un acto de lealtad, pero con las generaciones venideras, exhortándolo a ejercer la deslealtad fraternal. «*Reniega de tu padre*», sentencia, a pesar de lo terriblemente inhumano o casi contra biológico que ello pudiera parecernos.

Pero el mes de abril de 1988, Anders remitirá una segunda carta, ésta ya no abierta, así como en un tono menos cordial, a Klaus Eichmann titulada «*Contra la indiferencia*». Han pasado veinticinco años desde la primera invectiva. Veinticinco años sin contestación alguna por lo que Anders se ve en la obligación de recordarle al hijo del monstruo burocrático la corresponsabilidad que supone su antroponímico, su primer y muy identificable apellido como revulsivo y alerta ante la situación mundial, caracterizada por el aumento vertiginoso de «hijos de Eichmann» inconscientes e irresponsables con afán de redención de un pasado vil y abyecto, personificados en los neo nazis revisionistas.

En el caso concreto de un Klaus adulto, ya no desconcertado ni necesariamente juvenilmente adscrito a un execrable pasado familiar, el silencio durante estos años y la ausencia de acuerdo con el resultado de la primera de las cartas, lo convierten en corresponsable. Reprocha Anders al hijo del demoníaco Eichmann no haberse rebelado contra el lastre que supone asumir la culpa ajena, aunque esta provenga del autor de sus días. El mandamiento de la absoluta inviolabilidad de la lealtad paterno-materno filial no es aplicable en esta ocasión, «*no cuando los padres son o han sido ignominiosos*». La causa de la primera carta, la defensa irracional pero casi entendible de un jovencísimo Klaus sobre el horrendo legado de su padre, no se ha visto transformado, con el paso del tiempo, en un distanciamiento explícito de la figura paterna. Y ello lo que reafirma son las convicciones de los viejos nazis y, lo que es peor, las de una hornada, cada vez más creciente, de nuevos nazis. Alzándose como un muro insoslayable, los recientes negacionistas, en particular del horror de Auschwitz, desvirtúan el legado reivindicativo que suponen los campos, denominándolo incluso como «la mentira de Auschwitz», apoyándose en el falaz argumento de la culpa colectiva. Yendo todavía mucho más allá, incluso esta revisión interesada llega a arrojar la culpa sobre los supervivientes, tachándolos de mentirosos, haciendo que un doloroso legado y el recuerdo imborrable se les conviertan en un baldón.

Frente a los movimientos negadores de las atrocidades cometidas por los nazis, con argumentos que explica con detalle Anders en esta segunda epístola, este le vuelve a solicitar a Eichmann un acto de coraje, afirmando en la postdata que «*es triste pero cierto: la deslealtad puede ser una virtud*». Sigue sin culparlo por ser hijo de quien es; lo culparía si basada su opinión acerca de lo realizado por su padre, confundiéndolo con la piedad, ésta le impidiese rechazar su condición de hijo de Eichmann. Al corroborarse, con el paso de los años, su ausencia, el casi invisible hilo de seda producido por el vínculo paternofilial aboca, para Anders, indefectiblemente a Klaus a compartir el atroz y vergonzante destino de su dador de vida, a convertirse, en cierto modo, en corresponsable.

Responsabilidad por obligación (corresponsabilidad asumida), que se produce cuando las consecuencias de una decisión tomada por otros sujetos o derivada del entorno implican la asunción de las consecuencias del acto considerado bien como responsable o bien como irresponsable, habitualmente de gran trascendencia.

En el año 1962, Günther Anders recopilará un conjunto de cartas escritas e intercambiadas con el piloto Eatherly para su posterior edición. El volumen será redactado en inglés, apareciendo con el título de *Burning Conscience: The Case of the Hiroshima Pilot Claude Eatherly told in his Letters to Günther Anders*. Ya más tarde, en 1982 verá la luz su versión en alemán, *Hiroshima ist überall. Tagebuch aus Hiroshima und Nagasaki*. En español fue editado mucho tiempo después, en el año 2003, con un título similar a los dos anteriores, aunque con variaciones sustanciales, *El piloto de Hiroshima. Más allá de los límites de la conciencia. Correspondencia entre Claude Eatherly y Günther Anders*. Las tres denominaciones ponen de relieve dos aspectos cruciales sobre la vocación del volumen: el inicio, Hiroshima y el final, la conciencia.

El libro lo componen 71 cartas, fruto de la correspondencia cruzada entre el filósofo alemán, Günther Anders, en aquel momento residente en su país de origen, convertido en un referente mundial de la lucha contra la proliferación de las armas nucleares y Claude Eatherly, el piloto que, a bordo del avión meteorológico «Straight Flush», abría paso al bombardero «Enola Gay» capitaneado por Paul Tibbets que soltaría la primera bomba nuclear en la ciudad japonesa de Hiroshima en el año 1945, denominada, irónicamente, «Little Boy». Frente a Eatherly, encarnación del sentimiento de culpa, Paul Tibbets, el hombre que realmente tiró la bomba, jamás se arrepintió de aquella maniobra y nunca entendió el comportamiento de Claude. Este se había equivocado en los cálculos de la detonación de la devastadora bomba, que, en vez de explotar sobre el puente Aioi, lo hizo sobre el hospital Shima.

La correspondencia se había iniciado en la primavera del año 1959 a instancias de Anders, para finalizarla también él en el verano de 1961. Comenzada como una relación epistolar basada en el interés común por parte de ambos sobre las consecuencias de la escalada nuclear, acabó convirtiéndose para Eatherly en un bálsamo para el fuego interno que consumía la conciencia del antiguo comandante de las Fuerzas Aéreas norteamericanas. Anders supuso un refugio salvífico que le ayudaría a acallar el ladrido de los perros que devoraban su alma, además de un firme defensor del derecho de Eatherly a ser y mantenerse libre fuera de la institución mental en la que se le recluyó.

Eatherly había sido considerado un símbolo en su Estados Unidos natal después de haber consumado con su acción el 6 de agosto de 1945 una de las «*Megadeth*» más importantes de la humanidad; la que supuso la muerte y heridas de gravedad sobre más de 135.000 personas y repercusiones finalmente mortales sobre otras 10.000 personas, los denominados 'hibakusha' en la década posterior (cifras ofrecidas por el Comité de Proyecto Manhattan que discrepan con una cantidad de muertos superando los 250.000 que anunció Japón).

Durante el período posterior a la hecatombe infernal que se produjo en Hiroshima, luego repetida en la otra ciudad nipona, Nagasaki, fruto del acto consciente de los dos equipos de bombarderos que participaron, el autor no directo, pero si corresponsable de la detonación en el caso de primera ciudad, Eatherly, pasó de verdugo a víctima. Aunque la responsabilidad última se pudiera escalar, llegando incluso hasta el presidente de los Estados Unidos en aquel momento, Harry Truman, (o a otros jerarcas aliados en la Segunda Guerra Mundial quienes en la Conferencia de Potsdam celebrada entre los días 17 de julio y 2 de agosto de 1945 fueron conocedores de la utilización de la bomba atómica), con cómplices más directos en una sucesión de peldaños pasando por la unidad 509th Composite Group (509 CG) hasta el asistente a la deflagración Eathrely y sus cinco compañeros, este último siempre se consideró culpable de aquel hecho tan catastrófico.

Y *é*sta, para él, inasumible carga, le provocaría una posterior vida de hondo sufrimiento, así como de huida constante; después de su licenciamiento, en 1947, emigró, asqueado de la política armamentista de su país. Regresando con posterioridad, se empleó en una petrolera de Houston e intentó, en vano, llevar una vida normalizada, aunque fue, poco a poco, sumiéndose en el alcohol ansiosamente acompañado por las pastillas. Los rostros desfigurados de los habitantes de la ciudad arrasada gracias a su intervención, se le aparecían cada noche, atormentándolo.

A partir de ese momento, intenta redimirse enviando sobres con dinero, así como cartas de autoinculpación y disculpa a los habitantes de Hiroshima. Pero en 1950 procuró, por primera vez, acabar con su vida; no consiguiéndolo, terminará siendo internado en el hospital militar de Waco para combatientes seriamente afectados anímicamente. Después de una estancia de seis semanas, fue dado de alta sin mejor*í*a aparente. En ese momento, tomó una decisión firme que acabaría transformando al héroe de Hiroshima en el pacifista y líder antinuclear Claude Robert Eatherly.

Con posterioridad, volvió a ser internado en Waco, diagnosticado de '*Battle Fatigue*' (agotamiento anímico) esta vez sometiéndose a terapia continuada después de un segundo intento de suicidio. Roto su matrimonio, deambula por diversas ciudades realizando pequeños actos delictivos, aunque, a la par, convirtiéndose en un reconocido adalid de la desnuclearización. Y será en la primavera del año 1959 cuando entre en contacto con el filósofo residente en Viena Günther Anders, hermanándose ambos en la causa común contra el delirio nuclear. También para ambos, la correspondencia que se mantendrá a partir de ese momento supondrá una cura para sus fatigados espíritus. Pero, a pesar de esta salvadora amistad, Eatherly será recluido de manera forzada y forzosa en enero de 1961, fugándose del sanatorio mental con posterioridad y acabando sus días como un arrepentido referente de los movimientos pacifistas y antibelicistas, pero, en especial, contra la proliferación del armamento nuclear en julio de 1978. Su figura, ya mitificada, fue utilizada por los defensores de la causa antinuclear, llegando incluso el poeta inglés John Wain a dedicar un poema a su persona, donde, entre otras estrofas, el bardo entona:

«Su arrepentimiento no le quitará / No lo castigamos por gritos o pesadillas / Nosotros lo castigamos por robar cosas de las tiendas. No digas nada de amor o agradecimiento o penitencia / Di solamente 'Eatherly, tenemos el mensaje'».

Reflejo claro de la corresponsabilidad asumida, Eatherly, en puridad, no fue el máximo responsable directo, en aquel fatídico 6 de agosto de 1945, de tan monstruosa tragedia. Pero su sentimiento resultó ser de coautoría, de responsabilidad obligada, en particular por la asombrosa contundencia inmediata del resultado, eficiencia frente a eficacia, calidad ante cantidad, Hiroshima versus Auschwitz.

Desde la primera de las cartas, datada el 12 de junio de 1959 en respuesta a la inicial remitida por Anders el 3 de junio de 1959, Eatherly ya manifiesta su sentir. Asombrado por haber suscitado interés en un ya muy reconocido y renombrado filósofo, Eatherly comienza a cultivar también una sintonía y vibración conjuntas con el vienés, corresponsables así ambos de una misión obligada de cumplir: trasladar a todo el mundo el peligro que suponen el escalado nuclear para toda la Humanidad. Ambos comparten encomienda, Günther como heredero del sufrimiento indirecto que supone pertenecer a un pueblo ultrajado y Claude como testamentario directo de los efectos de la radiación. Impactado y posteriormente espoleado Anders fruto de una visita realizada a Hiroshima en 1958, unirá su espíritu al de Eatherly en una lucha común que titulará *«No more Hiroshima»*, considerando así al antiguo piloto como una víctima más.

A partir de una primera carta programática, Eatherly reaccionará positivamente al regazo emocional que le ofrece el filósofo austríaco, llegando incluso a cambiar su estilo literario, acercándolo a un formato más intelectual, a la par que lo entroniza como su mentor ideológico. Se adscribe a los «Mandamientos de la era atómica», una suerte de *'Código moral de la era atómica'* remitidos por Anders y que lo convierten en un ya documentado firme defensor de la desnuclearización. Se une a la cruzada y abre su corazón al vienés exponiéndole los muchos problemas que ha tenido en la vida por renegar de su atroz actuación en Japón. Anders milita y unge a Eatherly con el bautismo de la aversión a la energía atómica, convirtiéndolo así en su ya predilecto discípulo. Y en ese padrinazgo, Anders seguirá aconsejando a su pupilo en numerosas cuestiones, solicitándole éste confianza y asesoramiento (*trust and guidance*) debido a que ya se sintió engañado en otras ocasiones por quienes se acercaron a él con aviesas intenciones. No le oculta que «*no busco la fama; pero si llego a alcanzarla, espero utilizarla para una buena causa, para 'nuestra causa'*».

A partir de la carta número 11, el tono de las misivas se volverá más afectivo, más comprensivo y humano, dejando así de lado la mera militancia antinuclear para pasar a tratar otros temas con mayor hondura, en especial, su propia situación de privación de libertad. Como un químico que analiza un elemento de la tabla periódica, Eatherly comienza a transitar el arduo pero obligado camino de determinar los componentes de su culpa. Su maestro lo hace sentir cercano a las grandes figuras de la disensión y los sujetos de persecución, como él mismo lo fue en la Alemania hitleriana. Comienzan no solo una relación epistolar sino también un intercambio de obras y contenidos filosóficos que los llevan a tomar en consideración a autores como San Agustín o Platón. A Eatherly se le niega la posibilidad de salir del frenopático debido a que, cada vez más, supone una figura pública incómoda para las Fuerzas Aéreas estadounidenses, dada su ya frontal militancia; en particular, se acabará convirtiendo en una celebridad en el antiguo enemigo, Japón. Se le llegará a recluir en el «*Máximum Security Ward*» (internamiento bajo extremas condiciones de seguridad, utilizado para casos graves), alegando una «*held a lunacy hearing*», enfermedad mental grave. Anders, ya convertido no solo en su amigo, autodenominándose «buen amigo», sino también en su abogado defensor (el mismo Eatherly había estudiado derecho), hará numerosas gestiones en distintos frentes para lograr su liberación.

En la carta 42, fechada el 8 de agosto de 1960, Eatherly relata al reverendo N. con gran cantidad de detalles, su vivencia del fatídico día de expulsión desde el bombardero de la primera bomba atómica contra población civil de la Historia (según relata en la Carta 44, él ya había presenciado tres de las cuatro primeras bombas atómicas con anterioridad). Quince años después, habiendo pasado por años de sufrimiento, Eatherly reafirma su culpabilidad en aquel terrible hecho y que deberá seguir penando por ello: «*quince años han pasado desde que me hice esta promesa* (luchar contra la guerra y el armamento nuclear), *y la culpa ligada a este crimen ha llenado mi alma de confusión.* [...] *Tengo la impresión de que en la cárcel me he sentido siempre más feliz: el castigo me permitía expiar mi culpa...*».

El 1 de septiembre de 1960, Anders escribe a los dos hermanos de Eatherly haciéndoles ver el férreo compromiso con su hermano, como uno más de la familia; aparecerá esta declaración en la Carta 47. Para que puedan ser conscientes de la trascendencia de la batalla que está librando Claude, les refiere que «*para muchísimas personas de muchos países, Claude se ha convertido en la personificación de la responsabilidad.* [...] *Por eso quisiera subrayar lo que ya he dicho: fue la experiencia por la que se vio obligado a pasar lo que excede toda normalidad, y sería moralmente anormal que no extrajese ninguna conclusión de ella*». Y este es uno de los componentes principales de la corresponsabilidad asumida: la asunción y conciencia de un comportamiento de consecuencias importantes, aunque este no haya sido provocado directamente por el propio sujeto.

En octubre de 1960, Eatherly huye del hospital en el que está retenido. Recibe la aprobación de Anders quien lo entiendo como un acto de legítima rebeldía ante una injusticia manifiesta; incluso le refiere nueve consejos, a cuál más expeditivo, para mantenerse libre. Escribe durante un par de meses desde la clandestinidad para ser, finalmente, detenido. Ya en enero del siguiente año, Anders se decide a escribir al reciente presidente John F. Kennedy (convirtiendo la carta 57 en un alegato más allá de la situación particular) una carta abierta. En su epístola, asemeja el «caso Eatherly» al caso Dreyfus, aunando así persecución y antijudaísmo y anunciándole que una falta de resolución similar dañaría su figura tanto política como moral. Los términos de la carta son duros, con argumentos muy fundados y gran número de referencias y citas. Incluso llega a escribir, conectando con lo tratado en el punto anterior «*No, Eatherly no es el hermano gemelo de Eichmann, sino que, para nuestro consuelo, es justamente su polo opuesto*». No, finalmente no solicitará al presidente demócrata la concesión del indulto al recluido injustamente en Waco; le pedirá que sea revisada la condición mental de Eatherly por parte de un comité de psiquiatras independiente.

En la Carta 65, dirigida por Anders a Claude Eatherly, fechada a principios de mayo del 61, vuelve el filósofo alemán a retomar la figura de Eichmann debido a la celebración del mediático juicio contra él en Jerusalén. Frente al conjunto de escusas expresadas en dicho juicio por parte del exjerarca nazi, Anders considera a Eatherly como su contrario:

> «Así pues, estos días en los que volvemos a saber de las atrocidades que tuvieron lugar hace casi veinte años me acuerdo de ti, es porque tú, Claude, eres la figura opuesta a Eichmann, la única persona que puede consolarnos de aquel horror. Cuando tú, en tanto que «pieza de aquella máquina», hiciste lo que se te encargó, no sabías lo que hacías. Pero cuando te diste cuenta de los que habías hecho, te rebelaste, dijiste 'no'. […] Eichmann y tú sois las dos figuras paradigmáticas de nuestra época. Y si no te tuviésemos a ti como contraposición a él, en esta época de Eichmann sólo cabría la desesperación».

Parte de estas reflexiones se las traslada Anders a Eatherly espoleado por la indignación que le produce que el defensor de Eichmann, Servatius, haya comparado a su defendido con el suyo, Eatherly, alegando que ambos se habían limitado a cumplir con las órdenes dictadas, en una danza de responsabilidad obligada que, en ambos casos, debiera producir el sobreseimiento de la culpa. Por ello, concluye en esta epístola Anders que «*Eichmann pretende eludir su responsabilidad comparándose contigo. Si hay una persona legitimada para poner en su lugar a Servatius o a Eichmann, esa persona eres tú*». El peso de la culpa, el sentimiento de la responsabilidad compartida entendida como asumida, así como el resultado obtenido, esto es lo que establece la gran diferencia entre ambos.

Las últimas cartas suponen para ambos una contenida alegría ante la más que posible liberación de Eatherly, la que se acabará produciendo al inicio del año 1962. Para Anders, su alma gemela, este ya era libre, gracias a haber completado todos los actos del sacramento de la penitencia o de la curación, antes de haber sido encerrado. La redención del pecado original laicizado.

1.6. La Responsabilidad Diluida

Ésta aparece cuando no siendo asumida en su totalidad la responsabilidad debida y manifiesta por incapacidad, sobrevenida o aceptada, de ponerla en práctica, esta se diluye y extiende con menor intensidad en el colectivo al que afecta, impregnando a todos de implicación. Su ejemplo más gráfico lo muestra la llamada 'responsabilidad del testigo', tan utilizado en el caso de las responsabilidades compartidas en colectividades con un funesto resultado final. Esto es, en definitiva, el silencio como parte sustantiva de la irresponsabilidad.

Agruparemos en esta denominación conceptos ya ampliamente utilizados tales como Responsabilidad Consentida o Responsabilidad Cómplice, dado su carácter de implicación tanto personal como orquestal.

Si, como indica el adagio latino *Ex Nihilo Nihil Fit* (*Nada surge de la nada*), en la Responsabilidad Compartida o Diluida, esta formulación se concreta en la enunciación de Al Gini «*Doing nothing is something*» («*No hacer nada es hacer algo*»), afirmación que orientará la argumentación de este apartado de una responsabilidad, en apariencia, menos intensa e implicatoria que las anteriores, pero no por ello con menores consecuencias e implicaciones.

En su impagable obra *Mal consentido. La complicidad del espectador indiferente* (2010), su autor, Aurelio Arteta Aisa realiza un viaje a las profundidades de la Responsabilidad Diluida con un más que notable éxito argumentativo. Ocho capítulos para reflejar el miedo escondido en la mirada de quienes asisten al espectáculo del mal ajeno, mal, en muchas ocasiones, inmerecido y sobrevenido, acallado por el atronador silencio de quienes lo observan sin intervención. Ese silencio, el silencio cómplice se entiende, compendia de manera conjunta y pública los modos de la complicidad pasiva, del mal contemplado.

La Responsabilidad Diluida acontece cuando esta se extiende, en una cierta estrategia compuesta por una impregnadora mancha de aceite sobre aquellos que, por incapacidad sobrevenida o aceptada, se muestran inhabilitados para hacer frente a las consecuencias e implicaciones de un actuar inconveniente, propio o ajeno, aunque, eso *sí,* distante. Supone esa conspiración del silencio que pringa aceitosamente a quienes, en cierta medida, estando condicionados a actuar (dado que, pudiendo o debiendo, no hacer se convierte en una forma de hacer, al modo como enuncia G. H. von Wright *«actos y abstenciones son modos de hacer»* poniendo al mismo nivel ontológico el actuar que el no actuar, aunque no siendo lo mismo la abstención que la omisión, expresado en su obra *Norma y Acción*), no lo hacen, en particular cuando ocurre un mal sobre alguien, una calamidad, un daño comunitario o social que debiera ser evitable. No corresponde todo ello a los males acaecidos por el decurso natural de los acontecimientos de la Naturaleza o aquellas situaciones imposibles de ser evitadas; afecta a las acciones provocadas por la voluntad humana, tanto la directa como la ancilar o vicaria por implicación ajena.

Para que el mal consentido, la vileza de la indiferencia se dé, para que existan y florezcan las semillas del mal colectivo y, por lo tanto, difuso, es necesario que se radiquen en un escenario. El mal humano, entendido al modo de James Waller en *Becoming Evil* (2002) como el daño causado deliberadamente por los seres humanos contra otros de su misma especie, conlleva un sufrimiento, en particular, ajeno e incluso propio por la conciencia de un no actuar indebido. Hacer o consentir el mal (en particular los provocados en un escenario social o colectivo) nos fuerzan a permitirlo, implican consentirlo y generan pasividad e indiferencia, o, cuando menos, indolencia. Es lo que el derecho, en particular el penal, denomina acción por omisión, comisión por omisión o, en su versión positiva, la ausencia del deber de cuidado o auxilio. Si la no acción es un modo de la acción y la omisión una no acción adosada al deber de actuación, entonces el mal producido es un mal consentido. Y como consecuencia, enlazando con el escenario, la permisividad general adscrita a la indiferencia ante el sufrimiento ajeno, hacen más fácil el crimen.

Al incorporarse, como parásitos de la ceguera intencionada ante el mal ajeno, la apatía y la indiferencia, la posibilidad factual de la Responsabilidad Diluida toma cuerpo e incluso alma. El mal por consentimiento ennegrece la mencionada alma gracias a la pérdida de la confianza en el ser humano y facilitando que se vaya borrando la empatía ante la desgracia ajena. Dicho mal, generador de la responsabilidad colectiva, por sus características de ser difuso, difícilmente delimitable y asible, exigirá tres figuras: agente causante, víctima receptora y espectador distante (es el denominado como *bystander* o espectador cómplice).

Hemos puesto así, en el último peldaño de la gradación de las responsabilidades al *bystander* o espectador cómplice debido a que, frente a la dualidad como fórmula de relación en las anteriores caracterizaciones, la figura del espectador/testigo conlleva una intensidad menor, un pigmento más diluido en el ejercicio de la responsabilidad; pero ello no obsta para considerarlo implicado, cómplice atenuado aunque presente y sobre quien se incoa como demanda, en mayor o menor medida, el haber actuado de alguna manera, sino evitando, al menos denunciando o no siendo cómplice ausente del mal producido a otras personas. Ejemplos muy evidentes lo suponen desde situaciones tan impregnadoras como el silencio ante los crímenes de los regímenes totalitarios (afectando tanto a la violencia ejercida por formatos políticos históricamente anteriores como el nazismo o el comunismo, como por los más actuales de dictaduras de orden menor, si es que pudiera existir en este caso una cierta exculpación del totalitarismo por su grado de intensidad, perpetradoras de atrocidades de una delimitada cuantía pero igualmente despreciables pero, sobre todo, el mutismo social frente a la violencia terrorista, provenga esta de donde venga), hasta la indiferencia ante males ajenos que, por distancia, consideramos alejados y con pocas posibilidades de intervención (aportamos ejemplos como el trato dispensado a los inmigrantes en diversas zonas del planeta o lo más cercano con la falta de protesta ante los atropellos a colectivos muy concretos como mujeres, personas con opciones sexuales no convencionales o la violencia y el daño a inocentes que no se pueden defender tales como niños, ancianos o animales).

Pero también en el mal conformista hay gradaciones propias de la Responsabilidad Diluida. Y así, no resulta lo mismo participar que estar ausente o alejado, a pesar de que no actuar lo hayamos convertido en una forma de acción. La inacción puede resultar reprobable, pero no puede compararse con la provocación directa de un mal ejercido contra alguien; la omisión, que no la actitud apática, mantiene grados y jerarquía ante otras exigencias de Responsabilidad (tales como la Responsabilidad Individual o la Responsabilidad Compartida). Es más, su posible imputabilidad y la exigencia de reparación no pueden colorearse con igual intensidad. La complicidad moral en los resultados reprobables, sin intervención directa, implica un grado de responsabilidad, sin duda, pero de más difícil asidero y de menor carga punitiva, de ahí la denominación de Responsabilidad Diluida. Pero, no nos confundamos, existir, existe.

Frase reveladora de lo tratado, correspondiente a Burke en su obra de 1770 *Reflexiones sobre la causa del presente malestar*, es aquella donde enuncia que «*cuando los malos se combinan, los buenos deben asociarse; si no, los buenos irán cayendo, uno a uno, en un sacrificio sin piedad*», aludiendo a que el camino que desemboca en la comisión de atrocidades suele estar pavimentado por la indiferencia, el conformarse y, sobre todo, el silencio, además de exigir alguna intervención por parte de aquellos que tienen la obligación, en definitiva, el deber de ser parte de la solución. Por ello, siguiendo el camino abierto por Arteta y con la pretensión de entender los motivos de la distancia, esta se ve construida a través de materiales que aportan (sin pretender una revisión exhaustiva de los mismos y sabiendo que existen dos tipos de factores: internos o de disposición y externos o de situación) tales como el miedo, la ignorancia, el sometimiento a las directrices del grupo, la insensibilidad moral, la seducción que provoca el vencedor y el rechazo que se siente ante las víctimas por su imposibilidad de resistencia o enfrentamiento. Este último elemento a considerar adquiere mayor fuerza en el caso de consecuencias de gran magnitud y afecta a los argumentos del tipo: «*si los afectados no se rebelan, porqué lo voy a hacer yo*».

En definitiva, el espectador, el visionador pasivo, quien contempla y no actúa, también tiene sus argumentos de defensa. Puede alegar desconocimiento acerca de la profundidad del mal que se causa a sus semejantes, imposibilidad de intervención o que el ambiente no le permitía actuar exigiendo una heroicidad que pudiera incluso conllevar un peligro para la propia existencia. Un sacrificio desmesurado aleja o incapacita para actuar, puesto que la vida misma es un bien (tal y como cita Kant en su *Metafísica de las costumbres* (1797), donde considera que la supervivencia será un fin que no un deber) que resulta obligado preservar. La Responsabilidad Diluida nos pone ante una controversia propia que otras caracterizaciones de la Responsabilidad no había hecho hasta ahora: hasta dónde es sustentable lo heroico, cuáles son los límites de mi cuidado sobre los demás y, finalmente, si es moralmente aceptable un cálculo sobre la rentabilidad de la intervención ante el mal ajeno, lo cual es humanamente comprensible. Hay, pues, una evaluación posible, una contabilidad específica derivada de los actos de omisión, aunque sepamos, a ciencia cierta, que resulte más imputable hacer que no hacer y a pesar de la mayor visibilidad que presenta el mal en contraposición al bien. Evitar el daño, promover lo bueno o disminuir el mal son también gradaciones posibles en el ejercicio de la búsqueda y consecución del bien.

Sabemos ya que la responsabilidad es una sombra que nos acompaña constantemente donde, siguiendo a Jonas y a Lévinas, tal y como veremos más adelante con mayor detalle, iluminados por la obligación de involucrarme con los otros, no me pueden resultar ajenos ni el interés por ni el cuidado de los demás. Por ello, y como elemento constitutivo de la sombra, propia y ajena, aparece la denominada 'Ética de los Cuidados'. Esto es, si valoro que poseo una

Responsabilidad, aunque Diluida (a la que ya hemos dado carta de autoridad), en especial con respecto a sucesos difícilmente modificables, puedo tomar dos actitudes: ser un héroe u optar por el cuidado de lo existente. Ambas dos son respuestas ante el sentimiento de obligación, ante el deber asumido de ser activo, ante el dolor y el sufrimiento ajenos, considerando parte de mis obligaciones paliar el mal externo o contribuir a su aminoración e incluso a su desaparición. No resulto, de este modo, el incitador o provocador de una situación lesiva, pero me siento implicado en su atenuación e. incluso, en su eliminación. Y así, la primera, los actos de heroicidad, son una elección personal; la segunda, la práctica del cuidado, implica un ejercicio gradativo y parcelable mucho más asequible.

Y será en este segundo elemento paliativo de la indiferencia, provocando un movimiento contario al de apartar la mirada, combinación así mismo de una ética del deber (o deóntica, centrada en la acción) y una ética de la virtud (areática, centrada en el carácter del sujeto) en donde anidaremos como posible orientación ante la eventualidad de dejar de ser mero espectador ante las disonancias de nuestra existencia, en especial si afectan, en la medida que fuere, a nuestros semejantes y, con ello, no desertar, cobardemente, de ser parte del arreglo. O, al menos, paliar los efectos que pudiera provocar. Como bien indica Victoria Camps en su obra *Tiempo de cuidados. Otra forma de estar en el mundo* (2021), el siguiente paso en la consolidación del Estado del Bienestar lo supone la extensión de la Ética de los Cuidados, más allá de la mera Dependencia. Manera de aminorar dichos efectos provocados por una asumida falta de la parte de Responsabilidad Diluida correspondiente que nos compromete como especie, implica la asunción de la obligatoriedad de prestar más atención a las situaciones que afecten a diversos colectivos sociales susceptibles de ser cuidados: menores, personas con discapacidades diversas, mayores, en especial los dependientes, personas en trance de exclusión social, inmigrantes, desvalidos, etc., los cuales, cuantitativamente son ya una cantidad importante de ciudadanos que exigen una responsabilidad pública e incluso, por qué no, privada y personal. Y estos requerimientos se han visto incrementados a partir de la gran pandemia provocada por el virus de la COVID-19 de alcance planetario acaecida con fecha de inicio, hasta donde se sabe, en el año 2018.

Para Camps, sustentado el movimiento, en un inicio, sobre la reivindicación de los cuidados realizados por mujeres, voces provenientes del feminismo como Carol Giligan (y otras como Fabienne Brugére, Judith Butler, Annette Balier o Joan Tronto), este ha ido derivando hacia ámbitos sociales de mayor calado y envergadura: «*cuidar no es un deber solo femenino, sino democrático*». La Ética del Cuidado tiene ya cierta historia, formando parte de una más amplia Ética Humana, extensible, por supuesto, al cuidado de la casa común albergadora de la humanidad, la Naturaleza y, por deriva obligada, del planeta.

Por lo tanto, los cuidados son un valor a considerar, a juicio de Giligan, «*un valor tan importante como la justicia*». Cuidar es atender, preocuparse por el otro, bien temporal o definitivamente, ofrecerse, donar tiempo, prestarse y resultar asequible, yendo, así, más allá de un mero conjunto de normas o reglas imputables. Y ello se debe a que la Ética del Cuidado mira al sujeto, como un ser vulnerable, desde una perspectiva relacional e interdependiente; la autonomía se crea bajo la égida inevitable de la dependencia. Para Tronto en su obra *Caring Democracy. Markets, Equality and Justice* (2013), tener y ejercitar el cuidado significa cumplir dos objetivos: detectar necesidades y repartir responsabilidades.

Finalizando, no pretendemos que el auge e importancia del Cuidado (*éste* ya con mayúsculas) como brújula y orientación de nuestro estar en el mundo suponga una sustitución del deber de apoyo a los semejantes ante la injusticia, el atropello o el crimen, evitando así hurtar la mirada. Pero sí puede erigirse en un modelo de comportamiento, local o general, ante el mal de cualquier intensidad que pueda asolar a nuestros otros. El cuidado de si pasa por el obligado cuidado de los otros, la Fraternidad encarnada.

2. Las Responsabilidades Prácticas

Frente a las consideradas anteriormente como las **Responsabilidades Teóricas**, implicadas en la determinación de la causa o el fundamento de la responsabilidad, se encuentran las **Responsabilidades Prácticas** que se orientan hacia el efecto, esto es, a su aplicación pragmática como su denominación exige. Cuatros son los aplicativos de la Responsabilidad y, continuando con la descripción de estas segundas, establecemos, de este modo:

2.1. La Responsabilidad Legal o Jurídica

Descansa sobre el viejo principio '*alterum non laedere*', *no dañar a otro*, segundo de los tres preceptos fundacionales del derecho referidos en el Digesto de Ulpiano ('*iuris praecepta sunt haec: honeste vivere, alterum non laedere, suum cuique tribuere*', esto es, *los principios del derecho son éstos: vivir honradamente, no hacer daño a otro, dar a cada uno lo suyo*). El Derecho consagra a la responsabilidad como un principio de observación general a través de normas objetivas, atribuyendo consecuencias jurídicas, principalmente de naturaleza sancionatoria o reparativa, a quien haya contravenido sus preceptos por una causa que le sea imputable. El concepto de responsabilidad tiene como presupuesto la libertad del sujeto y es por ello que el derecho puede atribuirle los efectos dañosos de sus actos u omisiones. La clasificación en el marco jurídico nos hace transitar, obligadamente, por las responsabilidades de tipo civil, penal, administrativa, ambiental y del Estado.

No haremos un recorrido exhaustivo por los aspectos más concretos de la Responsabilidad Legal ya previamente aludidos y que suponen el cumplimiento normativo prescrito por la legalidad. Pero s*í* concretaremos su incidencia y trascendencia a través de la determinación de su carácter objetivo en la jurisprudencia, de base ontológica, y su fundamentación conceptual para la aplicación; además de ello, trataremos de espejar sus implicaciones contractuales, tanto en el ámbito personal como comunitario, especialmente en lo que se refiere a la subscripción de contratos de implicación social.

El aspecto más decisivo en la imputabilidad de responsabilidad en la esfera de lo legal lo determina su referencia al daño producido por una negligencia y por el comportamiento indebido, así como, en consecuencia, ante la obligación de la reparación, tanto para intereses particulares (ámbito civil) como colectivos o generales (ámbito penal). Dicha obligación de reparación se complementa con los aspectos ligados tanto a la sanción como a la indemnización. En resumen, la Responsabilidad, desde el punto de vista jurídico y legal, supone la debida sujeción de una persona que, habiendo lesionado un obligado deber de conducta ante otro, se ve determinada a reparar el daño el cual, por comportamiento negligente, hubiese provocado. La equivalencia entre lesión y reparación se convierte en la piedra angular de este tipo de responsabilidad, creándose así mismo, jurisprudencia por ello. Y este es el factor determinante de la misma, la consideración de su aspecto negativo, por incumplimiento, daño o riesgo producido, previsible o no. La Responsabilidad en lo jurídico se fundamentada en la previa localización de la lesión o el daño y sus implicaciones posteriores; los derechos que asisten a la posibilidad de incumplimiento y su correspondiente posterior restitución se amparan y protegen desde la denominada por los ya clásicos G. Calabresi y D. Melamed como Regla de Responsabilidad en su artículo de 1972 «*Property Rules, Liability Rules, and Inalienability: One View of the Cathedral*» publicado por la *Harvard Law Review*.

Distinción fundamental lo supone la diferenciación entre Responsabilidad civil y Responsabilidad penal. Aunque, en la actualidad, la Responsabilidad jurídica resulte ser eminentemente la civil, es necesario hacer notar la distinción, aunque ligera, entre ambas. Y así, mientras la primera supone la obligación de indemnización y pago correspondiente de una persona a otra por daños y perjuicios causados por un actuar indebido con consecuencias negativas avalado por la pertinente jurisprudencia, la penal implica la aplicación de una pena más allá de la mera reparación, más allá del deber económico de contraprestación y equivalencia. La Responsabilidad penal incorpora, así, la faceta social o colectiva a través de una cierta 'pedagogía del delito' para evitar su extensión futura y todo ello respaldado, a su vez, por las leyes penales. Es la conocida función de prevención general que cumple la pena, que no es más que la consecuencia de la previamente declarada Responsabilidad penal. El delito civil, más propiamente el 'ilícito civil', presenta un tinte más individual, privado y reparador frente al delito penal que alcanza a las implicaciones morales y por lo tanto a la sociedad en su conjunto y a su posible injerencia.

Dado el carácter eminentemente civil de la Responsabilidad Legal, la doctrina civilista diferencia a su vez entre Responsabilidad civil Contractual y Responsabilidad civil Extra Contractual, aquiliana o delictual (en adelante REC). Dicha diferenciación se asienta en la génesis de la obligación, esto es, si dicho origen resulta estrictamente contractual, es decir, si viene referida al incumplimiento de las obligaciones derivadas de un contrato que, normalmente, genera obligaciones recíprocas o sinalagmáticas o si por el contrario y, en el caso de la Responsabilidad Extra Contractual, nace de la generación de un daño independientemente de cualquier relación jurídica entre las partes, atenta ésta a la infracción que pudiera producirse del deber general de diligencia y respeto en las relaciones con el prójimo y sus bienes, lo que implica la obligación de resarcir el daño causado. Para la Responsabilidad Contractual, la determinación de las consecuencias se produce 'ex ante', mientras que, para la REC, éstas se establecerán 'ex post'.

En la canónica de la distinción civilista, la Responsabilidad Contractual se produce cuando se puede observar el incumplimiento de una obligación prexistente y ratificada sinalagmáticamente por ambos actores implicados en contraposición a la Extracontractual que, siendo más delictuosa, se genera fuera de unos acuerdos previos delimitantes, exigiendo por ello dolo, malicia o negligencia, así como una vocación 'erga omnes' ('frente a todos') en su incumplimiento. Para delimitar los efectos de la REC resulta obligado establecer una 'contabilidad de daños', corroborando así el carácter económico del derecho (corriente denominada como Análisis Económico del Derecho, *Law & Economics*) como ya se había puesto de manifiesto desde el clásico de Ronald H. Coase en *El problema del coste social* (1960) hasta autores contemporáneos como Guido Calabresi, Douglas Melamed, Richard Posner o Jules Coleman. El punto de vista más afianzado entre estos autores consiste en que el principal propósito de la REC es el de minimizar el coste social de los accidentes. Ambas responsabilidades civiles se diferencian tanto en la naturaleza de la obligación como en la estimación de los resultados, más lesivos en el caso de la segunda. Por ello, la REC implica la producción de un daño añadido que atenta tanto contra el deber general de diligencia como ante el respeto al prójimo y a sus bienes. Son figuras propias de esta segunda distinción, la delictuosa, las provocadas por la intencionalidad dolosa en los negocios, el enriquecimiento ilegítimo o el abuso de derecho, por poner únicamente tres ejemplos muy explícitos. Una fórmula de evidenciar la diferencia entre ambas responsabilidades lo supone la suscripción de seguros, bien obligatorios, bien opcionales, en particular los segundos, que, cuando se producen alteraciones sustanciales de las relaciones o bien consecuencias de carácter delictivo en el ejercicio de una actividad, preferentemente si esta supone algún tipo de peligrosidad, su no suscripción conlleva una dimensión de responsabilidad más honda que la meramente civil contractual. Por ello, las consecuencias de no suscribir el seguro correspondiente suponen una posibilidad de imponer una sanción mucho más severa.

Volviendo a los postulados de inicio de este apartado, para la doctrina clásica continental asentada en el siglo XX, heredera de lo estipulado por Hans Kelsen, el teórico moderno del Derecho de mayor influencia, la Responsabilidad legal se sustenta en el deber u obligación jurídica, donde un actuar contrario a la norma se transforma en una sanción. Supone una formulación de corte negativo con caracteres formal e interno y donde la ausencia o falta de responsabilidad, enmarcada en un perímetro jurídico, conllevaría siempre sanción. La Responsabilidad jurídica sería entonces una situación normativa referida a la sanción y no al deber u obligación, haciendo equivalentes responsabilidad y sanción. Hay que hacer notar que este emparejamiento con la acción punitiva sobre el ilícito determina que la consideración sobre la responsabilidad, en el ámbito jurídico, se adscribe siempre a la ausencia y no tanto a la presencia, más a la falta de responsabilidad que al ejercicio positivo de la misma. De este modo, el ámbito de la Responsabilidad jurídica se restringe y delimita desde la jurisprudencia, no yendo más allá de esta: es responsable por una conducta, tanto propia como ajena y preferentemente de carácter irresponsable, quién en relación con una norma preestablecida, pudiera ser objeto de sanción muy en la línea del denominado 'principio de legalidad' penal, consagrado en las Constituciones modernas donde '*si no hay pena, no hay delito*' y, por lo tanto, tampoco sanción. Dicho principio de legalidad se fundamenta en el '*nullum crimen, nulla poena sine praevia lege*' (*no hay delito ni pena sin ley previa*). En definitiva, la fundamentación de la responsabilidad estriba en la posibilidad de ser sancionado, bien por motivo de conducta propia o por causa de conducta ajena relacionada.

Evolución de esta condición, en el marco estricto que determina la legalidad, supone considerar la responsabilidad como una concatenación de hechos producidos por mor de su causalidad y de la determinación de las consecuencias, incorporando la variable tiempo en el establecimiento de una pena o sanción, convirtiendo así a los términos responsabilidad y sancionabilidad en equivalentes. Ser responsable resulta ser intercambiable con ser sancionable. Todo lo expuesto cobra especial sentido cuando se tiene en cuenta que la responsabilidad mantiene una gradación en la misma entendida como capacidad, esto es, no puede ser la misma la imputación de responsabilidad y la sanción correspondiente en un infante que en un adulto, en alguien con plenas facultades que su repercusión sobre quien mantenga determinadas discapacidades o vea disminuidas las mismas (supone la consideración de la capacidad jurídica entendida esta como la posibilidad de mantener la titularidad de derechos y obligaciones en función de la personalidad jurídica).

Pero, como toda ciencia, la jurídica también evolución, muta y se transforma. Y así, desde finales del siglo XIX y en particular en el XX, el iusnaturalismo de corte racionalista fue dando paso, en el caso de las dimensiones civil y penal, a un resquicio que horadó las bases de la máxima '*no hay responsabilidad sin culpa*'. Las denominadas por Ulrich Beck como 'sociedades del riesgo', sustentadas en la incertidumbre, afianzaron la concepción de la responsabilidad sin culpa, conllevando así la revisión del concepto de Responsabilidad y provocando una mayor diferenciación entre la Responsabilidad Contractual (la habitual y considerada con anterioridad como justa y equitativa) y la REC, la que estima el precio a pagar por el resarcimiento ante actuaciones negligentes e indebidas derivadas de acuerdos no contractuales. En línea con lo planteado por James Coleman en su imprescindible, aunque farragosa obra *Riesgos y Daños* (2010), la REC supone, en la práctica, responsabilizar a los individuos por las pérdidas injustas que causan a otros. Fue creada, en línea con una ya mencionada concepción económica del derecho, buscando el propósito de trasladar los recursos a usos más eficientes cuando la posibilidad de establecer contratos no resulta posible o no se encuentra disponible.

El objetivo fundamental de la REC lo supone la reducción del Riesgo, pudiendo localizarse, a partir de esa consideración básica, dos tipos de subobjetivos en su aplicación: *económicos* (que son los costes de la responsabilidad divididos en: primarios, enfocados al afrontamiento, secundarios, orientados a la reparación del mal producido y al efecto en el entorno y terciarios o de administración, tramitación y gestión) y *morales* (estos serán tratados en el siguiente apartado dedicado a la Responsabilidad Moral).

En el seno de la REC, por evolución de la propia doctrina jurídica, así como condicionada por el incremento de la complejidad social, se determinan dos modos de ejercitarla: atendiendo a criterios subjetivos o por culpa (REC subjetiva, con dos variantes, la responsabilidad subjetiva estricta o pura y la responsabilidad objetivada o atenuada) y en función de criterios objetivos (REC objetiva por riesgo creado y sin culpa). Y es esta última la que muestra mayor interés para el presente análisis, dado que involucra no solo lo referente al peligro (derivado de causas naturales) sino también el riesgo como tal en su derivada potencial, más eventual, no calculable y aleatorio, en definitiva, más humano y contemporáneo. Aunque estamos de acuerdo con numerosos juristas en que la zona de relación entre ambos formatos de REC es una 'zona gris' o un '*continuum*' de difícil parcelación, la REC objetiva, aunque compleja para su delimitación, es un campo de enorme interés para un planteamiento de eliminación de los rastros que, sobre la importancia y dominio de la culpa, tan difícil resulta de establecer, y que, como una condicionante moral de la conducta, todavía persisten en el ordenamiento jurídico. Ejemplo de ello lo supone la denominada como '*inversión de la carga de la prueba*', perspectiva actual incorporada para casos especiales donde la víctima presenta una situación de asimetría, sometimiento e indefensión.

La importancia de la REC es, para la propuesta que realizamos, un sustrato esencial. En un momento de desarrollo de la sociedad en el que se está requiriendo un 'nuevo contrato social', en gran medida derivado de la pérdida de la idea de igualdad como horizonte de progreso para los seres humanos (siendo como era la igualdad entre los seres humanos la idea generatriz de todas las teorías contractualistas), la aportación de una visión diferente sobre las obligaciones que se mantienen para el logro de la armonía social y política exige un punto de vista diferente. Algunos autores relevantes de la Teoría de los Deberes consideran que la igualdad, en nuestros actuales tiempos, se acabó supeditando a la 'utilidad social', en parte por la propia configuración del Contrato Social soportado en la pérdida de los 'Derechos Naturales' propios del individuo aislado.

Para la teoría clásica sobre el Contrato Social (desarrollada por autores como Thomas Hobbes, John Locke, Jean Jacques Rousseau e Immanuel Kant) esta perspectiva supuso una ruptura, otra más en la época del triunfo del racionalismo y el liberalismo, con una anterior concepción teocrática del mundo. Los seres humanos gracias a su racionalidad, para su configuración en sociedad, en colectivo ordenado y organizado, ceden parte de su soberanía personal en un ejercicio de voluntad de consenso para el logro de un bien común. La sociedad política no es un hecho natural, siendo el fruto artificial de un pacto voluntario, de un cálculo interesado entre sus miembros. Y así, para la obtención de una colectividad hermanada, de base también cristiana, un individualismo abstracto da paso a un acuerdo supuestamente tácito inscrito al modo del pecado original en el alma socializadora del animal social por naturaleza. La soberanía irá así a residir en un contrato entre individuos. Aunque con diferencias entre autores, la apelación a una situación previa, de corte absolutamente de raíz cristiana que podría asimilar el Estado de Naturaleza (anárquico o idílico) al Paraíso Terrenal, la caída en desgracia por su pérdida implica la incorporación del pecado original que supondrá, en la Teoría de Contrato Social una minoración de derechos en favor de la seguridad (Hobbes), para la salvaguarda de la propiedad (Locke) o la merma de la libertad en beneficio de la entelequia de la 'voluntad general' y la solidaridad (Rousseau). Quizás el autor más realista sobre la función del Contrato Social haya sido Kant cuando la considera como una mera idea de la razón, en definitiva, una 'idea regulatoria' de la legislación.

En versión actualizada, para los 'neocontractualistas' (John Rawls, Robert Nozick y James Buchanan como más representativos), el Contrato Social se configura como un instrumento de legitimación de una evolución del capitalismo y del modelo burgués occidental de convivencia. Aunque más alejado de la raíz judeocristiana sobre la concepción teocrática del mundo (ejemplificado por Rawls en su concepto de la 'situación original', una mera situación hipotética o construcción heurística en línea con el mencionado 'estado de naturaleza' del contractualismo clásico), el Contrato Social resulta ser un intento por dar una respuesta a un nivel abstracto y filosófico sobre la cuestión de la legitimación del poder del Estado y las coerciones que este pudiera imponer. Consentimiento particular por Legitimación colectiva.

A nuestro juicio, la teoría contractualista, tanto la clásica como la neoclásica, favorece la consideración de la situación de los individuos en sociedad condicionada por un cierto débito primario con respecto a la merma de los derechos derivada de una hipotética cesión que se produjo en un momento indeterminado, siendo improbable su localización, de la evolución social humana; y esto legitima las exigencias posteriores sobre la provisión de los bienes colectivos. Por ello, una Nueva Teoría sobre el Contrato Social (NTCS) como se está solicitando desde hace tiempo para solventar los problemas que se producen en el interior de las sociedades con un formato de capitalismo avanzado, no debería estar sustentada en una visión contractualista de fundamento civil en la Responsabilidad Contractual sino en la Responsabilidad Extra Contractual, como afirmamos que lo está, trufada de reivindicaciones por una supuesta pérdida inicial de derechos; ha de sostenerse en una REC Objetiva (definitoria de qué costes supone el no actuar) que asuma no solo derechos sino también obligaciones o deberes con la estimación de los costes derivados de no participar, de algún modo, en sociedad. Consideraremos que esta orientación será el sustento tanto de una Teoría sobre los Deberes (de la cual mostramos más adelante un esbozo) como, específicamente, para así poder fundamentar de manera lo más objetiva posible el 'Deber de Especie', tal y como trataremos de argumentar y deducir más adelante.

Una propuesta inicial, ya más concreta, de la concepción de este NCS basado en Deberes, y no en la ausencia y posterior intercambio de Derechos, la realizamos en el «*Apéndice II.- De los Deberes. Una primera aproximación*» residente al final de este volumen.

2.2. La Responsabilidad Moral

A ésta la consideraremos como la conexión interna que se da entre el ámbito del Derecho y el de la Moralidad, el nudo que enlaza el deber jurídico con el deber moral.

La vida es, supone más bien, una obligación; el imperativo de la vida exige vivirla. Desde el momento en el que el ser humano se concreta en una existencia, enlace entre dos voluntades, conscientes o no, de la continuidad en el mundo y de la especie, el ejercicio de la supervivencia se convierte en una obligación. No venimos al mundo por decisión propia, sino por voluntad ajena. Vivir por tanto no es un derecho, sino que adviene, primariamente, en un deber, el Deber de Supervivencia, dándose, con posterioridad, la posibilidad de convertir la vida y su preservación en un derecho, en el momento que tal circunstancia se comparta de manera consciente. No hay, por tanto, al menos en inicio, un derecho a la vida, sino un deber de vivir. Dado el carácter obligado de religación que supone la existencia humana, el cuidado de una vida naciente, hasta su posible emancipación, configura, extendido, la encarnación del Deber de Especie. Y desde el momento mismo de la radicación en el mundo, el conjunto de las normas y costumbres, así como la interpretación y la valoración axiológicas del comportamiento humano, establecen los sustentos de la Moral. Entenderemos los criterios de moralidad como la aplicación de la responsabilidad sobre los comportamientos, tanto los particulares como los colectivos, estimados como obligaciones y razones del actuar exigibles tras la acción en función de la intención que guíe la actuación.

El determinismo, en el ámbito de la moral, viene orientado desde el mismo inicio de la vida, incompatible en origen con la libertad indeterminada, cuestión que se corregirá más tarde (abogamos así por un cierto *compatibilismo de origen* entre el determinismo, el libre albedrío y la responsabilidad moral, heredero, aunque modificado, de esa tradición que va desde David Hume hasta Harry Frankfurt). Cuando esta, la vida, se produzca, se volverá inevitable y, por lo tanto, la existencia del recién nacido se convertirá en un existir propiamente humano. A partir de ese momento, estar en el mundo, vivir, aunque al principio tutelado, se volverá algo obligado. Cualquier debate sobre el determinismo frente al libre albedrío deberá estar presidido por la inevitabilidad y el condicionante, ya un radical determinante, de ser una vida humana, un vivir sujeto a la elección y a la valoración, así como al cuidado y a la preservación. Y así, el determinismo, como primera y previa condición a la real existencia humana, nace del propio sujeto, no tiene su vocación en el exterior del ser humano. La vida se inicia ya determinada, como exigencia de pervivencia, desarrollo y continuidad. Por todo ello, el debate entre determinismo y libre albedrío, pugna histórica y continua en el pensamiento filosófico, carece de fundamento exterior; no tiene sentido. El determinismo de la vida, como origen, está nuclearmente inscrito en la capacidad de ejercitar la libertad. Eso sí, una libertad humana y por tanto analizable, cuestionable, valorable. Y, por supuesto, sujeta al contraste con el resto de las vidas compartidas con el conjunto de relaciones y contactos establecidos con el común de los seres humanos.

El juicio sobre el actuar, tanto en relación al propio como al ajeno, tendrá siempre un componente interpretativo, por lo tanto, un componente moral. Considerar la bondad o maldad del actuar, configuran su aspecto moral. La valoración racional del actuar, desde el punto de vista humano, difiere de otras valoraciones. Sabemos que otros animales, los primates, por ejemplo, toman decisiones pseudo racionales, basadas en la relación de causa y efecto más inmediata. Lo que no pueden lograr es una valoración sobre dicho comportamiento, sobre todo de manera continuada, ni provocar un juicio individual o colectivo acerca de la conveniencia de cada comportamiento. De este modo, la toma de decisiones racionales en el caso de los seres humanos se caracteriza fundamentalmente por la capacidad de usar la información con el objetivo de repetir las decisiones acertadas, evitar las inadecuadas y sancionar, de manera positiva o negativa, el actuar, propio y ajeno. El uso calculado de la información que produce la intención la cual provoca la acción, esa conexión es la que nos hace verdaderamente humanos moralmente. Y esa valoración, reiterada y ejercitada en contraste, es la que acabará creando una conciencia moral. El uso del lenguaje como herramienta de valoración, con todas sus implicaciones, permitirá, a su vez, el juicio moral.

Para la determinación del origen y componentes de la Responsabilidad Moral estimaremos una sucesión conectada entre Información (en su faceta acumulativa) – Intención – Acción (sucesión I-I-A). El primer componente, la Información, supone una obligada característica netamente humana, que, en un sentido mucho más amplio, configura la cultura, con todos sus aspectos concretos.

Será considerada la condición básica de la determinación de los aspectos constitutivos de la Responsabilidad Moral. Ello permite la elaboración de los Discursos Morales y todo lo que ello, desde la perspectiva de la Filosofía Moral, en especial la contemporánea, provoca en la creación de todas las teorías del significado de lo moral (es decir, aquello que las teorías sobre la moralidad enuncian cuando hablan de lo que se debe hacer. De este modo, hacer filosofía moral no es lo mismo que moralizar).

El ser humano, en su faceta de ejercicio de la Responsabilidad Moral, precisará de dos elementos que, soportados en la *Información* y su uso (extensivo o intensivo), serán: el aspecto personal en relación a la elección y que se configura a través de la personalidad de cada individuo, materializado en la *Intención* y la situación a la que enfrentarse, configurada por la *Acción*, en sus manifestaciones de *alcance* y *contexto*. Esta segunda caracterizará el resultado final de la elección tomada y, como consecuencia, el establecimiento de consecuencias, un posible contraste con las reglas, la opción de fiscalización y la posibilidad o no de imponer una sanción (tal y como ya se enunció en el concepto extenso de Responsabilidad); en definitiva, la posibilidad de asignar responsabilidad determinada por su aspecto moral. En consecuencia, será desde la Intención desde donde se enfocará este apartado dedicado a la Responsabilidad Moral para conectarlo de manera directa con la Acción.

2.2.1. Intención

Para la caracterización de la Intención, verdadero eje diferenciador de la Responsabilidad en el ámbito de la Moralidad, debido a que es la Intención la que provoca la posibilidad de establecer un Juicio Moral, nos apoyaremos, en una cierta medida y por su carácter diferencial, en la interpretación realizada por John R. Searle, expuesta en varias de sus obras, en particular en la titulada *Intencionalidad. Un ensayo en la filosofía de la mente* (1983).

Entenderemos con Searle que la Intencionalidad es una propiedad específica de los seres humanos que supone una orientación originaria del actuar con una clara vocación de obtención de un resultado predeterminado. Conlleva, por lo tanto, una previa direccionalidad con un manifiesto interés orientado a la acción. De este modo, la Intención es una formulación, una clase de Intencionalidad (existen otras intencionalidades que no tienen el color de la intención manifiesta como, por ejemplo, en el caso del ser humano, los actos reflejos o los actos automáticos, como sería el parpadear) en orden a un fin.

Desde un punto de vista moral, la intención es la que establece la *condición de sinceridad* que deberá ser comprobada una vez que se ejecuta la acción. Esta *condición de sinceridad* tiene un carácter de reversibilidad, dado que es muy difícil demostrar que la intención haya sido una determinada y concreta si no hay la justificación y la comprobación a través de la contundencia de los hechos, además de la explicación que pudiera esgrimirse para justificar la actuación.

Las intenciones, en conexión inevitable con las acciones, mantienen dos niveles consecutivos: en primer lugar, existirían las intencionales iniciales, esto es, lo que primariamente se quería lograr con la opción final de llevar a cabo una acción determinada. En segundo lugar, harían su aparición las intenciones del proceso, es decir, aquellas que se van generando con el paso del tiempo y que refuerzan o no las iniciales.

En definitiva, el concepto de Responsabilidad Moral es, intrínsecamente, un concepto causal, puesto que se atribuye a un 'alguien' como causa u origen de la acción llevada a cabo, a quien se le imputa dicha acción. Determina la acción el hecho de haber elegido entre distintas alternativas, escogiendo y decidiendo en función de una intención, manifiesta o no. Son las decisiones, por tanto, las que orientan y enfocan las posibles imputaciones en el marco de la Responsabilidad Moral. Muestra claramente un compromiso con la racionalidad práctica (en línea con lo planteado por el Peter Strawson de *Libertad y Resentimiento* (1974)), dado que la responsabilidad moral mantiene una relación de inmersión constante en la vida de los seres humanos a través de su vocación clara de ejercitar la decisión. Por lo tanto, la posibilidad de la existencia de la Responsabilidad Moral, en términos de imputabilidad, tanto en su encastramiento en la racionalidad práctica como en su variante como razón epistémica, incorpora el tiempo como una variable epistemológica a considerar, tanto en lo que concierne a su aplicación (no es lo mismo la que pudiera aplicarse en la niñez a la que se debiera exigir en la madurez), como a su trascendencia (no resulta lo mismo imputar responsabilidad moral a las acciones llevadas a cabo en un tiempo muy anterior, en particular a las imputaciones en función de consideraciones de pertenencia a un género, raza o nacionalidad por resultar adscritas y no elegidas). Se trata de responder, en origen, a dos preguntas: *desde cuándo*, en la vida cotidiana (donde se usa la racionalidad práctica), deberemos considerar la posibilidad de realizar una imputación de responsabilidad moral (donde se aplica la racionalidad epistémica) y *hasta cuando* realizaremos una adscripción de juicio moral en el decurso vital e histórico de los seres humanos.

Capítulo aparte lo constituye el análisis sobre có́mo las emociones (consideradas estas como los impulsos o estados intencionales del ánimo, racionales o irracionales, que son fruto de la puesta en práctica de los sentimientos asociados con las sensaciones y en conexión con las creencias) impactan y determinan el grado de responsabilidad adjudicable a las acciones, en particular a las de índole moral o emociones morales, ya consideradas por Aristóteles, así como en el cuestionamiento que dictamos sobre el comportamiento ajeno influido por estas. Las emociones, puestas en contacto con la temporalidad, también influyen en la percepción moral de la acción, dado que somos tendentes a la justificación 'a posteriori' de aquellas actuaciones de las que no nos sentimos especialmente orgullosos en términos distintos a los que fundaron nuestra intención. Esto supone una cierta racionalidad de la emoción, la cual no depende de la verdad objetiva sino de la justificación ofrecida. En definitiva, las emociones, sobre todo las que surgen a partir de la resolución de las acciones y conocido su resultado final, suponen la base para la interpretación de la intención. Por lo tanto, son elementos que determinan el juicio moral sobre el que se asienta cualquier concepción sobre la Responsabilidad Moral. Resultan inevitables, vaya, tal y como ya sabemos desde Hume, quien las caracterizará de manera más rotunda como pasiones.

Las denominadas como emociones morales se incluyen en las consideradas como emociones secundarias (frente a las primarias que resultan ser las más básicas y primitivas), esto es, aquellas que involucran juicios de valor y creencias de carácter moral o que atañen a normas de comportamiento. Por todo lo expresado anteriormente, podemos colegir que las intenciones son determinantes de las acciones siendo las emociones uno de los determinantes de las intenciones (los otros dos determinantes serán los condicionantes biológicos tales como el instinto o la genética y el cálculo racional prospectivo). En consecuencia, para la determinación de la responsabilidad moral y de sus implicaciones hemos de considerar la participación de las emociones y no únicamente la involucración del pensamiento estrictamente racional. Y *éstas*, que pueden ser evaluadas como adecuadas o inadecuadas, contienen y son dirigidas con una intención determinada y provocan consecuencias evaluables. Resumiendo, es más que posible responsabilizar moralmente a las personas por las emociones que expresen, sin duda.

2.2.2. Acción

Partiendo de las consideraciones anteriores, determinamos que una acción intencional es la condición de satisfacción de una intención, su resolución en la praxis y, por lo tanto, su opción de valoración y enjuiciamiento. Intención y Acción son, por tanto, inseparables. Igual que hemos buscado amparo en la filosofía del lenguaje de Searle, para las consideraciones sobre la Acción y su participación inevitable en la Responsabilidad Moral haremos uso de algunas de las reflexiones aparecidas en la obra de Ronald Dworkin, en particular en su libro de título *Justicia para erizos* (2011).

La interpretación de la trascendencia de la Responsabilidad en el ámbito de la moralidad la convierte en su fundamentación epistemo*lógica*. Saber si un comportamiento resulte bueno o malo, exige una interpretación, así como una valoración expresada a través de un juicio moral. De este modo, frente al QUÉ hacer, damos mayor importancia al CÓMO hacer, aplicando sobre los comportamientos para su valoración aquello que hemos denominado como *Criterios de Moralidad*. Por ello, la Responsabilidad Moral se caracterizará por: considerar que, como ya hemos apuntado, hay un 'alguien' que es sujeto moralmente responsable de algo cuando se le exige que responda a lo hecho con razones sobre su actuar; en el caso de resultar dañina o inadecuada la acción emprendida, la necesidad de reparar el mal o el daño provocado (lo que convierte a la Responsabilidad Moral en una propuesta *retributiva* o *repositiva*) y, como rasgo específico de la Responsabilidad Moral, esta puede cancelarse o quedar en suspenso una vez que se haya finalizado la reparación, no siendo pertinente seguir exigiendo el sentimiento de afectación responsable. Y este rasgo específico supone un aspecto epistémico atribuible tanto al imputado como al imputador. Ultimado el arqueo contable moral, el imputado puede dar por eliminada la responsabilidad moral concreta quitándose de encima ese 'peso' (denominado habitualmente 'culpa', *culpa moral* entendida como falta de diligencia en el actuar) y, a su vez también el imputador estimando este que quedase zanjado, retribuido y reparado, el mal causado (eliminándose así por la reparación misma el *daño moral*).

Un aspecto peculiar y distintivo de la Responsabilidad Moral es que esta, a través de los juicios morales fruto de los Criterios de Moralidad, provocan la revisión de sus enunciados a medida que son utilizados. La intención en el actuar, en particular si no fue explicitada, aboca a que la acción, aún estando íntimamente ligada con ella, no necesariamente resulta coherente o racionalmente explicable. El conflicto moral surge cuando se produce una inconsistencia, asumida o no, entre el juicio moral y el criterio de moralidad utilizado para su enunciación. De ahí que **la coherencia** suponga el criterio más realista para unir Intención y Acción. Pero dicha coherencia deberá ser demostrable, evitándose que se utilicen justificaciones que no puedan resultar coherentes entre Intención y Acción. Solemos considerar que, en lo más íntimo del interior de cada sujeto, este sabe si la conexión entre Intención y Acción es 'moralmente' correcta, salvo distorsión mental significativa o autoengaño manifiesto e interesado. Otra cuestión lo supone su exteriorización. De todos modos, mediado por la coherencia entre la Intención y la Acción, en la Responsabilidad Moral es donde se engarza la verdad interpretable (porque, sin duda, el razonamiento moral conlleva interpretación), pero que deberá ser demostrable y demostrada; y a esta, a la posibilidad de obtener la verdad, la sustenta la coherencia; eso sí, esta última condicionada e incluso, en ocasiones, determinada por las emociones, tal y como hemos apuntado *más arriba*. Una de las emociones más utilizadas en su vertiente de sentimiento resultaría ser el remordimiento, fundamento del daño moral personal (o *coste moral*).

Concluimos este apartado dedicado a la Responsabilidad Moral apuntando que, fruto de la trascendencia de la Acción, dicha responsabilidad es evaluable en función de dos criterios específicos a tener siempre en cuenta: el *contexto* en el que se produzca y el *alcance* que conlleve. Con respecto al primero, el *contexto*, y sin ánimo de ser exhaustivos, teniendo en cuenta que este apartado encontrará ejemplos en la segunda parte del libro, no es igual para la consideración de la Responsabilidad Moral aplicable que *ésta* se de en un contexto normal o favorable que en uno hostil y desfavorable. Las situaciones trágicas o extremas (un intento de asesinato o una guerra) se acompañan de responsabilidades morales *más laxas*, menos exigibles, que las que se produzcan en una vida normal o en momentos halagüeños. Y así como segundo criterio, el otro componente fundamental en la valoración aplicable en el contorno de la Responsabilidad Moral se especifica en su *alcance*. Ello aplica a las dimensiones de la *implicación* (a qué o a quien implica) y la *extensión* (hasta dónde se extiende) que conlleve, esto es, a qué y a quiénes en dimensión o hasta dónde en cuantía afecte. Por poner tres meros ejemplos ilustrativos y gráficos, uno aplicado a elementos físicos, otro a seres animados y otro a personas: en primer lugar, no debe resultar posible atribuir la misma Responsabilidad Moral a quien provoca la destrucción de una vivienda que la de un barrio completo o la de un árbol que la de un bosque entero; así como, no es el mismo valor atribuible a la Responsabilidad Moral en el caso de un asesinato o incluso en el de un magnicidio que en un crimen de lesa humanidad o la participación en un genocidio (tal sería también en los denominados 'crímenes sin nombre', ya difícilmente medible y calculable el resultado por su envergadura y cuantía desmesuradas). A este último ejemplo dedicaremos gran espacio en un volumen entero, dónde se concretará y ejemplificará todo lo expuesto.

2.3. La Responsabilidad Ética

Por si pudiese resultar extraño, proponemos la consideración de este aspecto de la Responsabilidad, en este caso también en su vertiente práctica, con posterioridad a la Responsabilidad Moral dado que esta, la Moral, habilita a aquella, la Ética, para su ejercicio teórico. Estimamos así que la Ética es ontológica y argumentativamente posterior a la Moral; siendo muy gráficos, a grandes rasgos, la Moral descansa sobre lo cuantitativo y la Ética sobre lo cualitativo; como bien sabido es, lo cuantitativo conforma lo cualitativo. Y dado el carácter ontológico con el que hemos enfocado la reflexión sobre la Responsabilidad, su derivación en Responsabilidad Ética la vamos a sostener mediante la utilización de algunos de los conceptos que Martin Heidegger concibe en su imperecedero y fructífero *Sein und Zeit* (*El Ser y el Tiempo*, obra de 1927).

En términos más generales, consideraremos, para la localización del puesto que ocupa la Responsabilidad Ética, que la Ética, predeterminadamente, fundamenta dos pre-ocupaciones humanas: la pre-ocupación por el mundo como contenedor y la pre-ocupación por el mundo como contenido. Como tales pre-ocupaciones, su faceta trascendental se encuentra en lo reflexivo, previo al actuar, previo a la propia ocupación. Ocuparse-de es lo propio de la Moral; Pre-ocuparse-de es lo propio de la Ética. Este aspecto de la pre-ocupación es lo que convierte al ser humano, a ese 'ser-ahí' heideggeriano (*Da-sein*), en un 'ser-en-el-mundo' (*In-der-Welt-sein*). No existe, pues, otro ser en el mundo con estas mismas pre-ocupaciones. La manera radical y propia del ser humano es la de estar en el mundo, sustancialmente 'ser-en-el-mundo'; no hay otra posibilidad. Al modo de 'ser-en-el mundo' (como estructura fundamental de la radicación del «ser ahí») y a su dimensión como 'ser-con-otros' se une la derivada de convertirnos, colectivamente, en seres cuya esencia es la relación; los modos de 'ser-en-el-mundo' en su dimensión de 'ser-con-otros' es lo que configura las distintas vertientes propias de la Ética como reflexión y como material de trabajo. La Ética, en definitiva, reflexiona sobre los cómo o las maneras de 'ser-para-el-mundo'.

Consideraremos así a la Ética como el estudio de las maneras de cómo somos para el mundo y a la Responsabilidad Ética como el intermedio entre el modo de 'ser-para-el-mundo' y la manera de 'estar-en-el-mundo', en definitiva, supone el establecimiento de los modos de 'estar-en-el-mundo' partiendo del germen de como soy y, consiguientemente, de como soy en el mundo. Los modos básicos más clásicos de 'estar-en-el-mundo' son la Bondad y la Maldad (al menos, en el formato expresado por G. E. Moore «*Nuestra primera pregunta, por tanto, es ésta, ¿qué es bueno y qué es malo? Y llamaré Ética al análisis de esta cuestión (o cuestiones) ya que, en cualquier caso, su estudio debe incluirse en esa ciencia*», tal y como la define en su *Principia Ethica* (1903). En esta ocasión, no consideraremos los casos extremos tanto de la Bondad, la Santidad, como de la Maldad, lo Demoníaco, aunque también los tomaremos como elementos a considerar en los comportamientos propios del ser humano como 'ser-ahí' y su manera de 'estar-en-el-mundo', cómo soy y me muestro en el mundo y cómo me comporto estando en el mundo. La Responsabilidad Ética, basada en la coherencia, se funda, en un primer momento, en la responsabilidad para con nosotros mismos, siendo esta responsabilidad la que alinea, en segunda instancia, la reflexión ética: ¿Qué haría yo en esa situación? ¿Cuánto depende de mí el mundo en la parte que me corresponde? ¿Qué pasará si yo no actúo? Éste es el formato reflexivo de referencia que utiliza Hans Jonas para su *El Principio de Responsabilidad* (versión de 1973).

Principiando, la Responsabilidad Ética, en este caso, navega entre las aguas del Bien y del Mal, no alcanzando ni a lo Santo ni a lo Demoníaco. A modo de ejemplo y pretendiendo volver a resultar gráficos, aunque lo completaremos con mayor detalle en un segundo libro ejemplificando sobre el nazismo, el 'ser-nazi' como categoría no puede juzgarse en toda su dimensión desde la Responsabilidad Ética; sus comportamientos adjuntos exigen un juicio formulado sobre lo cuantitativo (la Moral) y no sobre lo cualitativo (la Ética) debido a su incomprensible e inconmensurable extensa dimensión. Por no considerarse esta diferenciación es por lo que, en ocasiones, surge la polémica de si explicar y comprender se corresponden con justificar, disquisición que abre Primo Levi, una de las víctimas narrantes por excelencia del horror nazi perpetrado en los campos de exterminio, cuando en su *Si esto es un hombre* escribe refiriéndose a Auschwitz: «*Tal vez lo que ocurrió no deba ser comprendido, en la medida en que comprender es casi justificar*». Es ese 'casi' aquello que Hanna Arendt, con posterioridad, convirtió en una obligación «*intentar comprender no significa perdonar, pero comprender lo veo como mi deber*». En formato de reflexión ética, puedo llegar a comprenderlo, lo que no quiere decir que lo admita ni que, por supuesto, lo disculpe. Pero es obligado saber las razones para lograr, como advierte y conmina Adorno en una conferencia dictada en Radio Hesse el 18 de abril de 1966, «*(cualquier debate sobre ideales de educación es vano e indiferente en comparación con éste): que Auschwitz no se repita*», reproducido con posterioridad en un ensayo corto de título *La educación después de Auschwitz*, albergado en su volumen *Consignas*, segunda parte de *Intervenciones* (1969).

En consecuencia, la categoría de 'ser-nazi' ejerciente, por el volumen de su Mal, se acerca más a lo demoníaco, a la aberración, a lo desmesurado. Ya no es 'mucho' su mal, es 'todo' el mal, como referente. Quizás sea éste el contenido atribuible a la expresión 'el Mal Radical' como 'Mal Absoluto' ya tratado con anterioridad en el apartado dedicado a la Responsabilidad Absoluta. El Mal extremo, cambia la categoría, haciéndolo convertirse en 'lo malévolo', estadio previo de lo Demoníaco. 'Lo malévolo', diferente de la *malignidad* (*vitiositas*, *pravitas*) de Kant, una de las tres propensiones al mal que alberga el corazón humano, es la conciencia del ejercicio del mal a sabiendas, basado en la convicción de estar haciendo el mal, con responsabilidad sobre lo provocado y sobre sus consecuencias. '*Lo malévolo*' es el fundamento de la Ética del Mal con mayúsculas. El Mal absoluto, el mal incomprensible, podría ser la conciencia de la maldad, el sumatorio de todas las bajezas: «*bonum ex integra causa; malum ex quocumque defectu*», enuncia el aforismo escolástico («*lo bueno proviene de una causa íntegra; el mal de cualquier defecto*»). Es por todo ello que la maldad extrema del '*ser-nazi*' en su máxima dimensión nos sobrecoge y fuerza a alejarlo de toda comprensión; no supone un Mal entendible como absoluto o radical, sino un conjunto de males, todos ellos execrables, defectos claros del alma. Intelectualmente, se nos vuelve falto de toda posible comprensión; pero, siguiendo a Arendt, valorarlo y juzgarlo, lo deberemos hacer desde sus resultados cuantitativos. Como mínimo, más de seis millones de muertos en los campos del horror no admiten más reflexión que una; y nos conminan y exigen.

Apuntamos ahora como distinción fundamental que no es lo mismo una Responsabilidad Ética que una Ética de la Responsabilidad (a la que iremos tratando posteriormente con mucho mayor detalle y especificidad). De este modo, la Responsabilidad Ética es aquella que es exigible y se aplica en función de las referencias producidas desde el comportamiento colectivo y que se pueden considerar como ineludibles en la sociedad o derivadas de la relación entre los seres humanos (en definitiva, orienta nuestro '*ser-en-el-mundo*' y concreta el '*ser-con-otros*').

El germen nutricio sobre la Ética de la Responsabilidad se encuentra en una conferencia pronunciada por Max Weber por invitación de la Asociación Libre de Estudiantes de Múnich en el invierno de 1919 y dictada con el título «*La política como vocación*». En una abstrusa coda final de la ponencia, publicada con posterioridad en el verano de dicho año, Weber establece, en el marco del análisis del *factum* político, una doble orientación en la evaluación de las acciones desde el punto de vista ético, absolutamente opuestas, al menos en origen: las denominará Ética de la Convicción (*Gesinnungsethik*) o de la Intención, regida por valores absolutos, de corte deontológico, sin tener en cuenta las consecuencias y Ética de la Responsabilidad (*Verantwortungsethik*), sostenida con arreglo a fines, aunque ponderando las consecuencias de los actos. La primera es sacra; la segunda, profana. La gran diferencia entre ambas para con el obrar, se encuentra en que la segunda exige determinar las consecuencias, frente a la primera que supone la dependencia de las convicciones y, por lo tanto, la ausencia de sentido en la implantación. Ambas son, así, en origen incompatibles, aunque en el caso de quien mantenga 'vocación política' resulten complementarias. Ser político, entendido como forma adecuada y no como ejercicio del poder por el mero poder (*realpolitick*), aunaría las intenciones de la convicción con las asunciones de la responsabilidad. Pero, a fuer de no quedar clara la diferenciación entre ambas de una manera rotunda en lo argumentativo, aunque si en lo intuitivo, aun así, Weber, quien parece decantar su preferencia por la ética de la responsabilidad, inaugura una línea argumentativa de nombre muy sugestivo que resulta ser la Ética de la Responsabilidad en la que el origen moral primigenio prima sobre la distinción mera entre los medios y el fin, un lugar intermedio entre el sostén en las convicciones pero, a su vez, teniendo en cuenta el resultado, enraizando, curiosamente, con enorme predicamento en éticas y morales de carácter o de fundamento religioso.

Partiendo de la diferenciación realizada por Max Weber entre la ética de la convicción y la ética de la responsabilidad, inaugurando, como ya se ha mencionado, la Ética de la Responsabilidad, Robert Spaemann, filósofo católico alemán fallecido en 2018, profundo defensor del diálogo entre convicciones, revisó dicha diferenciación aportando un punto de visto original. A la ética de la responsabilidad la caracteriza éste como moral teleológica y la equipara con el utilitarismo gracias al cual, en consecuencia, el fin justifica los medios. Para Spaemann, una ética de convicción se entiende a sí misma como ética radical de la responsabilidad. Prima por tanto el origen sobre las consecuencias, y ese origen tiene su sustrato en las creencias, en particular en las religiosas, dado que las normas que las sustentan cuentan a su vez con normas vinculantes cuya fuente es considerada divina, por lo tanto, trascendente. No cayendo así en el utilitarismo, considerará que existe una responsabilidad con todos los hombres y es la de '*no usar a los demás como puros medios*', pensamiento de honda raíz kantiana y, por lo tanto, pietista. Este velar de unos con respecto a los otros («*la responsabilidad es la benevolencia que se hace práctica*» como enuncia en *Felicidad y Benevolencia* (1989)) conlleva, inevitablemente, una moral consistente en querer lo que Dios quiere que queramos, siendo quien promulga los valores absolutos con respecto al bien y al mal. Para Spaemann, la dimensión moral en sentido estricto es la dimensión de relación responsable con la realidad, y por ello, propone, además un *Ordo Amoris*, esa relación de respeto y de amor benevolente de carácter universal sustentado por la gracia divina.

Otro ejemplo sobre la orientación que supone la ética de la responsabilidad de raíz moral cristina lo representa la obra de H. Richard Niebuhr *El yo responsable. Un ensayo de filosofía moral cristiana* (1963), conjunto de conferencias Robertson dictadas por el autor en la Universidad de Glasgow. Obra póstuma y un tanto inconclusa y con falta de un pulimiento final, se suponía que esta sería el fundamento para el gran libro sobre ética que elaboraría Niebuhr a partir de su jubilación, cuestión que se vio truncada por su repentino fallecimiento. Con un profundo sostén en la moral cristiana, aunque todo ello apoyado en un gran aparato filosófico como coartada argumentativa, para Niebuhr la ética cristiana comienza con la creencia cristiana. La ética sirve de ayuda para entendernos como seres responsables y al mundo que ejerce de cobijo en el que llevar una existencia responsable con la comunidad del resto de seres humanos. De este modo, la acción moral resulta ser la acción del ser humano (cuya figura moral arquetípica es el hombre-hacedor o el hombre obediente) en respuesta a la acción gobernadora que ejerce Dios (como Gobernador Divino) sobre todos nosotros. Para Niebuhr, la ética cristiana es una ética de la responsabilidad ante el Uno, ante Dios. Considerará, ya en uno de los apéndices, en concreto en el B, «*La Responsabilidad y Cristo*», como máximo exponente, como paradigma, de la responsabilidad a Jesucristo: «*el espíritu cristiano de forma tan singular ejemplificado en Cristo mismo es una responsabilidad de la ética de lo universal»*, afirmará de manera contundente y rotunda. La propuesta sobre la ética de la responsabilidad por parte del teólogo protestante de Missouri supone una reflexión totalizadora sobre el concepto de responsabilidad de carácter netamente cristiano enfocado tanto al individuo en si (el yo-tú) como a la política como a la sociedad en su conjunto, incluso implicando su pertenencia a una comunidad universal, sostenido todo ello en un concepto del yo responsable que depende en su totalidad de las orientaciones y los designios divinos. Ejercer la responsabilidad conmina, de este modo, a seguir los preceptos marcados por la moral cristiana.

En la actualidad, parece claro, a todas luces, que el incremento de la complejidad de las relaciones sociales y colectivas, así como la extensión del uso de la tecnología y su favorecimiento para el acceso a la información, han provocado y facilitado una mayor implicación en su entorno por parte del ser humano. Los ámbitos de responsabilización en este nuestro mundo actual se han vuelto más amplios, incluso se han globalizado, convirtiéndonos en más concernidos. Por ello, en estos momentos, ser neutral o ajeno se vuelve cada vez menos posible. Ello conlleva un cierto uso indiscriminado del término Responsabilidad, aplicable a cualquier actividad o situación, abocando a una consideración excesivamente amplia del término. La dotación de sentido que damos al término Responsabilidad se encuentra, actualmente, impregnando una extensión que la ubica más en el campo de la moral y, en su faceta reflexiva, configura a la denominada como la Ética de la Responsabilidad, un cierto 'cajón de sastre' donde caben una gran cantidad de variopintas tendencias.

Como ya hemos apuntado, esta consideración se ha volcado especialmente en la reflexión que desde la moral cristiana se aplica a la Responsabilidad. Y esta tendencia se orienta, especialmente, más hacia la delimitación que hacia la extensión. Los límites de mi responsabilidad, de cada responsabilidad, están marcados y enfocados desde directrices morales. De este modo, la Responsabilidad se haya precedida por dichas directrices morales, configurando así a la Ética de la Responsabilidad en la horma necesaria para ajustar a la Responsabilidad a lo estipulado por una moral ya previamente enfocada. Influencia sobre otras responsabilidades emanadas de la Ética de la Responsabilidad lo serían la responsabilidad política (orientada desde las convicciones políticas), la responsabilidad ambiental (determinada desde la visión ecológica de la naturaleza) o la responsabilidad bioética (impregnada claramente por la defensa de la vida desde la concepción); a esta última dedicaremos largos párrafos debido a su importancia y trascendencia. En todos estos ejemplos o derivadas específicas de la Ética de la Responsabilidad entendida como Responsabilidad Ética, la moral, como ya se indicó, precede a la propia ética y esta última es deudora de unas orientaciones previamente dictadas desde un posicionamiento moral unívoco, impregnado de convicciones religiosas.

Relacionado con la posición que pudiera ocupar en la Responsabilidad Ética, no consideramos a la Ética de la Responsabilidad una forma o categoría 'pura' o exenta de la Responsabilidad, dado que en esta la Responsabilidad es una consecuencia de la orientación moral y no una causa anterior para la determinación de las implicaciones del ejecutar responsable. El ámbito de la Ética de la Responsabilidad no es el mismo que el de la Responsabilidad Ética. Derivando de la moral, esta se encuentra predeterminada por el sentido extenso de la Responsabilidad: la obligada religación del ser humano con su entorno y su inmersión en el mismo.

Consideramos, por lo tanto, que no existe una Ética de la Responsabilidad diferenciada puesto que la Responsabilidad forma parte de la ética desde el mismo momento constitutivo de la misma. Desde un punto de vista más práctico, en realidad la denominada como Ética de la Responsabilidad basada en la creencia, en particular de la religiosa, se deriva, habitualmente, de una Ética de la Convicción, dado su carácter de radicación en lo trascendente.

En definitiva, la Responsabilidad, en general, trata sobre el Deber y sobre los deberes; en particular, como Responsabilidad Ética, llena de contenido y fundamenta, en concreto, al Deber de Especie.

Son derivadas suyas, por ejemplo, el deber de auxilio, la consideración sobre el respeto debido a los demás, la preservación de la naturaleza o de los frutos técnicos y culturales obtenidos en el decurso histórico de la humanidad y que nos condicionan y nos increpan para su necesaria conservación.

2.4. La Responsabilidad Social o Corporativa

Es una concepción, en cierta medida novedosa, surgida principalmente en Europa con mayor intensidad (asimilable a la de la Filantropía en el mundo anglosajón) hacia finales del siglo xx y que se ha ido extendiendo al resto de áreas de la sociedad global y mundial (manteniendo una cierta relación conceptual con la Responsabilidad Diluida). Aplica fundamentalmente a las relaciones que las organizaciones y las empresas mantienen con su entorno, tanto en su dimensión externa como en la propiamente interna.

Deudora de los movimientos de reivindicación social de los años sesenta y setenta en Europa, fundamentalmente, representados por herramientas de análisis y orientación sobre las implicaciones de las empresas como pudiera ser el Balance Social, la denominada como Responsabilidad Social Empresarial o Responsabilidad Social Corporativa (en adelante RSE/RSC) supone la atribución de responsabilidades de diverso tipo a las actividades tanto organizativas o institucionales como empresariales o corporativas.

Aunque más adelante realizaremos un análisis más pormenorizado de esta tendencia, podemos apuntar que, aún después de más de veinte años con los términos descriptivos acuñados al efecto, no existe un 'corpus doctrinae' sólido, argumentado y coherente que sostenga los fundamentos de la RSE/RSC de manera enraizada en un formato conceptual irrefutable. Como iremos mostrando a lo largo del apartado, la RSE/RSC alberga temáticas desde la Ética Empresarial (Business Ethics, en denominación anglosajona), hasta las últimas tendencias como puedan ser la Ciudadanía Corporativa, el englobante concepto de la Sostenibilidad o el extenso campo de la Gobernanza, propios todos de la última parte del primer cuarto del siglo veintiuno.

Resulta especialmente difícil poner orden en el complejo entramado de los conceptos que aglutina la RSE/RSC. Además de la ingente literatura existente, de todo pelaje y jaez, la poca claridad de la fundamentación convierte la posibilidad de explicar sus fuentes y fundamentos en una tarea arto morosa y complicada, a la par que poco fundada argumentalmente, quedando en ocasiones en un nivel meramente descriptivo. Por ello, comenzaremos tratando de localizar las razones de su aparición, para proseguir con las raíces documentales de la RSE/RSC, en su vertiente de los antecedentes, para tratar, con posterioridad, de entender cuáles son no *sólo* sus orientaciones fundamentales sino también el estado de salud de esta tendencia práctica de la Responsabilidad que tanto arraigo y predicamento ha encontrado en el mundo tanto de las organizaciones no lucrativas como, en especial y especialmente, de las lucrativas, estas últimas denominadas empresas o corporaciones en función de su dimensión y del formato jurídico que las respalde, llegando incluso a involucrar a las administraciones públicas y a las instituciones de diverso tipo.

Todas las argumentaciones sobre la RSE/RSC y sus características se inscriben en el ámbito de las doctrinas económicas aplicadas a las organizaciones. Además de ello, los pretendidos fundamentos de esta se encuentran determinados por los condicionantes económicos, sociales, incluso políticos, pero, sobre todo, por los de la adecuada gestión empresarial. Y el determinante fundamental que consideraremos es el hecho de que las organizaciones y las empresas se encuentran sujetas al escrutinio público y particularmente social, lo que las obliga a tomar medidas organizadas para asentar su imagen ante la escrutadora vigilancia a la que se ven sometidas a ojos de las distintas fuerzas políticas y sociales, tanto en lo referente a sus vinculaciones externas como a su comportamiento interno. Las organizaciones y las empresas, aun no contando con una fundamentación sólida que lo sostenga, deben responder a los agentes existente en su entorno (en terminología propia de RSE/

RSC lo que se denominan *stakeholders*, es decir partes interesadas o involucradas), por el mero hecho de generar riqueza, eliminar pobreza o directamente procurar un beneficio. En definitiva, la RSE/RSC se configura como un instrumento importante en el proceso de legitimación de las organizaciones (como ya se ha mencionado, sean estas lucrativas o no lucrativas o de cualquier otro tipo) en su relación con las fuerzas sociales y ante los ciudadanos, incluso frente a los estados o a las unidades supra estatales.

Resulta de enorme dificultad abordar todo lo referente a la RSE/RSC distanciándola de la tendencia a convertirla no solo en un factor económico más, sino también tratando de incorporarla a cierta lógica del beneficio, de la obtención del resultado positivo basado en la rentabilidad y en la gestión eficiente, acercándola así a todo lo referente a la teoría económica que prima la importancia del Valor frente al mero Beneficio. Principiaremos el relato por las condiciones que han provocado que, a finales del siglo xx, eclosionara esta tendencia práctica de la Responsabilidad que tanto arraigo conllevó y que tanta tinta, debates, autores, bibliografía, etc., ha llegado a provocar.

2.4.1. Antecedentes

El concepto de empresa, institución en un principio concebida para el desarrollo de actividades mercantiles con el claro objetivo de obtener un resultado positivo o beneficio, fue acuñado a partir de la primera mitad del siglo XIX. Se constituirá, así, como aquella estructura multiorganizada dirigida por mandos y directivos en la que, un conjunto de personas, reclutadas y formadas al efecto, trabajan de modo consciente en pos de un objetivo común, mediante unas formas de organización disciplinadas para la obtención de una producción mediante el desarrollo de un producto o un servicio ofrecido a otros, denominados clientes, con el auxilio de los denominados proveedores, recurriendo al uso continuado de herramientas de cálculo y contabilidad en los procesos de trabajo con el objetivo final de obtener, en la medida de lo posible, algo más que un excedente o beneficio económico (supone el paso del logro del beneficio a la obtención del valor). Para que esta construcción social y económica resulte efectiva, se precisa una acumulación previa de capital, denominada inversión, la cual se cubre o con medios propios o recurriendo a la financiación de externos. Desde la mitad del siglo xix, el logro de la obtención del sobrante necesario se consigue gracias al denominado plustrabajo o excedente aportado por los asalariados, configurándose con ello una relación específica entre propietarios del capital y de los medios de producción, denominados patronos o empresarios y los dueños de su propia fuerza de trabajo, es decir, los trabajadores. Hace ya pocos siglos y hasta bien entrado el siglo xx, esta situación ha ido variando de manera sustancial dado que, entre los propietarios de las empresas, esto es los empresarios y los asalariados por cuenta ajena o propia que ofrecen su fuerza de trabajo, es decir trabajadores, se han ido instalando relaciones de producción que pasaron de la mera apropiación de la fuerza de trabajo remunerado hasta la participación de las decisiones y designios de la empresa por parte de los asalariados. Incluso esta evolución en las relaciones derivó en la segunda mitad del siglo xx en un interés colectivo, social y político, en un escrutinio de la sociedad en su conjunto sobre el modo de obtención del beneficio por parte de las empresas, en particular debido a su crecimiento y dimensión, así como a su importancia y capacidad de maniobra, tanto económica como social como incluso política.

La función de la empresa y de sus implicaciones se fue haciendo, con el paso del tiempo, más compleja e intrincada, no solo internamente con relación a sus sistemas de gestión y dirección, sino también en lo concerniente a sus relaciones externas. Debido a la presión y la vigilancia social a la que se ven sometidas las empresas y, en concreto, las actividades propiamente empresariales, estas han redoblado sus esfuerzos para no perder el contacto con su entorno. Internamente atendiendo a las reivindicaciones y aspiraciones económicas y sociales de sus integrantes y externamente teniendo muy en cuenta las exigencias y solicitudes planteadas tanto por parte de los estados y las unidades supra estatales como de la propia Sociedad Civil. Ejemplo de este tipo de interacciones, muchas de las cuales no se encuentran vinculadas a la mera obtención del beneficio lucrativo empresarial directo son el abigarrado conjunto de modelos de empresa y de formatos de gestión que configuran las iniciativas que podríamos englobar en la denominación de '*capitalismo empresarial de rostro humano*'. En todas aquellas iniciativas o proyectos concebidos desde las empresas y las organizaciones lucrativas que se planteen como objetivo implantar la solidaridad y el respeto al trabajo sin el olvido de la rentabilidad y la eficiencia económicas propias de las empresas, en especial las lucrativas, es donde radicaremos los postulados de la RSE/RSC.

En el modelo del capitalismo como formato de interacciones con fundamento económico aplicado a las relaciones sociales, las empresas constituyen la base para el crecimiento económico, la creación estable de empleo y la generación de innovación y, por ende, el desarrollo social sostenible, así como el mantenimiento del bienestar colectivo. La organización y formalización de las actividades de corte voluntario que afiancen las relaciones entre las empresas y su entorno con el horizonte de la mejora colectiva, configuran el contenido de la Responsabilidad Social de las empresas y las corporaciones. Son estas nuevas 'obligaciones' las que dotan de sentido a la existencia de esta derivada, tan actual, de la Responsabilidad Empresarial o Corporativa y que, como ya hemos comentado, ha resultado tener un enorme predicamento desde finales del siglo XX y lo que se lleve del siglo veintiuno. Este nuevo oxímoron de las 'obligaciones voluntarias' atribuibles a las empresas suponen un elemento más de existencia y asentamiento del denominado, como formato de convivencia o sostén del 'capitalismo de integración', el Estado del Bienestar, en especial en los países de órbita capitalista post industrial e incluso del nominado como capitalismo social.

2.4.2. Actualidad

Se considera que el inicio más formal de la RSE/RSC se produjo tras la publicación del clásico de Howard Bowen *Social Responsibilities of the businessmen* editado en el año 1953. Pero, en Europa y, por extensión, en aquellas sociedades y economías cercanas basadas en la libre empresa, se considera como el momento de entronización de la RSE/RSC, como la manera organizada de intervención empresarial en la sociedad, más allá de la mera legalidad, la publicación por parte de la Comisión Europea en el año 2001 del denominado como *Libro Verde. Fomentar un marco europeo para la responsabilidad social de las empresas. Bruselas, 18.07.2001. COM (2001) 366 final*. En dicho texto fundacional, se definirá a la RSE/RSC como la «*integración activa y voluntaria de las empresas al logro de mejoras sociales, económicas y ambientales*» en el marco más amplio del Modelo Social Europeo.

Las crisis económicas severas posteriores a la Segunda Guerra Mundial habían puesto de manifiesto la fragilidad del sistema de producción capitalista, así como obligado a poner en marcha políticas intervencionistas de inspiración keynesiana tales como el *New Deal* de F. D. Roosevelt, el *Fair Deal* de Truman en Estados Unidos o la intervención en Europa a través del denominado Plan Marshall de reconstrucción europea. Así mismo, este 'capitalismo ordenado' dio paso a un período liberal más acentuado, denominado en ocasiones neoliberalismo, que trató de eliminar las complejas burocracias creadas para la gestión de los ingresos públicos. Y es en ese contexto donde hace su aparición la RSE/RSC como un instrumento de injerencia social por parte de las empresas amparado por las orientaciones propuestas por el desarrollo y el crecimiento sostenibles, así como espoleado por los notorios escándalos empresariales producidos en la década de los noventa del siglo xx que implicaron a grandes empresas y con el consiguiente deterioro de su imagen. De este modo, las empresas y las corporaciones estarían llamadas a contribuir sustancialmente al desarrollo con criterios no solo de responsabilidad sino también de sostenibilidad, atribuyéndole a las empresas y a las corporaciones las sustancialidades necesarias para llevar a efecto esta responsabilidad en tres dimensiones: social, económica y medioambiental (los denominados como criterios ASG o ESG), muy en conexión con la concepción holística de un bienestar globalizable, común, todo ello en sintonía con un carácter voluntario pero conscientes las empresas del interés, importancia y trascendencia que ellas mismas suponen. En el logro del valor, no solo del beneficio, esto desembocó en propuestas de la búsqueda de resultados a través de la Teoría del Valor Compartido enunciada por los economistas Michel E. Porter y Mark R. Kramer en el artículo de título «*Creating Shared Value. How to reinvent capitalism and unleash a wave of innovation and growth*», publicado en la revista Harvard Business Review en el número de enero-febrero del año 2011.

De este modo, se consideró que para que el mundo fuese no solo sostenible sino también solidario, las empresas y las corporaciones debían contribuir sustancialmente al avance económico y, por ende, del conjunto de la sociedad, eso sí, de manera voluntaria y no obligada, aunque en gran medida forzada por la vigilancia tanto interna como externa a la que se vieron sometidas, poniendo en marcha el debate sobre la regulación o la autoregulación. De hacerlo de manera exigida o legal, la contribución se hubiese convertido en una suerte de imposición, de tasa o de gabela que conculcaría todos los valores morales atribuibles a la RSE/RSC, convirtiéndola en una práctica intervencionista propia de economías dirigidas para nada cercanas a posiciones del liberalismo político.

Y a partir de la puesta en marcha de la Comunicación de la Comisión Europea como Libro Verde de la RSE, modificada, adaptada y mejorada con tres comunicaciones más en años sucesivos, la RSE tomó cuerpo y velocidad conllevando y afectando a múltiples actividades de la empresa. Implicó a la ya conocida como Ética Empresarial, afectó a las dimensiones de implicación empresarial con el Triple Bottom Line, favoreció el asentamiento e implantación del Buen Gobierno Corporativo y la Transparencia, renovó la idea de los años sesenta del Balance Social con la implantación de normativas específicas, así como el acceso a certificaciones varias, generó un mayor interés en poner en marcha políticas de gestión de personas en el interior de las empresas tales como la igualdad de género o de oportunidades así como encauzó conexiones con el exterior empresarial a través del voluntariado corporativo. También provocó un gran interés por la capacidad de influencia de las compañías lo que conllevó la reacción de la sociedad civil a través del '*accionaria-*

do activo', *el a*ctivismo accionarial o la vigilancia empresarial, tanto la interna a través de Códigos de Conducta y de Buenas Prácticas como la externa con las valoraciones por parte de organismos no gubernamentales. Sectores como el financiero se vieron afectados de manera muy intensa en todo el mundo teniendo que implantar normativas muy estrictas sobre blanqueo de capitales, la incorporación de las orientaciones derivadas de nuevo marco normativo sobre mercados e instrumentos financieros basados en la directiva MiFID II o el desarrollo de la Banca Ética o la Inversión Socialmente Responsable (ISR), así como la obligación de la defensa de los intereses tanto de accionistas como de inversores minoristas. En definitiva, llegó a tener tanto protagonismo y notoriedad, que, en determinados sectores del análisis económico y social, e incluso en parte de opinión pública llegó a considerarse una moda, mutando ya más en una obligación, aunque fuese como mero elemento de mejora de la Reputación Corporativa. Y esto se mantuvo hasta la crisis de inicios del siglo veintiuno que se concreta en el año 2008 denominándose a partir de ahí la Gran Recesión que todavía se mantiene activa a lo largo del resto del primer cuarto del siglo XXI.

Resulta indudable que la influencia y la capacidad de maniobra que tienen en la actualidad las grandes empresas y corporaciones es de un muy alto impacto. Por ello, su regulación y control, derivado de las posibles distorsiones que pudieran producir (tal es el caso de los desastres naturales provocados por los seres humanos en su actividad empresarial o los casos de corrupción), se hacen obligados. Hasta ahora, aunque con matices, dicha regulación, fuera de lo estrictamente legal, se ha realizado de manera voluntaria. Pero tal y como ha puesto de manifiesto de manera cruel y lacerante la pandemia por el virus COVID19 aparecida a partir de 2018 con su contagio mundial, esta situación va a tener que ser revisada. Por ello, han comenzado movimientos ya globales como los Objetivos de Desarrollo del Milenio (ODM, pasando de ocho propósitos a diecisiete de desarrollo humano) promovidos por Naciones Unidas y materializados en el Pacto Mundial y los siguientes ODS (Objetivos de Desarrollo Sostenible y la Agenda 2030, ambos de alcance planetario) o las diversas Alianzas Mundiales de Empresas Multi-nacionales para la eliminación de la pobreza y el apoyo efectivo al desarrollo sostenible integral. El impacto del Cambio Climático y todas las alertas que ello conlleva también son elementos de inci-dencia para nada desdeñables.

2.4.3. Futuro

Hemos considerado con anterioridad a la RSE/RSC como uno de los elementos configurativos del modelo de convivencia denomina-do Estado del Bienestar, a pesar de su revisión actual y de su incierto futuro. Para algunos autores, este surgió como consecuencia de los excesos producidos durante los años treinta del siglo xx y que die-ron como consecuencia los regímenes totalitarios; para otros, es el fruto de la domesticación de la lucha obrera apaciguada por la eclo-sión y extensión de una adormecida y satisfecha clase media, lo que condujo a la abolición de la lucha de clases, así como a la práctica desaparición del proletariado sustituido por nuevas orientaciones sociales similares a clases sociales como ocurre con el denominado como precariado. A comienzos del siglo veintiuno varias han sido las fuerzas que han obligado a la revisión de este modelo garan-tista de las conquistas sociales y colectivas: la recesión económica continuada, los niveles fluctuantes de inflación, la aparición de un desempleo estructural masivo, la irrupción de la tecnología y su uso para la sustitución de la fuerza de trabajo humana, la crisis fiscal fruto de un desbocado gasto público y el uso reiterado de la Deuda Pública como solución a corto plazo o los efectos producidos por las nuevas pandemias que asuelan ya el conjunto de las sociedades que en el mundo existen; entre otras cuestiones de enorme rele-vancia todo ello está provocando la revisión obligada del modelo de intercambio social y de prestación de apoyo colectivo surgido después del final de la Segunda Guerra Mundial, el modelo del de-nominado Estado del Bienestar Social y Democrático.

Y así, aun careciendo de un 'corpus ideologicum' propio y bien definido, el Estado del Bienestar sigue manteniendo el horizonte del cumplimiento efectivo de sus tres grandes pilares: garantizar los elementos mínimos para una subsistencia digna de sus integrantes, individuos y familias; reducir la inseguridad social que provocan la enfermedad, la ausencia de trabajo remunerado o la pobreza; y, finalmente, facilitar a todos los ciudadanos, sin atender a las distinciones debidas a clase, condición de género o renta, las mejores prestaciones sociales posibles sostenidas por la aportación solidaria del conjunto de actores sociales generadores de riqueza, entre los que se encuentran, inevitablemente, las entidades de carácter lucrativo, empresas y corporaciones. En este último caso, iniciativas muy novedosas sobre la intervención de las empresas en la sociedad llegan a hablar de nuevas conquistas tales como el salario social, la renta básica o la denominada como Ciudadanía Empresarial o Corporativa aplicable a las empresas e instituciones. Capítulo aparte merecen también los controles sobre la gestión que se ejercen desde la Gobernanza y la aplicación de las legislaciones y normativas compendiadas en la denominación del *Compliance*.

Nos encontramos, por tanto, en el final del primer cuarto del siglo veintiuno, en un momento crucial de la concepción de la RSE/RSC. Después del paso de su momento 'adolescente', ésta entra en un período de madurez que implicará una orientación más efectiva, de mayor engarce e imbricación social consciente y continuada, en definitiva, un formato que precisará la evolución que el conjunto de la sociedad y el modelo de Estado del Bienestar les comienza ya a exigir.

El reiteradamente mencionado Estado del Bienestar se fundaba en la creación de un excedente económico producido por el desarrollo de un capitalismo de base empresarial que evitó la apropiación de los medios de producción bien por una única clase social de propietarios o por parte del Estado a través de las economías intervenidas, desterrándose así mismo las iniciativas de conquista social a través del ejercicio de la violencia en modelos de corte revolucionario. Su objetivo fundamental resulto ser la injerencia pública para la mejora de la distribución de las oportunidades sociales en el marco de la extensión de los derechos humanos y el afianzamiento del Estado Social y Democrático de Derecho como su contenedor político. Con la aportación consciente de las empresas y su intervención en el ámbito social, se va a ir creando un sistema complementario de rentas, así como la cobertura de servicios de salud y de educación donde producción y consumo vayan resultando equivalentes (la Sostenibilidad, la Economía Circular o el 0 Waste o Residuo 0 así lo atestiguan), redundando en un bienestar colectivo más amplio y extendido. Eso sí, siempre y cuando, la aparición de nuevas cepas víricas provocadoras de pandemias o el ya desatado e imparable Cambio Climático lo permitan.

Y para el logro de todo lo nombrado en el párrafo anterior se hará precisa la obtención de un nuevo pacto social entre el Estado, la Sociedad Civil organizada y el tejido empresarial y corporativo. Para las empresas y las corporaciones supondrá la emergencia y la asunción del denominado Capital Social Empresarial, aquel conjunto de contribuciones que, desde distintas procedencias, las empresas y las corporaciones aportarán al Bienestar Social Colectivo.

La Responsabilidad Social Empresarial o Corporativa es una respuesta más a la demanda social y gubernamental que se exige para el mantenimiento y extensión del formato actual del Estado del Bienestar. El nuevo acuerdo ya citado deberá permitir compatibilizar democracia y capitalismo, fundado en una relación económica de las empresas que no solo se sustente en el logro del mero beneficio económico más inmediato. Se precisa, así, un nuevo capitalismo, de corte social, que acepte la asunción activa de las externalidades empresariales, que fomente el excedente tecnológico enfocado a la sociedad y que permita mantener a las empresas y las organizaciones unas relaciones abiertas y activas en aras del beneficio colectivo. Pero para todo ello resultará vital cambiar los modos de producción, las relaciones laborales, la calidad del resultado atendiendo también al medio ambiente y a la manera de hacer uso de los elementos empresariales. Crecimiento si, pero la nueva divisa va a ser, es ya, en definitiva, el Crecimiento Sostenible.

El futuro de la RSE/RSC pasa por la reconsideración como un deber empresarial el hecho de tener presencia, así como cierto protagonismo social a través de injerencias, tanto internas como externas, en el progreso social. Ello implica una revisión tanto en lo correspondiente a su relación e implicaciones con la Ética Empresarial (en el caso de existir esta como disciplina exenta en el ámbito general de la Ética), con la Responsabilidad Moral (que será con el ámbito que, consideramos, pueda tener una mayor relación a través del concepto de 'contrato moral') y, sobre todo, con respecto a la función de la empresa como ente creador de riqueza y de bienestar, lo que precisa un debate de mucho más hondo calado ideológico, fundacional y práctico, que conllevará gran cantidad de implicaciones y ramificaciones, tanto de fuste teórico como, sobre todo, de tipo práctico.

5

LOS MODOS DE LA RESPONSABILIDAD

Una vez estimadas las **Categorías**, podemos abordar el paso posterior a la atribución posible de responsabilidad con el objetivo de conocer su dimensión y trascendencia, correspondiendo éste a la incorporación del factor que supone el tiempo. Los **Modos** de la Responsabilidad van a ser los efectos, ámbitos o dimensiones que conlleva, la trascendencia de los hechos sobre la valoración del comportamiento, en dos dimensiones posibles: en su orientación prospectiva hacia el futuro y en la correspondiente a la retro orientación explicativa hacia el pasado. De este modo, no supone lo mismo tener en consideración los sucesos acontecidos en tiempos pretéritos como las conexiones que en el futuro pudieran tener dichos hechos en el momento de hacer las imputaciones de responsabilidad que se consideren posibles. Por ello, analizaremos la relación de la Responsabilidad con el tiempo y de esta con la asignación de momentos distintos en conexión con las ya mencionadas imputaciones.

1. Responsabilidad y Tiempo

El ser humano es, fundamentalmente, un contenedor para el tiempo. Pero, lejos de una intuición sobre lo ingrávido de su número atómico, el tiempo pesa, tiene una dimensión física que se percibe como un acumulado que se va haciendo cada vez mayor, más denso, menos liviano. Además, se relaciona con el aspecto físico a través del deterioro. Para los seres humanos, el paso del tiempo tiene consecuencias no solo físicas, materiales, sino también psicológicas. El tiempo, como tiempo biográfico, no es, necesariamente, continuo y solemos interpretarlo como una línea, con modificaciones y alteraciones, desde el presente hacia el pasado; ello se debe a que el futuro, aun siendo en gran medida construible, no es percibido como ya construido; el futuro es un *ir construyendo*. Las dos consideraciones fundamentales para su aplicación a la responsabilidad que vamos a atribuir al tiempo son: el tiempo, dada la complejidad de la vida y de las relaciones, mantiene un dinamismo irreversible y el tiempo, en el caso de los seres humanos, es un 'tiempo vivido', un tiempo vivencial. La cuestión fundamental de la irreversibilidad del tiempo se encuentra en la trascendencia de los actos, esto es, en la imposibilidad de volver atrás sobre los mismos, quedando únicamente la opción de su interpretación.

Ya desde un inicio, consideramos que la acción humana, (fundada nuestra concepción en la citada expresión de Ludwig von Mises, cuando la caracteriza como *todo comportamiento con propósito*) está, indefectiblemente, instalada en la Libertad. Pero, completando esta reflexión y apoyándonos en Niklas Luhmann, la acción humana es, fundamentalmente, un suceso temporal, una concatenación de hechos y circunstancias que la configuran como un acontecer radicalmente conectivo y conectado. Y es ahí donde queremos anidar, en la concreción de los eslabones, de las conexiones que dan vida a la temporalidad del actuar humano, siendo como es la acción un acontecimiento temporalizado.

En relación con lo anterior, la Responsabilidad supone la concreción temporal de los efectos del ejercicio consciente de la Libertad. Dos serán las atribuciones que en la relación entre la responsabilidad y el tiempo deberemos tener en consideración, y estas son el sentido y la memoria.

Tiempo y Sentido. Aquello que ofrece sentido a la temporalidad de la Responsabilidad es la congruencia de las conexiones entre los momentos en los que se vayan emancipando y concretando los resultados de la Responsabilidad. Más adelante se describirán los modos de la responsabilidad a los que aplicar la noción del tiempo.

Y al sustento del sentido de los hechos concatenados sujeto de responsabilidad lo denominaremos *Discurso de la Coherencia.*

El Discurso de la Coherencia, elemento argumental y explicativo de la temporalidad de la Responsabilidad, implica la conexión entre sucesos. Se respalda dicho Discurso tanto con argumentos, testimonios en la mayoría de los casos, como con documentos al efecto. Por lo tanto, la materialización del tiempo en la Responsabilidad se verifica a través de la *interpretación.* Y la orientación del sentido del tiempo en la responsabilidad es siempre hacia delante, es decir, supone una apuesta al futuro sobre cómo atribuir responsabilidades. El Discurso de la Coherencia consiste así en una indagación sobre la atribución desde los hechos hasta su imputación. Se fundamenta, especialmente y de este modo, en la interpretación.

Como argumentaremos en el apartado siguiente, fiamos a la memoria la atribución de sentido cuando juzgamos hechos del pasado. Pero la memoria resulta ser un espejo poco diáfano a la hora de devolvernos una imagen fiel de lo sucedido y, por lo tanto, en particular, el pasado, como ya se ha mencionado, suele interpretarse porque, en definitiva, su esencia es resultar interpretable debido a que la interpretación surge desde el presente o a la luz del futuro, conectando consecuencias '*a posteriori*'. Por ello, tanto la concatenación coherente de hechos como la argumentación y la demostración fehaciente de dichos acontecimientos, en concreto documentalmente, son los apoyos que precisa la memoria para poder dar fidedigno testimonio de lo que en realidad hubiera sucedido **Tiempo y Memoria.** Así como atribuimos a futuro, detectamos hacia el pasado, en particular, cuando se indaga sobre las razones para el actuar. La memoria, la memoria consciente se entiende, no la mera imagen mental de lo sucedido, en especial la denominada como '*memoria autobiográfica* o *memoria de vida*', mantiene dos dimensiones relacionadas con la Responsabilidad: el recuerdo y el olvido. Ambas son las bases para el *Sentimiento de Responsabilidad,* elemento decisivo para la determinación, no solo subjetiva, de la intensidad de la culpa, fundamento del agravio. Agraviar, ser agraviado o sentirse agraviado son los tres formatos que implican una determinada intensidad de la culpa en el marco del Sentimiento de Responsabilidad.

En particular, hay que hacer notar que el recuerdo funciona hacia delante; no recordamos del suceso último hacia los anteriores, sino más bien desde el que nos resulte más vívido hacia los actuales. Recordamos mediante la evocación, bien provocada por la propia indagación, habitualmente en régimen de ensimismamiento, o bien se genera por un desencadenante actual que enlaza con una vivencia anterior. El olvido suele funcionar hacia atrás, es decir, prescindimos de la imagen en nuestra memoria debido a su escasa o nula utilidad en el presente o directamente porque resulte menos lesivo.

Ambas dimensiones de la variable tiempo aplicada a la Responsabilidad, la concatenación de los hechos y las situaciones, así como la memoria de lo acontecido y sus derivadas, nos permiten la determinación de una línea conectada en el tiempo para la atribución de responsabilidades. Hacia donde se dirija la flecha del tiempo, hacia delante o hacia atrás, vendrá derivado de la concatenación de los Modos de la Responsabilidad.

2. Los Modos de la Responsabilidad

Consideramos así los *Modos* de la responsabilidad como las manifestaciones de esta a lo largo del tiempo, así como el impacto que produce la temporalidad sobre la determinación y la atribución de responsabilidad. Supone, como ya se apuntó, responder a la pregunta sobre '*¿Cómo se es responsable?*' en su aspecto de qué con-lleva, diferido en el tiempo, SER responsable. En definitiva, definen la trascendencia que suponen y que conllevan los comportamientos y las actuaciones que, en función del grado de repercusión que contraigan, mantendrán un impacto mayor o menor sobre el individuo, así como sobre su entorno y circunstancias. Esta concreción del paso del tiempo se sustancia en:

Consecuencias: que resultan de aplicar la responsabilidad a los inmediatos resultados del actuar. Responde al pensamiento muy simple y concreto de que todas las acciones tienen consecuencias, inevitablemente, y la actitud más conveniente lo supone *asumirlas*. En frase muy al caso de Robert Green Ingersoll, «*En la vida no hay premios ni castigos; hay consecuencias*». Que dejemos caer una piedra desde una cierta altura, puede tener la simple consecuencia de que se estrelle contra el suelo, sin más. De este modo, las consecuencias son los resultados de la inmediatez del actuar y que, en la inmensa cantidad de las situaciones vitales, no suelen tener mayor trascendencia que el mero hecho de suceder, entendido tanto como acontecer, suceso, como por lo sucesivo. La actitud fundamental ante las consecuencias es la de *ASUMIR*, esto es, lo que nos provoca considerar las consecuencias es la de *asumirlas* como parte inherente e inevitable de la decisión tomada.

Implicaciones: las cuales corresponden a los efectos posteriores a las consecuencias y que no eran totalmente previsibles, en un principio, con anterioridad, en su totalidad. Si tomamos el ejemplo anterior, pudiera ocurrir que la piedra arrojada impactase contra una persona que transitase por debajo. La implicación no considerada en el inicio es el daño, mayor o menor, ejercido sobre el sujeto contra el que impacta la piedra. Las implicaciones conllevan la intencionalidad y la consideración que se debiera tener de su efecto a medio plazo. La actitud fundamental ante las implicaciones es la de *ACEPTAR*. De este modo, la actitud o modo de asimilación de las implicaciones supone *la aceptación* (o no) como resultado de la acción tomada y de sus consecuencias. A partir de aquí, el acuerdo entre el afectante y el afectado resulta decisivo, obligando por ello al afectado a demostrar la relación causal, directa o indirecta, entre la actuación del afectante y del conjunto de sus implicaciones tanto para el afectado como para el propio afectante.

Repercusiones. Estas son, todas aquellas circunstancias que acontezcan derivadas de las primeras consecuencias y las implicaciones posteriores que conlleven una modificación importante de la situación primera. En el ejemplo que estamos arrastrando, si el impacto de la piedra en el sujeto conlleva su ingreso hospitalario, bajo ningún concepto previsto de inicio en la primera acción, la actitud de base hubiese sido la detección previa. Es conveniente *detectar* las repercusiones de nuestras acciones, sobre todo en circunstancias muy extremas. La actitud fundamental ante las repercusiones es la de DETECTAR. El hecho de *la detección* presupone la reflexión racional sobre los comportamientos propios y su trascendencia futura, más allá de la mera acción, más o menos inmediata. Y, por lo tanto, supone para el afectante, en línea con la obligación de la demostración planteada en las implicaciones, que este sea capaz de mostrar y demostrar que las tuvo (o no) en cuenta en el momento de dar referencia de su actuar o anteriormente. En definitiva, no deja de ser algo tan sencillo como preguntarse: y, si esto no sale bien, ¿Qué puedo esperar?

Secuelas. Será todo aquello que, después de haber pasado por los tramos anteriores, se convierte en algo de cierta permanencia en el tiempo. Es obligado limitar el período de duración de las secuelas, puesto que pueden dilatarse en la temporalidad asignada perdiendo su conexión más evidente con las responsabilidades primigenias. En el ejemplo que nos sirve de guía, el período de permanencia en el hospital, así como las responsabilidades posteriores derivadas del hecho de haber arrojado una piedra con un resultado nefasto, tienen que establecerse de modo temporal en función del hecho realizado. La actitud de base la concretamos en la *suposición*; esto es, las secuelas hay que *suponerlas y delimitarlas* en el tiempo. La actitud fundamental ante las secuelas es la de SUPONER (de abajo a arriba el elemento fundamental lo configura la educación y es por esto que, la historia, así como también la experiencia, conforman una escuela de vida). *El conocimiento* soportado en la *suposición* razonable sobre las posibles secuelas es lo que otorga y dota de sentido a una atribución de responsabilidad en la lejanía puesto que nivela, pone al mismo nivel, las justificaciones tanto del afectante como del afectado y, por lo tanto, establece de manera más objetiva las obligaciones sobre las compensaciones posibles, aquello que denominaremos *resarcimiento*. Un alejamiento temporal dilatado entre la atribución de la responsabilidad al hecho primero y la reclamación por parte del afectado sobre el afectante requiere un acuerdo tanto en la posibilidad de la consideración de las propias secuelas y por lo tanto la conexión con la atribución primaria de responsabilidad, como por parte del afectante sobre el afectado de suponer las secuelas y por lo tanto aceptarlas y asumirlas, pudiéndose así abrir a un resarcimiento aceptable para ambas partes. Ello exige la mayor profundidad posible en cuanto a las demostraciones, así como una justificación bien argumentada o documentada. Reclamaciones que impliquen tiempos superiores a la vida de quienes resulten afectados, obligan a la presentación de claras evidencias argumentativas y documentales. Y, en consecuencia, obligan a un resarcimiento que será fruto del acuerdo.

Conforme el devenir del tiempo, inexorable, se va desgranando, los modos de la responsabilidad se van sucediendo. No resulta posible concretar cuánta dimensión temporal específica supone cada modo, siendo esto el fruto de un acuerdo entre los implicados en sucesos donde se pudiera atribuir responsabilidad relevante por unos hechos determinados.

La atribución del tiempo, en las dimensiones ya caracterizadas, sobre la Responsabilidad mantiene una importancia capital. Hasta dónde atribuimos responsabilidad y cuánto duran sus efectos, nos obligan a tomar partido con relación a la trascendencia del obrar. De este modo, atribuir responsabilidad sin atender a su efecto en el tiempo, condena a la responsabilidad a convertirse en un término referente pero vacío de contenido. Y, lo que es aún peor, falto de credibilidad.

Pongamos un ejemplo de los muchos que serían posibles. Atribuir a generaciones presentes actuaciones, en especial las punibles, provocadas por sus antepasados con incidencia sobre cuestiones que se consideren importantes, ello, ¿Qué sentido tiene? ¿De cuánto tiempo de atribución estamos hablando? Hacia delante, ¿Cuánto dura nuestra responsabilidad con respecto a las interpretaciones de nuestros comportamientos actuales por parte de nuestro futuro personificado en otros? Hacia atrás, ¿Hasta dónde estamos dispuestos a cuestionar el actuar previo de nuestros ancestros al objeto de saber si deberemos reconocer vejaciones pasadas o subsanar males cometidos? En definitiva, supone responder a dos preguntas, ya consideradas al inicio de esta obra, aunque evolucionadas a partir de lo ya tratado y que resultan determinantes para definir bien los términos en los que opera la responsabilidad: ¿De qué voy a seguir siendo responsable? y ¿Desde cuándo soy y hasta cuándo seré responsable? En ambos casos, la cuestión del tiempo, del tiempo de implicación, se convierte en un elemento primordial de la asignación no ya solo de la Responsabilidad (en términos generales) sino también de las responsabilidades (en términos específicos).

En coherencia con nuestra línea argumental, la atribución de sentido sobre la responsabilidad, la interpretación, deberá darse de atrás hacia delante (desde las consecuencias hasta las secuelas) y la memoria sobre la responsabilidad, el ejercicio tanto del recuerdo como del olvido funciona desde delante hacia atrás (desde las secuelas hasta las consecuencias). Valorar ambas dimensiones, pasado hacia presente y presente hacia pasado, inserta el tiempo en la Responsabilidad, permitiendo así las atribuciones correspondientes. A este bifrontismo propio de la Responsabilidad le daremos un nombre de extracción mitológica romana casi ya hacia el final de la primera parte del presente texto, nominándolo como 'efecto Jano'.

Determinar la Irresponsabilidad supone adentrarse en una concepción sobre el mal desde la propia Responsabilidad. En un primer acercamiento, que ampliaremos en el siguiente capítulo, el Mal será considerado no como la ausencia de bien sino como una ausencia, pero de la conciencia sobre el futuro, como ceguera más inmediata ante las Consecuencias, primero de los Modos de la Responsabilidad y, con posterioridad, con respecto a los otros Modos, esto es, las Implicaciones, Repercusiones y Secuelas. El mal, desde las relaciones con el otro, es la ausencia de Responsabilidad, en particular hacia el futuro y esta es su interpretación laica, alejada de la connotación religiosa que siempre ha tenido el Mal como ausencia de Bien.

3. Falacias de la Responsabilidad

Volviendo, una vez más, a los clásicos, en particular al ya varias veces mencionado Aristóteles y explicado en su libro *Sobre las Refutaciones Sofísticas*, hemos de considerar algunas notorias formulaciones explicativas sobre la responsabilidad, en formato de argumentación, que responden a malas construcciones lógicas y a peores explicaciones. A estas expresiones se las denomina, desde aquel momento del apogeo intelectual heleno, falacias, esto es, tópicos falsos del «pensamiento cotidiano» aplicables a la responsabilidad.

En línea con lo expresado por Charles Leonard Hamblin en su obra recopilatoria y seminal *Falacias* (1970), consideraremos como definición más acertada para la falacia la que este mismo autor establece en el capítulo 1, «*Un argumento falaz, como dicen prácticamente todas las exposiciones desde Aristóteles, es un argumento que parece válido, pero no lo es*». En definitiva, que pareciendo cierto o válido, en realidad no lo es por encontrarse mal construido.

Ante la manera inadecuada de tratar la responsabilidad y de nombrarla, enunciaremos cinco argumentos falaces, cuatro que se enlazan con los *modos* de la responsabilidad y una quinta, esencia misma de la irresponsabilidad, siendo representante el cuarteto de las más indebidas y mal argumentadas justificaciones, y el quinto elemento, ejemplo de una lacerante irresponsabilidad.

1ª Falacia.- «*Asumo toda la responsabilidad*»

Esta expresión suele trasladarse después de una absolutamente reconocible falta de responsabilidad o una irresponsabilidad manifiesta, donde se pretende apelar a la conmiseración de los implicados mediante la rotundidad de una pretendida asunción consciente y sentida de los resultados, de todos. Siendo estos claramente negativos, cuando ya resulta obvio e inapelable un fracaso determinado, pareciera volverse obligada la necesidad de apelar a la totalidad de la responsabilidad. Habitualmente, suele estar trasladada con cierto aparato escénico.

Dentro de las denominadas como Falacias No Formales, las que se caracterizan por resultar razonamientos donde lo aportado en las premisas no justifica la coherencia en la demostración, se asientan las de Ambigüedad, aquellos juicios donde una parte del argumento distorsiona el significado del conjunto, debido a la ambivalencia de lo expuesto. Y en esta segunda clasificación, es donde se produce la Falacia de Distribución, siendo aquella que busca justificar o probar que la parte implica el todo. De este modo, resulta imposible asumir TODA la responsabilidad, salvo que la dimensión de lo provocado sea única y personalmente atribuible a un único individuo y ello resulte fehacientemente demostrable. Este tipo de falacia suele utilizarse ante desastres o irresponsabilidades donde confluyen muchas circunstancias y por lo tanto una única causa no puede orientar el resultado acontecido. Se convierte, así, más en una justificación y una apelación, casi siempre afectiva o sentimental, que pretende, en el fondo, provocar y derivar en una petición de clemencia. Por ello, habitualmente se acompaña de un conjunto de otras falacias, estas ya de tipo más personal, tales como la Apelación o llamada a la misericordia, nominada como Falacia *ad Misericordiam* (que responde al requerimiento de «*cuando menos, lo reconozco y no me escondo*») o la Falacia de Causa Falsa, aquella que se establece mediante la simplificación, atribuyendo una única causa a una situación que deviene en compleja (pudiendo ejemplificarse en las expresiones del tipo «*no era una situación fácil, pero alguien tenía que asumir la responsabilidad y, por lo tanto, las consecuencias*»). De ahí que se convierta en una argumentación falaz porque se pretende, con esa enunciación, utilizar los sentimientos ajenos y, a la par, reducir el impacto en el interlocutor, aminorando así su reacción con una supuesta asunción completa, cuya rotundidad pudiese, por meritoria, incluso llegar a convertirla en exculpatoria.

Engasta este tipo de Falacia en las **Consecuencias**, debido a que pretende provocar una minoración de su impacto e, incluso, topar la posibilidad de que estas vayan a más. Se pretende un no ir más allá, que con la nominación de la asunción plena resulte suficiente para un empequeñecimiento de la responsabilidad propia, llegando incluso a una posible desaparición de las consecuencias. Con haberlo asumido, pareciera que ya es bastante, provocándose con ello un cierto sentimiento externo de resultar así suficiente el castigo con una paralela expiación meramente nominalizada. Pero, por si no quedase claro con lo expuesto, es una Falacia en toda regla. Se convierte por ello en un argumento falso, ratificado con posterioridad por la ausencia de sanción o castigo alguno, sabiéndolo claramente todo ello quien lo emite. Solo es asumir, sin más, nominalmente, sobre todo si esta no va a ir seguida por una actuación restitutoria o reparadora, por supuesto no valiendo únicamente la mera expresión doliente como excusa exculpatoria.

2ª Falacia.- «*Cualquiera, en mi lugar, hubiera hecho lo mismo*»

También perteneciente a las denominadas Falacias No Formales, la Falacia Petición de Principio, '*petitio principii*' o Falacia Circular, se incluye en este tipo de falacias porque se pretende convencer apelando a elementos no pertinentes, incluso irracionales, en vez de aportar razones lógicas y asumibles, muy a pesar de que el argumento se encuentre bien construido. Supone un pensamiento circular, que se auto demuestra por sí mismo, habiendo sido clasificada por Aristóteles en sus *Primeros Analíticos* como una falacia material, a diferencia de muchas otras cuya raíz argumentativa las convierte en falacias lógicas.

Como tal falacia, es bastante sencillo el descubrimiento de lo inadecuado de su formulación. Apelar a la distribución de la responsabilidad favoreciendo la identificación con lo expuesto, no aportando ni mayores ni mejores argumentos, la invalidan como fórmula adecuada de razonamiento y explicación.

La Falacia de Petición de Principio se denomina también Falacia Circular por lo que tiene de embeleco propio de un hábil prestidigitador, puesto que el receptor se encuentra en el mismo papel que el del público presente ante la representación de un mago. El espectador sabe que asiste a un truco, pero la teatralidad del ejecutor convierte la falsa construcción en un fuego de artificio que, a pesar de su efecto hipnótico, con certeza no se corresponde con la verdad.

La impostura de esta falacia se fundamenta en la contundencia de la premisa primera, que presenta un torticero carácter de implicación sobre el receptor; utiliza para ello la persuasión inicial para forzar un resultado aparentemente inapelable. Autores como Perelman y Olbrechts-Tyteca (renovadores de la retórica a partir de la publicación en el año 1966 de su obra *Tratado de la argumentación: la nueva retórica*) discrepando de Aristóteles, consideran que la falacia que abordamos es más bien una falacia de retórica, una argumentación falsa e incluso una falta de argumentación en el seno de la técnica argumentativa. Por ello, suele ir acompañada de otras falacias, en concreto por la Falacia *Ad Hominem (contra el hombre)*, aquellas que utilizan, como su nombre indica, los argumentos sostenidos en el descrédito personal tildables de ofensivos y que, combinadas ambas, pretenden apabullar al interlocutor. En definitiva, supone aplicar la bíblica enseñanza de que quien esté libre de pecado que tire la primera piedra; y de tirarla, la acusación sería ya de agresión, por acción y no solo de palabra.

Este tipo de falacia conecta más bien con las **Implicaciones**, dado que estas suelen estar consideradas y valoradas a medio plazo. Intercalar un argumento afectivo, implicador y vivencial, pretende favorecer un juicio a favor mediante una cómplice involucración carente de posible respuesta debido a su supuesta contundencia, evitándose con ello el interpelador males mayores.

3ª Falacia.- *«En el fondo, con mi intervención (o no intervención), se evitó un mal mayor»*

No consistiendo en realidad en una falacia como tal, la doctrina del mal menor, en su nominación, pasa por ser un argumento falso cuajado de supuestos valores éticos. O yo, o el abismo.

La Doctrina del Mal Menor implica la reducción a una argumentación binaria contrapuesta que imposibilita la existencia de una tercera opción (*tertium non datur* o principio del tercero excluido, *pricipium tertii exclusi*, ya enunciado por el inevitable Aristóteles tanto en la *Metafísica* como en *De Interpretatione*, principio de la lógica clásica por el cual, existiendo una proposición afirmativa y otra que la contradice, una de ellas deberá resultar verdadera y por lo tanto, por lógica, una tercera resultaría excluida).

Enunciado como dilema, contrapone la inevitabilidad de la acción (o de la no acción, según proceda) a pesar de resultar esta cuestionable o punible a futuro, frente a unas consecuencias e implicaciones fácilmente detectables de no haberse minimizado, intencionadamente, su efecto. Aunque defendido por el siempre presente Aristóteles (en la «*Ética*» establece que «*uno debe tomar el menor de los males*» y aceptado por autores como Tomás de Kempis, lo cual no resulta especialmente significativo —«*De duobus malis, minor est semper eligendum*» (*De dos males, el menor ha de ser siempre elegido*)—; en este caso, el dilema resulta moral y no ético puesto que el resultado enunciado como aserto no es posible demostrarlo, salvo, con posterioridad, en la misma práctica. Proviene su enunciación de una propuesta moral de clara orientación instrumental, basada por tanto en un enfoque de coste/beneficio, que pretende implicar tanto al interpelado como al interpelador. Una afirmación como la propuesta, en gran medida obliga al receptor a demostrar que ello es así, que resulta incontestable por el resultado final obtenido, sobre todo cuando cuantitativamente se vuelva más que notable, dado que el número siempre resultaría posible incrementarlo. Una irresponsabilidad que afecte a una cuantía determinada de personas o que produzca un mal cuantificable, siempre puede volverse mayor en volumen.

La importancia en la detección de esta posible falacia de corte formal o lógico, derivada de la dificultad argumentativa de establecer la dimensión del resultado del obrar bien como mal menor o bien como mal mayor, fue objeto de determinación por parte de autores medievales adscritos a la escolástica. Distinguen estos, varias características con el objetivo de poder definir el mal menor, tales como la agudeza y la nitidez del razonamiento expuesto. Pero, dada la dificultad de adscribir características objetivas que determinen que un mal es menor que otro derivado en el tiempo y que no pudiera resultar cuantificable, se tornará en una obligación moral considerar que un mal menor es siempre mejor que un mal de mayor grado, resultando por ello una obligación, casi «natural». Pero esto no exime de responsabilidad, dado que, como tal, es un comportamiento inadecuado o, como resultante, que acabe provocando un mal evidente. Supone así un dilema de tipo moral porque será la práctica la que determine si la acción significó un mal menor o mayor (pongamos el caso muy esclarecedor de la amputación de la extremidad gangrenada para salvar una vida). La doctrina del mal menor se justificaría como una actuación plagada de sentido común, manifestación de una actitud de preservación y que por ello se vuelve aceptable moralmente. Eso sí, siempre y cuando resulte demostrable y siempre *a posteriori*.

El Principio moral del Mal Menor, entendido como falacia argumentativa lógica, aplica a las **Repercusiones**, dado que estas presentan dos aspectos coordinados, cara y cruz expositivas, combinando por una parte el mostrar para, obligadamente y de manera consiguiente, llegar al de-mostrar. La adscripción a la Doctrina del Mal Menor para explicar y justificar un comportamiento con consecuencias, en especial si estas resultasen ser de gran trascendencia y en particular si son claramente gravosas y negativas, no solo demanda un conjunto de explicaciones, sino también una demostración, clara, tangible y evidente. No resulta por tanto un planteamiento ético dado que carece de fundamentos; es una propuesta moral basada en una prudencia interesada, así como en el cálculo ideado para aminorar las repercusiones.

4ª Falacia.- *«En realidad, no era consciente de lo que (se) estaba haciendo»*

Apelar a la inconsciencia o al desconocimiento convierte el argumento de eximente en subjetivo y, por ello, difícilmente objetivable. Como tal sensación o vivencia, la retracción a un origen previo al momento de analizar y juzgar el comportamiento vuelve el argumentario sujeto de aprisionamiento por parte de la explicación interesada, orientada y posiblemente torticera y evasiva.

En el fondo, esta argumentación, responde a una falacia ya citada, la Falacia *ad Misericordiam*, intercesión apelativa a los sentimientos y a la piedad ajenos con el objetivo de sostener una alegación de corte afectivo y buscando el éxito de la misma a través de la manipulación emocional. Sobreseimiento por pena, en definitiva.

Comparte protagonismo y conecta con dos falacias de corte clásico. Por una parte, con la Falacia de Conclusión Irrelevante o *Inatingente*, «ignoratio elenchi», donde el argumento en sí no es válido pero que, aún siendo irrelevante, remueve los sentimientos ajenos por su apelación al desconocimiento. En segundo lugar, se relaciona de modo directo con la Falacia «*Argumento ad ignorantiam*», falacia informal consistente en defender una posición argumentativa sabiendo que no existe posibilidad de prueba en lo afirmado, obligando así al receptor a buscar comprobaciones para rebatir el argumento empleado. En definitiva, se descarga sobre el receptor la obligación o carga de la prueba: demuestra tú que sea falso, que yo no estoy en la verdad.

La crítica más socorrida para esta penúltima falacia tiene una connotación casi de juego de palabras: «la ausencia de prueba no es prueba de ausencia», radicando la raíz de la falacia en que no se puede inferir la verdad o falsedad de una proposición fundamentándola en la ignorancia y el desconocimiento. Por tanto, el desmontaje de esta falacia obliga también al interpelador a exigir pruebas de dicha ignorancia, apelando para ello a criterios contrastables como la edad en el momento de la ejecución, comprobaciones a partir del entorno del interpelado, datos de tipo médico o comportamental y así un sinfín de posibilidades que minorarían el efecto de una supuesta ignorancia.

Por otro lado, la apelación al desconocimiento no respeta principios como el de la carga de la prueba (ya tratado con anterioridad) o el principio de suficiencia por el cual se establece que la ausencia de pruebas en contra de una afirmación o aserto no constituye prueba suficiente de su veracidad, así como la ausencia de pruebas para una afirmación no resulta ser prueba suficiente en su contra. En definitiva, la Falacia descrita exige demostración, previa y posterior.

La argumentación falaz sostenida en la ausencia de información o conocimiento se aplica con asiduidad en la determinación de las **Secuelas**. Esto es, una vez conocidas las consecuencias, las implicaciones y las repercusiones, por lo tanto, estimados los costes del actuar irresponsable, argüir falta de información parece exculpar de manera 'razonable'; además, esta suele darse pasado ya un tiempo de cierta magnitud. Su demostración es de una gran dificultad, pero el tiempo discurrido hasta la aparición de las secuelas suele favorecer la demostración de la existencia o no de ignorancia cuando se produjo la presencia en el momento originario, estimado de gravedad, con un claro y evidente resultado negativo futuro.

5ª Falacia.- «*Me limité a cumplir las órdenes*»

Esta falacia representa el culmen de las argumentaciones sustentantes, habitualmente, de actuaciones claramente irresponsables. Resume la ausencia de asunción sobre lo provocado, particularmente en momentos especialmente graves donde la irresponsabilidad tiene consecuencias no solo importantes sino, también, en muchos casos, irreversibles.

La falacia clásica que sustenta el argumento expresado es la denominada Falacia «*Ad verecumdiam*», argumento de autoridad o *Magister Dixit*, que se sostiene en una referencia ajena y externa considerada de influencia o de prestigio.

Como tal falacia, de corte no formal y lógica presupone que para el actuar propio existen condicionantes externos insoslayables de autoridad, de prestigio, de ascendencia, en definitiva, que suelen resultar de obligada asunción.

Esta adscripción es argumentada, habitualmente, de manera rotunda, considerándose que, en formatos de relación profundamente jerarquizados, cualquier orden deberá ser cumplida sin cuestionamiento. Para este razonamiento, la instancia de la figura de autoridad resulta no solo suficientemente de resolución obligada, así como de asunción indiscutible, tal y como se ha planteado ya, sino que también se convierte en la razón suficiente para validar el comportamiento y, por supuesto, sus consecuencias, implicaciones, repercusiones e incluso las posibles secuelas. Por intermediación de una orden directa, cuya demostración exige prueba, la persona que alega quedaría eximida de responsabilidad, no precisándose razones propias incriminatorias para haber actuado. En consecuencia, todo lo que resulte de la actuación, quedará cobijado bajo el paraguas de la exención por graciosa intervención externa considerada de autoridad.

Frente al cumplimiento ciego e irresponsable de las órdenes, se contrapone, en mayor grado, la objeción de conciencia y, en un grado menor pero más habitual, la negación a participar. Esta última actitud, presente en numerosas situaciones, se ejemplifica de manera gráfica con el *Yo no* de Joaquim Fest ya citado y que volvemos a reproducir. Ante los desmanes cometidos por los nazis durante la docena de aborrecibles años de su locura, Joaquim Fest hizo suya una frase que su padre le obligó a recordar siempre «*Etiam si omnes, ego non*» (*Aunque todos participen, yo no*) y que convirtió en el título de sus memorias, *Yo no*.

Esta no participación, en momentos de irresponsabilidad, supone, cuando es demostrada y valorada con posterioridad, su conversión en lo que se suele denominar como 'autoridad moral' y que viene avalada, asumida y respaldada por otros debido a la contundencia de los hechos y, por supuesto, de los comportamientos.

Antes de proseguir con la determinación de los contenidos fundamentales que configuran los distintos aspectos de la Responsabilidad (y por derivada de la Irresponsabilidad) hemos de considerar que las Falacias antes descritas no suponen una valoración sobre su conveniencia o idoneidad en el uso. Simplemente se plantean como la detección y determinación de las argumentaciones falsas o incorrectas más habituales ante el requerimiento de Responsabilidad en general y responsabilidades en concreto y que suelen argüirse de manera acostumbrada.

6

LOS GRADOS DE LA RESPONSABILIDAD A TRAVÉS DE LA ACCIÓN

Después de elaborar la **definición de la Responsabilidad** (respondiendo con ello a dos de las preguntas básicas ya expresadas en la Introducción y que con la Conciencia y la Autonomía sustentan a la Libertad; en primer lugar, «*¿Qué es y qué significa SER responsable?*» y, en segundo lugar, «*¿Por qué se DEBE SER responsable?*»), así como describir su composición mediante la estimación de las **Categorías** que la configuran (dicha clasificación responde a las preguntas sobre de «*¿De Qué y de Cuánto se es responsable?*» a partir de a qué nos lleva ser responsables), apelamos a la práctica de la responsabilidad mediante la caracterización en el tiempo de los **Modos** (respuesta a la pregunta acerca de «*¿Cómo se es ser responsable?*» y, por lo tanto, que con-lleva ser responsables). Pues bien, hora es ya de aplicar todo lo expuesto a los directos actores del ejercicio de toda dicha Responsabilidad, esto es, a los seres humanos concretos, configurándose así la pragmática de la responsabilidad, y, como derivada, de la irresponsabilidad. Se trata, por lo tanto, de responder a otra pregunta más, además de el Qué, el Cómo y el Cuándo, también sobre «*¿Quién y en Qué medida se es responsable?*», de *Cuanto* somos responsable, como se sobre-lleva el ser responsable como una imposición que nos condiciona, incluso frente a quién hemos de justificar nuestro comportamiento, a quién y cuánto implica la gradación de la responsabilidad en relación con el escalón de presencia e involucración concretos en el que se habite y que este resulte reclamable. A este aspecto sobre la sucesiva importancia del nivel de implicación atribuible a la responsabilidad de quiénes sean sus directos o indirectos actores lo aglutinaremos en el referencial de los **Grados** de la Responsabilidad.

1. Concepto de Gradación de la Responsabilidad

Tratando de huir de la supuesta equivalencia, ya negada, entre Responsabilidad (concepto civil y penal) y Culpa (concepto moral y religioso), habiéndose considerado, eso sí indebidamente, como términos equivalentes e incluso sustituibles, eliminaremos para obtener la gradación el término «cómplice» como manejable para la determinación de los Grados o escalones de Responsabilidad. Como orienta en frase feliz y ya varias veces citada Joan Fuster, *«Cómplice es el que te ayuda a ser como eres»*; y esta es la acepción que intentaremos no trasladar a los Grados de Responsabilidad. No se trata de buscar y localizar cómplices, sino de establecer los niveles de involucración y compromiso adquirido con respecto a la Responsabilidad en función no tanto de la equivalencia entre el provocador de la acción y el posible acompañante, cuanto de cercar la dimensión propia del provocador y la consiguiente del acompañante en su propia responsabilidad (teniendo en cuenta que ambos resultan implicados); se trata, en definitiva, de un 'ir más allá de la complicidad'. Buscamos por parte de quien actúa, quien ejecuta, conectar su acción con los otros dos componentes de la Libertad, la Autonomía y la Conciencia y donde la Responsabilidad, como un miembro más de la tríada de integrantes que configuran la Libertad, también ocupa su lugar. Esto es, delimitando las asignaciones correspondientes a quien actuando responsable o irresponsablemente lo hace por decisión propia y concibiendo un cálculo con respecto a la trascendencia de su actuar; de este modo nos alejamos de una elucubración comunitaria y emparejadora de la Responsabilidad, constituyéndola, así, de manera exenta. No buscaremos elementos ancilares o apoyos externos para analizar y juzgar el comportamiento, sino, más bien, se trata de localizar las motivaciones intrínsecas que fundamentan la decisión tomada. Esta orientación que proponemos se enfoca a mantener una diferenciación entre autoría frente a complicidad, quedándonos en la primera y meramente citando la segunda. Ser cómplice es una externalización de un comportamiento que, por su carácter de supuesto acompañamiento, no resulta por ello menos responsable y gravoso; mantiene, con esta formulación, su propia identidad.

Nos alejamos, así, de dotar de importancia a la complicidad, puesto que esta suele sostenerse en una orientación negativa, salvo cuando la complicidad se concibe como parte de la creación de intimidad. Convertirse en cómplice supone, en su vertiente negativa, la comisión conjunta de hechos punibles; se suele ser cómplice en su dimensión positiva cuando se crean vínculos, en particular afectivos, con un resultado de interés común en la continuidad de la relación. El cómplice, en ocasiones, no necesariamente ejecuta directamente, más bien incita o facilita, apoya en definitiva y como tal, tendrá su propia responsabilidad. De este modo, para determinar el grado de complicidad no es solo importante la relación con el perpetrador como ejecutor, sino que lo fundamental será determinar su parte de responsabilidad propia; y esta es compleja y diversa. No entenderemos en este momento la Complicidad (ni la complicidad técnica o de hechos, ni la complicidad intelectual o psíquica propias de su concepción jurídica) como un referente único en la participación criminal, dado que, en la actualidad, constituye un cierto 'cajón de sastre' indefinido y poco clarificador a la hora de determinar las responsabilidades. Pareciera conllevar un aspecto de traslado de la responsabilidad o al menos de una parte de ella del cómplice al perpetrador, haciendo de este último el único ejecutor. Pero, a cada cual, lo suyo. Atribuir la complicidad como mera coacción (consciente o no) o influencia insuperable no puede convertirse, de este modo, en un eximente ni abstraer de las propias y debidas responsabilidades. Además, está la dificultad de atribuir, de manera objetiva, grados de complicidad debido a su gran carga subjetiva e incluso emocional; es más, resulta complejo determinar la gradación temporal de la complicidad (dejando aparte la especialmente simple diferenciación establecida entre complicidad primaria o cooperación necesaria y la complicidad secundaria o simple, establecida ya por el derecho penal). Por ello, hemos de encontrar otros referentes, otras nominaciones, para gradar la Responsabilidad tratando de resultar lo más precisos posible.

En consecuencia, concebiremos para el establecimiento de los Grados de la Responsabilidad otra denominación partiendo del concepto de Autoría, mucho más intensa e implicadora que la mera complicidad (puesto que esta, como hemos caracterizado, puede tener una dimensión positiva o de cierta elusión de responsabilidad por apelar al pericardio sustentante de los sentimientos y verse afectado por alguna de las falacias ya reseñadas, como, en particular, ocurre con la segunda y la quinta). Y así, la autoría puede tener tres dimensiones o niveles afectados por la asunción de la Participación, la Involucración, la Implicación, la Indiferencia o la Negación: la Autoría activa directa (caracterizada por la Participación Directa y la Comisión misma), la Autoría pasiva indirecta (compuesta por la Involucración y la Implicación) y la Autoría pasiva (afectada por la Indiferencia y la Negación). La Autoría activa directa se personifica en el autor concreto como ejecutor, bien por acción o bien por la toma de una decisión coincidiendo con el perpetrador implicado (que es el sujeto de imputación en el ámbito penal), suponiéndole con ello un apoyo. La Autoría pasiva indirecta se especifica en la Involucración (estadio más intenso que la Implicación, la cual conlleva un condicional), con tres momentos graduales (en formato de coautoría) que son: la Instigación, la Incitación y la Protección, gradación que va de mayor a menor involucración. Finalmente la autoría pasiva, basada en la Indiferencia pone de relieve la importancia de la Implicación que, aún siendo la no acción un tipo de actuación, como ya hemos constatado con anterioridad, atribuye carga de la prueba a los sujetos pasivos aunque estos no hayan participado directamente en la acción sujeto de responsabilidad (todos aquellos que habiendo tenido noticia o conocimiento, por omisión, dejen de actuar, se incluyen entre los autores, aunque, en este caso, lo sean de un modo pasivo) pero lo aceptan o permiten; el modo menos intenso de la Indiferencia deviene en Negación. A estos últimos, tal y como nos referiremos más adelante, se les puede atribuir la que hemos denominado y definido ya como 'responsabilidad moral' en términos generales y, de actuar de modo activo sobreponiéndose a las circunstancias, como 'autoridad moral' en particular.

2. Los Grados de la Responsabilidad

Orientado por lo anteriormente definido, estableceremos cinco grados de Responsabilidad en función de los niveles de Participación, Involucración/Implicación e Indiferencia/Negación. Todos los grados suponen Involucración siendo objeto de una gradación en sí más intensa la Participación y manteniendo, así mismo, la Indiferencia cierta presencia. De este modo, determinamos:

- La *Autoría Activa Directa* (con los niveles de Participación Directa y Comisión), que se personifica en los Perpetradores.
- *Perpetradore*s: aquellos que llevan a cabo un delito o una falta grave. Implica la actuación directa y esta puede tener dos dimensiones:
- *Perpetración por acción o por omisión*, aplicable cuando el resultado de una intervención directa resulta ser innegable, atribuible por una comisión clara y activa. En el caso de la omisión, supone un «dejar hacer» consciente cuya responsabilidad es claramente atribuible al provocador de la acción. Supone la personificación más clara de la autoría, es decir, el sujeto de imputación. A esta tipología se adscribe la ya explicada *Responsabilidad Absoluta*.
- *Perpetración por inducción o apoyo*, que conlleva la acción consciente de un mal a través de la apelación a la ejecución de un comportamiento ajeno inadecuado con consecuencias fatales. Sería lo más cercano a la Complicidad. Supone la aplicación de los argumentos, en su mayoría falaces e interesados, aportados como válidos con la intención de favorecer un comportamiento interesado con resultado fatal. A esta

formulación se le puede atribuir la que ya hemos denominado como *Responsabilidad Histórica*.

El primero de los casos, este, como ejecución, deviene en la coautoría del segundo en formato de cooperante, aunque con un grado de imputación menor entre una y otra. Ambas, como el resto de las distinciones, beben también en las fuentes de la más directa Participación.

- La *Autoría Activa Indirecta* (compuesta por la Involucración y la Implicación), conjunto de aquellos que, no siendo activos directos en la ejecución, se encuentran involucrados e implicados en distinto grado en el resultado final interviniendo en formato de tres estadios graduales como: Instigadores, Incitadores y Protectores o Encubridores.

- *Instigadores*, denominación aplicable a quienes no participando de manera efectiva en la perpetración de una actuación cuestionable o punible favorecen en el perpetrador actuar de manera irresponsable. Puede aplicarse también a quien ayuda a una acción de consecuencias positivas. Este sería el aspecto no negativo anteriormente mencionado que tendría la complicidad entendida en su faceta benévola, a la que nominamos, pero no entramos en su caracterización. La implicación personal se vuelve aquí necesaria y por ello aplica la distinción de la *Responsabilidad Personal*, adscripción difícilmente graduable en cuanto a una comisión punible.

- *Incitadores*, quienes, no instando de manera directa, actúan por incitación indirecta, favoreciendo o jaleando con ello un comportamiento inadecuado interviniendo puntualmente y con clara intención de ofrecer y dar sustento. El incitador, no siendo parte activa de la perpetración, induce de manera indirecta, comportándose como un soporte en momentos específicos, siendo consciente, en el caso del resultado nefasto que se va a producir. No suele darse en el formato positivo, aunque si, de manera muy habitual, en el formato negativo propio de la complicidad coautora, en este caso, negativa.

Supone una participación eventual y por ello le aplica a la caracterización propia de la *Responsabilidad Personal* en el caso de afectar a un colectivo y a la *Responsabilidad Individual* en la situación de implicar a personas concretas.

- **Protectores**, también pudiendo ser denominados Encubridores, esto es, actuantes ya casi totalmente pasivos ante el hecho punible objeto de adscripción de responsabilidad pero que, por razones diversas, encuentran que el delito provocado no mereciese castigo o incluso pudiera resultar justificable. Una actitud más activa implicaría el apoyo explícito o el cobijo tanto de tipo físico como argumentativo. A este grupo le correspondería la tipología de Responsabilidad que hemos denominado *Responsabilidad Compartida*.

- La *Autoría Pasiva* (Indiferencia o, incluso, Negación), representada por los Espectadores Pasivos. Este aspecto ha sido ya tratado con detalle en el apartado dedicado a la *Responsabilidad Diluida* o 'Responsabilidad del Testigo'.

- **Espectadores Pasivos**, colectivo que abarca a quienes presenciando y siendo conscientes de una situación anómala, inadecuada o claramente delictiva, haciendo caso omiso de las circunstancias, dejan de actuar debidamente consintiendo el mal provocado por otros. Tal y como ya se citó más arriba, el tipo de Responsabilidad que en términos generales le correspondería sería la *Responsabilidad Diluida*, ese silencio culposo convertido en irresponsabilidad.

7

LAS AMBIVALENCIAS DEL CONCEPTO DE RESPONSABILIDAD

Constatado queda ya, de manera reiterada incluso, la ambigüedad, más bien ambivalencia, con la que se lleva utilizando tanto en el propio caso del término responsabilidad como en relación a todo aquello que de él dimana. Por ello, y para aclarar, hemos tratado de responder a las preguntas sobre las relaciones que se establecen dentro y fuera del *Perímetro de la Responsabilidad*. Y con cuatro compendios de su caracterización hemos de quedarnos para afianzar el concepto adverbial de la Responsabilidad, en su afectación por y para su faceta temporal. Y éstos son:

- El ámbito del *SER*, donde trataremos la dimensión metafísica (más bien ontológica) de la Responsabilidad en oposición al mero formato teológico e, incluso, jurídico.
- El ámbito del *DEBER SER*, dimensión que abarca los campos ético y moral.
- El ámbito del *SIENDO*, cancha que implica lo relativo al enfoque antropológico.
- El ámbito del *SERÁ*, dimensión que corresponde a lo histórico y a lo colectivo.

Las cuatro compendios o dimensiones se establecerán en diálogo con. Y, de este modo, en el ámbito del SER el diálogo será con Hans Jonas: en lo referente al DEBER SER llevándose a cabo con Emmanuel Lévinas; en la dimensión antropológica, el SIENDO, el diálogo se establecerá con Xavier Zubiri; y, finalmente, en lo correspondiente a lo colectivo, bien como decurso sucesivo o bien como trascendencia temporal afectando al futuro, que denominaremos el ámbito del SERÁ con Karl Otto Apel.

Porque, en realidad, eso es lo que implica la filosofía, el diálogo con las ideas y las teorías, por lo tanto, con la tradición filosófica. El espíritu de la filosofía, reducido casi siempre al carácter fundamental de las preguntas, en verdad, como bien establece Javier Gomá, es, en definitiva, el compendio de las respuestas aun cuando las preguntas resulten imperecederas por sustanciales. Por ello, una aproximación y un ahondamiento en las dimensiones de la Responsabilidad exige dialogar, dialogar con quienes, con anterioridad, hayan estado muy presentes y de manera protagónica en el devenir intelectual tanto de la definición como de los requisitos que establece la Responsabilidad. Sobre todo, con aquellos que hayan presentado una propuesta exenta sobre la Responsabilidad para su análisis, debate y generación de conclusiones, esto es, como ofrecimiento sobre la concepción de lo que ella significa.

Resulta obligado, previamente, anotar uno de los referenciales de los que partirán estos autores, una de las raíces intelectuales que sostienen sus árboles conceptuales y que, consideramos, se encuentra en la fenomenología de Husserl, teniendo en cuenta que los cuatros filósofos del siglo XX implicados en el ahondamiento en la Responsabilidad mantuvieron relación directa o indirecta con Heidegger, el discípulo, a su vez, más dilecto para Husserl, hasta que los nazis prejuicios raciales del aprendiz se sobrepusieron al universalismo del maestro.

Como tal, Husserl, padre de la fenomenología, no dedicó una obra exenta al concepto de Responsabilidad, aunque, ya al final de su propia existencia, vital e intelectual, sí lo incorporó en su ya postrera obra de título *La crisis de las ciencias europeas y la Fenomenología Trascendental. Una introducción a la filosofía fenomenológica* (edición parcial de 1936), quizás su testamento filosófico y político. Después de haber padecido la Primera Guerra Mundial, circunstancia que le marco profundamente y donde, además, perdió a su hijo mayor, y encontrarse relegado por la barbarie nazi, desasistido por los suyos, en especial por Heidegger y con graves problemas personales (apartado de su cátedra emérita por su origen judío) en la Alemania de los años treinta, expirará por pleuresía en abril del año 1938 habiendo dejado esta última obra, considerada por él como su postrer esfuerzo por reorientar el rumbo de la fracasada filosofía de la modernidad y de la Ilustración, tendencia inevitable que el propio Husserl calificaría de deriva; es más, llegará a estimar que la filosofía se encuentra, contemporáneamente, en una situación agonizante.

A los filósofos atribuirá en este escrito la función de ser 'funcionarios de la humanidad': «*la responsabilidad enteramente personal por nuestro propio y verdadero ser como filósofos en nuestra vocación personal más íntima entraña y lleva también en sí la responsabilidad por el ser verdadero de la humanidad, que no es sino en cuanto ser tendente a un telos y que sí puede ser realizado, lo puede únicamente por la filosofía, por nosotros, si es que somos seria y rigurosamente filósofos*».

Sin entrar en detalles sobre los aspectos fundamentales de este obra husserliana, amplia y extremadamente compleja, último grito de salvación ante la crisis vital radical de la humanidad europea, apuntar que el ser humano presenta una obligación, una responsabilidad irrenunciable y radical de pensar su mundo, tanto el individual como el social y el cultural (llega, incluso en Ideas I en su Epílogo, a considerar que la responsabilidad es el 'fundamento último' de la filosofía, el *arché* y el *telos* de la misma). Esa responsabilidad se configura como una responsabilidad ética, constituyéndose esta en el fundamento de una obligada renovación, a la que denominará como 'clamor presente' y motivo fundamental de la ética, tanto humana, personal, como cultural, conjunta, haciendo que dicha renovación resulte imposible sin el auxilio de la responsabilidad y la autorresponsabilidad del hombre concreto y de la cultura humana en general. Muy soportado en y en consonancia con el método fenomenológico, la responsabilidad ética se sostiene sobre la toma de conciencia acerca de los actos libres voluntarios y autónomos cimentados sobre estructuras individuales y sociales pre reflexivas ya dadas y que, como resulta natural, influyen sobre los valores personales y sociales.

Tanto el concepto de responsabilidad como su conexión con los valores serán tratados por tres de sus discípulos inscritos en la denominada 'escuela fenomenológica': Max Scheler, el autor más importante en la axiología o teoría de los valores, la incorporará a sus 'actos intencionales' en su *El formalismo en la ética y la ética material de los valores* (1913-1926, editado en dos tomos), indagando a su vez en los conceptos de corresponsabilidad y autorresponsabilidad; Nicolai Hartmann, padre de la ética de la situación, en «*Ethik*» (1926) lo tratará como una 'antinomia axiológica', atendiendo a la consideración de la responsabilidad como una consecuencia del conflicto entre valores; y, finalmente, Dietrich von Hildebrand, filósofo y teólogo cristiano, expondrá en su voluminosa e influyente *Ética* (1953), la trasmutación de la responsabilidad, una de las cinco dimensiones básicas de la moral, en respuesta a los valores, que son absolutos, es decir, se responde o no se responde, abriendo con ello la concepción católica de la Responsabilidad que aparecerá con posterioridad en el grupo polaco al que perteneció Karol Wojtyla, con el paso del tiempo convertido en Papa con el nombre de Juan Pablo II.

Después de realizar la detección de antecedentes sobre la Responsabilidad que, conceptualmente, tendrá su desarrollo en el siglo XX y con el mencionado diálogo como fórmula de abordaje de las orientaciones propias de los máximos exponentes de la consideración exenta de la Responsabilidad, hora es ya de concretar.

1. La dimensión metafísica de la Responsabilidad. El diálogo con Hans Jonas

Desde el inicio de este tratado, hemos puesto de manifiesto el carácter ontológico de nuestro análisis. No se trata solo de indagar en aquellos aspectos más o menos genéricos e incluso puntuales de todo lo referente a la Responsabilidad, sino también de profundizar en sus raíces ónticas, su radicación en el ser y no tanto quedarnos en sus meros accidentes ni en una percepción estereotipada.

Habíamos convenido que, como tal, el concepto de Responsabilidad había sido una invención propia del espíritu ilustrado. Por ello, enunciaremos para su fundamentación conceptual como parte de la superación del proyecto de la Ilustración, la eliminación de los resabios teológicos y religiosos a los que nos tiene acostumbrada la reflexión sobre la Responsabilidad. Aunque la caracterización de imputación resulte, finalmente, individual, la Responsabilidad del ser humano no se refiere, únicamente, a su dimensión personal, esto es, establecida sobre la persona, sino también, de un modo más generalizado, a toda la humanidad. Esa es la dimensión que, naciendo con Sartre, nos impone establecernos en relación con el 'otro', convirtiendo 'la responsabilidad con quién' en 'la responsabilidad para con quién'; la Responsabilidad, con mayúsculas, así entendida como 'hacerse cargo de'. De este modo, la Responsabilidad, considerando ficticia e ideal su dimensión absoluta conectada y subordinada a la Libertad como Idea Fin, se vuelve más humana, con menor dependencia o inexistencia total de recursión, entendida como recurrencia a, con respecto a lo trascendente. El hombre no sólo se encuentra solo frente al mundo, sino que en lo que respecta a la Responsabilidad no existiendo dimensión espiritual externa a la que derivar, éste se encuentra ante el mundo desposeído de las armas externas que le obligan a luchar por su propia existencia. Eso sí, con una soledad compartida relacionada con el resto de los individuos, al resto de los seres humanos con los que comparte su estancia en el mundo. Pretenderemos con ello eliminar el carácter trascendente, en particular el religioso, de la Responsabilidad impeliendo al ser humano a hacerse cargo de su inevitable destino, destino común, a través de responsabilizarse de sus propias decisiones y acciones, así como de las implicaciones que ello conlleva. Por ello, al final de la cuerda de la responsabilidad se encontrará la mano de un individuo, de sí mismo o de otro, y no la traslación externa de lo propio, esto es, un decidir, actuar y esperar el resultado, responsablemente, con la asunción de su propia autoría; la del propio y exento ser humano como tal.

En definitiva, somos responsables de la idea de hombre, de que haya concepción de humanidad. Como enuncia Hans Jonas, la responsabilidad primaria es la del hombre con el hombre, con su dimensión como especie, principiando consigo mismo.

Jonas pasa por ser el 'filósofo de la responsabilidad' a raíz de la publicación de su libro *El Principio de Responsabilidad. Ensayo de una ética para la civilización tecnológica* en el año 1979 en alemán y en 1984 en inglés. Publicación de gran trascendencia posterior, libro oportuno por los debates abiertos en su momento sobre el futuro del planeta y de sus moradores, el pensamiento de Jonas que culmina en su consideración sobre la responsabilidad y la trascendencia que supone, estuvo precedido por dos etapas anteriores en su pensamiento: el interés por la Gnosis y la estima sobre el fenómeno de la vida.

Los fundamentos del pensamiento de Jonas se encuentran en su inicial y seminal estudio sobre la Gnosis (no en vano fue objeto de su tesis doctoral, siendo publicada con posterioridad compendiada con el título de *La gnosis y el espíritu de la antigüedad tardía. De la mitología a la filosofía mística* elaborada e impresa en dos tomos durante los años 1934 a 1954). No podemos olvidar tampoco, que su director de tesis fue uno de sus mayores conocedores, el teólogo protestante alemán Karl Rudolf Bultmann, contando para ello con el *placet* expreso de su maestro Martin Heidegger. Las raíces del pensamiento de Jonas son, por lo tanto, religiosas, especialmente trascendentes dados los temas que afectan a la Gnosis: el mito del pecado original, la importancia del mal y el fenómeno original fundamental, esto es, la insuficiencia humana con respecto a Dios, en definitiva, la íntima relación a través de la voluntad del ser humano con la divinidad.

Detrás de la mitología gnóstica, emerge un nuevo *Zeitgeist* (espíritu de una época), un clima espiritual propio de la antigüedad tardía y del proto cristianismo, manifestado a través de la mitología gnóstica. Jonas se compromete a tratar de solventar y superar la tradicional separación entre Dios y el mundo, dualismo que crea una concepción pesimista del propio mundo por la obligada necesidad de una perdida religación completa con la divinidad (reflejado con posterioridad en su intento de superar dos dualismos: uno sustancial entre metafísica y ética y otro conceptual entre hombre y naturaleza). Fundado en el concepto heideggeriano de la *Geworfenheit* (*ser arrojado*) que Jonas cree descubrir en la Gnosis, el hombre se halla arrojado en un mundo que le resulta espiritualmente extraño y que le conduce a una vida alienada respecto a sus más íntimas exigencias. El ser humano se encuentra, de este modo, arrojado dentro del mundo y también trasteado fuera de la naturaleza. Así, la interpretación de la gnosis y su trascendencia se verá trufada de respuestas desde el existencialismo y el nihilismo con el objetivo de superar ese sentimiento de desposesión y abandono en su estancia terrena.

Toda esta reflexión lleva a Jonas a una profunda meditación sobre el fenómeno de la naturaleza y su influencia ante el presente y el futuro de los seres humanos. Elaborando una biología filosófica, plasmada en su profética obra *The Phenomenon of Life. Toward a Philosophical Biology* en el año 1966, editada en alemán con el título de *Organismo y Libertad* (*Organismus und Freiheit. Ansätze zu einer Philosophischen Biologie*) en el año 1973 y rehecha como *El Principio Vida. Hacia una biología filosófica*, publicándose ya, definitivamente, como texto final en el año 1994, Jonas ensalza a la naturaleza, en una especie de renovado espinozismo, donde esta posee una finalidad inherente y, objetivamente, también entendida ella como propiamente intrínseca: la consecución de la vida. Recupera de este modo Jonas una cierta visión aristotélica de la naturaleza, donde resulta concebida con intención, tratando de superar unas ideas sobre la misma, dependientes tanto del antropocentrismo como del mero materialismo orgánico. El tratado de Jonas supone, a su propio juicio, una «*interpretación ontológica de los fenómenos biológicos*» desde la propia mismidad de la Naturaleza.

Pero, para nuestro propósito, el trabajo de Jonas que nos ocupa y con el que establecer el diálogo anunciado y previsto, es *El Principio de Responsabilidad*, libro que abre su etapa más conocida y reconocida. Libre ya de presiones y ataduras diversas, en su momento jubilar, Jonas se embarcó en el desarrollo de un argumento ontológico en el ámbito de la ética, poniendo para ello en el centro de dicha ética a la Responsabilidad. Su propuesta ética no dejará de ser el fruto de un intento por superar el dualismo hombre-naturaleza a través de un nuevo paradigma moral mediado por el concepto de Responsabilidad para así responder a los desafíos de la era tecnológica.

Obra compleja y orientada desde el inicio (no en vano, Jonas cita en sus Memorias que es un libro aristotélico, con la pretensión de responder a la pregunta 'para qué' y escrito con la vocación profética de que «*esta será nuestra ética hasta el final del siglo*»), su propósito es lograr lo que no pudo hacer Kant con todo su aparato conceptual: vincular la ética y, por lo tanto, la Responsabilidad, con el futuro. Una vez más, los anteriormente mencionados *Feuermelder*, los otros 'avisadores del fuego' contra el futuro tomaron la antorcha del pensamiento basado en la desconfianza frente a la tecnología y ante los avances tecnológicos, volcando, además, Jonas en este particular gran parte del pesimismo ontológico heredado de su profundo conocimiento del misticismo gnóstico y de una clara influencia del pensamiento heideggeriano, en particular, sobre la técnica. Por todo ello, un futuro comprometido exige una ética de la Responsabilidad. Tal es así que enuncia que la tesis de partida del libro resulta ser que «*la promesa de la técnica moderna se ha convertido en una amenaza, o que la amenaza ha quedado indisolublemente asociada a la promesa*».

Aún así, un ligero optimismo se atisba en Jonas cuando en un artículo del año 1992 titulado «*El mundo no está exento de valores ni disponible a voluntad*» enuncia que «*el mundo no está desprovisto de valores; en el mundo hay al menos un valor, la existencia de la res-*

ponsabilidad, que es mejor que su no-existencia». Esta idealización muy propia del uso que hace del término Responsabilidad va a ser el fundamento de la reflexión de esta su, quizás, obra más conocida y ya citada.

En puridad, el fin último del texto de Jonas consiste en elaborar un concepto realista desde el punto de vista filosófico del término y contenidos adyacentes unificados en la Responsabilidad, que huya de la indefinición y de la utopía moral, configurándola como un deber. Un término que se sostenga por sí mismo, sin apoyaturas externas, con fundamento en el ser propio; una suerte de *Tractatus Techologico-Ethicus*, donde, partiendo de la configuración de las éticas anteriores como enfocadas al hacer humano, de corte antropocéntrico, con carácter teórico y temporalmente inmediatas, Jonas propone una ética cuyo centro sea la Responsabilidad en el marco de un horizonte espaciotemporal proporcional a los actos. Ante las éticas de lo inmediato, Jonas se orienta, a través de la Responsabilidad, al largo plazo. Por lo tanto, la ética no va a tratar solo de lo bueno; deberá también considerar lo malo; sentenciando en latinajo, nada humano resulta ajeno a la hora de indagar en la ética y anidar en la Responsabilidad. Alcanzar la ética desde la ontología y por lo tanto fundamentarla en el aparataje conceptual y nominal de la metafísica, ese es el ingente empeño que Jonas se propone.

Esta revisión por parte de Jonas aplica también a las concepciones sacrosantas del pensamiento ético entre las que se encuentra, como no, el imperativo categórico de Kant. Se precisan nuevos imperativos, fundamentados en la consideración de la orientación hacia el futuro como la casa donde habita ya, ahora, el ser humano. Por ello, hay un deber para con uno mismo, así como para con los demás, la preservación de la vida, personificado fundamentalmente en la obligación del cuidado y de la continuidad en el papel del padre con respecto a los hijos. Se nos antoja esta cohabitación obligada, la de la religación a través de la paternidad como un resabio más de la predeterminación judeocristiana del pensamiento de Jonas. Velar por el futuro de los hijos es la esencia de la pater/maternidad. Supone ello la garantía del ejercicio del primer imperativo de los reclamados por Jonas: que haya humanidad y que, habiéndo-la, ello nos hace responsables de la idea del hombre. El sustrato de la Responsabilidad hunde sus raíces en la ontología y sostenida con su afán de ganar el futuro, se tiene que proponer procurar la repre-sentación de los efectos futuros. En definitiva, supone la garantía de la continuidad, tanto de la ética como de la propia humanidad.

Ahondando en un pesimismo ya casi de carácter ontológico, Jo-nas da más preeminencia a los pronósticos malos que a los buenos. Por ello, considerará que la Responsabilidad tendrá un marcado carácter finalista, respondiendo a la pregunta sobre el *¿para qué?* Este débito con el fin determina la distinción entre el bien y el mal.

La consideración sobre la Responsabilidad de la que hace gala Jonas mantiene una vertiente muy evidente: la Responsabilidad responde, como no, a la imputación de los actos cometidos, a la obligación de la reparación. Distingue, así mismo, entre responsa-bilidad legal, aplicación esta del derecho civil, y la responsabilidad moral, ámbito este del derecho penal. Lo que sí parece claro es que para actuar irresponsablemente hay que romper la relación de fide-lidad, de deber para con otros, que configura mi responsabilidad. Mi responsabilidad, como tal, es propia, del sujeto, no demanda la reciprocidad. Y esta responsabilidad deriva en una suerte de res-ponsabilidades no totalmente definidas por el autor tales como la responsabilidad natural, la contractual, estás más objetivas, y aque-llas más subjetivas que corresponderían a las autoelegidas como las aceptadas por el político y la derivada de la paternidad elegida. La primera y primaria responsabilidad, prototipo de la misma, se erige sobre el cuidado (*Sorge*), entendido como *cura*, aportada como fiel discípulo que era de Heidegger, del hombre por el hombre; a partir de aquí, se ponen en pie los dos paradigmas más eminentes de la Responsabilidad y ya citados: la del político (y su extensión al esta-do) y la del padre (y su ampliación a la familia). Y ambas resultan ser paradigmáticas porque se manifiestan como totales, abarcando a todo el ser, a la totalidad del ser. Son, en definitiva, las dos respon-sabilidades que destacan por encima de las demás.

También ambas responsabilidades tienen un horizonte temporal común, una meta a la que referirse y que las configura como tales: el futuro. Ello se debe a que la base de las dos, el futuro, fundamenta la misma orientación representada por la continuidad. La Responsabilidad así configurada, no es otra cosa que «*el complemento moral de la naturaleza ontológica de nuestro ser temporales*». Supone por tanto la conexión entre nuestras decisiones, esto es la acción premeditada, con el resultado futuro. Intuir el futuro, preservarlo y orientarlo es una faceta sustancial de la Responsabilidad, herencia clara dejada por el pensamiento de Heidegger en Jonas. La esencia de la humanidad, como Responsabilidad Colectiva, supone la preservación en y para el futuro.

Una reflexión obligada y ya central en el texto de Jonas, a pesar de su carácter decisivo, se orienta hacia el cuestionamiento de la razón de porqué el concepto de Responsabilidad no haya ocupado un lugar central en la teoría ética. Lo establece Jonas como causa en que, siendo la Responsabilidad una función del poder y del saber, con anterioridad y en épocas pretéritas, no resultaba tan importante la 'responsabilidad por lo venidero'. Nunca como hasta ahora, se entiende que, en su tiempo, por distintas amenazas, estuvo tan cuestionado el futuro, de ahí la reivindicación de la Responsabilidad, siendo uno de los cuestionamientos más importantes la pretendida importancia de lo material sobre lo espiritual, raíz esta del materialismo marxista. Partiendo del aserto kantiano «puedes, puesto que debes», Jonas enlaza querer y deber a través del poder, lo que permite colocar a la Responsabilidad en el centro de la moral. Como personificación del futuro, el eje fundamental a través del cual personar la Responsabilidad lo encuentra en la figura del niño, siendo este el objeto primordial de la Responsabilidad; se configurará por lo tanto como la mejor y más importante garantía del futuro.

El no cuidado del niño, arquetipo de la exigencia de la Responsabilidad, pone en duda, en entredicho, el futuro, la continuidad, objeto principal del análisis de Jonas. La era de la civilización técnica amenaza tanto el futuro de la humanidad como el futuro de la naturaleza. Este catastrofismo regirá el resto de su ensayo. Ciegos por el progreso tecnológico, apoyados en el ya mencionado bienestar material, no podemos darnos cuenta de la amenaza de catástrofe que supone este exceso de éxito tan inmediato y sugestivo, soportado en la tecnología. Entra por ello el libro en un paroxismo crítico con la situación actual, su situación actual entendida como su de él, estimando que se vive en un momento apocalíptico que derivará en «*una catástrofe universal inminente si dejamos que las cosas sigan su curso actual*»; y el peligro proviene de «*las desmesuradas proporciones de la civilización científico-técnico-industrial*». Ante toda esta más que previsible catástrofe, la solución se haya en la austeridad.

Soportada en una crítica a los fundamentos metafísicos del marxismo como epítome de una idealizada, irreal y utópica visión sobre el futuro de la humanidad, Jonas aboga por una cultura de la Responsabilidad no condicionada por el logro del bienestar material, razón causal básica de la utopía marxista. Considera, así, que «*la persecución de la abundancia con la ayuda de la técnica, más allá de los – por así decirlo – vulgares impulsos que comparte con el capitalismo, es un deber ineludible para el servidor de la utopía*». Al respecto, dos cuestiones que hace notar: la utopía es irreal y, además, es, de suyo, un ideal falso. Por lo tanto, hay que distanciarse y, en consecuencia, despedirse del ideal utópico.

La Responsabilidad hoy obliga a una revisión del ideal utópico, en especial del marxista, donde la salvífica lucha de clases sea sustituida por un reparto planetario del sufrimiento. Es exigido, pues, un nuevo orden mundial basado en una política constructiva global que se aleje del enfrentamiento y la violencia. Ante el progreso desmedido, consumidor voraz de los recursos planetarios, se vuelve una exigencia el mandamiento continuado y permanente de apelar a la austeridad. Ello conlleva una ética no utópica, una ética no sustentada únicamente en un principio de temor, aunque este no se convierta, directamente, en el primer deber preliminar de una Ética de Responsabilidad histórica, sino en un principio de responsabilidad, unificación del Principio de Esperanza de Bloch y el propio principio de temor, entendido como alerta para el cuidado actual del mundo, pero teniendo como horizonte el correspondiente al futuro. La tríada Temor, Esperanza y Responsabilidad con criterios de acción y actuación, realiza la composición del 'coraje para la responsabilidad'. Para Jonas, ello es lo único que puede poner coto y freno a un desbocado impulso hacia delante y a la querencia materialista en una inmediatez perentoria. El ya mentado temor, un temor fundado y no presa del amilanamiento, se compadece con el acicate necesario para mantenernos alerta ante nuestro destino, aunque, eso sí, auxiliado y acompañado por la esperanza. Ambas, se convierten en las garantías de la conquista del futuro.

Como toda teoría ética deontológica y prescriptiva bien fundamentada, esta deberá poseer un imperativo propio, soporte y sujeción del buen actuar. La ética con basamento en la Responsabilidad que propicia Jonas no ha de ser menos y así enuncia el propio de la Responsabilidad como «*el cuidado, reconocido como deber, por otro ser, cuidado que, dada la amenaza de su vulnerabilidad, se convierte en «preocupación». Pero el temor está ya como un potencial en la pregunta originaria con la que se puede representar inicialmente toda responsabilidad activa; ¿qué le sucederá a eso si yo no me ocupo de ello?*».

Pues bien, llegados estamos al momento de realizar una valoración sobre la propuesta de Jonas acerca de la Responsabilidad desde su consideración metafísica. En diálogo con su obra, estimamos que esta su propuesta mantiene un carácter influido por las circunstancias propias de su época, más proclive a valorar las profecías catastrofistas que a las optimistas (también en conexión con el propio carácter del autor según cita en sus *Memorias* (2003). La ética propugnada por Jonas, aun teniéndola muy en cuenta, no se fundamenta en la esperanza sino más bien en la reivindicación de lo catastrófico como elemento avisador y tratando así mismo de alertar antes de la llegada casi inevitable del colapso. Buenas intenciones, redactadas en una prosa heredada de su maestro Heidegger, aunque más digerible, pero que no pueden ocultar algunas grietas en su edificio conceptual. Y así:

1. La propuesta de Jonas carece de una teoría previa sobre la acción humana. La Responsabilidad se convierte en piedra an-

gular de una ética sin que se haya definido con claridad qué impulsa a obrar para considerar, con posterioridad, cómo calificar dicho obrar. En definitiva, esta propuesta carece de un «*ex ante*» y, orientada desde la preeminencia del futuro, la condiciona hacia un «*ex post*» largamente explicado anteriormente. Por ello, no desarrollando un modelo de ética normativa, utiliza el concepto de Responsabilidad para llevar a cabo un análisis sumamente crítico de la sociedad de su tiempo.

2. El condicionante fundamental de la filosofía de Jonas reside en sus férreas convicciones religiosas de origen judío y cristiano. No en vano, las relaciones del ser humano con la trascendencia divina corresponden a los presupuestos sobre los que Jonas construye la distinción entre Responsabilidad moral y Responsabilidad como principio metafísico, concepto este último nuclear en toda su exposición sobre la Responsabilidad. Y quizás sea por ello que no considere obligado tener un referente de comportamiento con respecto al ser humano que sostenga la acción; este se lo da su sentido de la trascendencia y el débito hacia la divinidad, en definitiva, se encuentra condicionado ya desde el origen. Estas convicciones judías y cristianas invalidarían un planteamiento de la Responsabilidad aplicable de manera única al género humano, dado que lo engarzan con el sentido de la trascendencia de fundamento en la tradición judeocristiana con formato deísta. Por lo tanto, no puede resultar universalizable, por razones más que obvias.

3. Como todo pensamiento con raíz religiosa, en lo referente a la ética, la explicación sobre la existencia del mal resulta siempre enojosa. Para cualquiera de los autores de la reconciliación entre la religión y la ética, que desde Kant resultan ser la práctica totalidad de sus discípulos, entre ellos el propio Jonas, su ferviente seguidor, y toda la tradición heredera del idealismo trascendental, se vuelve muy fastidioso hacer depender y enlazar el mal con el bien; siempre está suje-

to a cojas justificaciones convirtiendo la falacia naturalista en falacia deísta. Esto significará que, finalmente, se pueda acudir siempre y finalmente a la deidad, a la divinidad para justificar un proceder. Si Dios es bondad, bondad infinita, argumentar la existencia del mal siempre aboca a trasladarle la responsabilidad en formato de culpa al ser humano, haciendo inherente lo trascendente. La Responsabilidad reposa sobre la llamada al Bien, porque este siempre será superior al Mal (en modo presente, este pensamiento se encuentra en la conocida expresión de San Pablo: «*Noli Vinci a malo sed Vince in Bono Malum*», esto es, «*no seáis vencidos por el mal, sino venced el mal con el bien*» aparecida en su Epístola a los Romanos 12-21). Existe la culpa porque existe el mal y el mal existe para darnos cuenta del valor que supone la bondad. En realidad, el argumento sobre la existencia del mal es un argumento circular que se retroalimenta pero que no consigue explicar sus mismos y propios fundamento y existencia.

4. La noción de Responsabilidad, a pesar de formularse al modo kantiano, resulta excesivamente abstracta, dificultosa para concretar con ejemplos prácticos (más allá de su personificación en la paternidad) e ideológicamente orientada y no solo por su claro fundamento religioso. Es muy posible que ciertos hechos históricos le pudieran dar la razón, en particular con respecto a los regímenes políticos que analiza Jonas; pero ello no es justificación para hacer militar a la Responsabilidad en contra de tendencias determinadas que suelen estar en las antípodas de las posiciones de las creencias religiosas, tal es el caso del marxismo o de propuestas vitales de marcado carácter materialista.

5. Finalmente, Jonas, fascinado desde siempre por su maestro Heidegger, se deja mecer por el arrullador sonido de la verborrea heideggeriana que utiliza constantemente para tratar de enraizar semánticamente sus reflexiones en el lenguaje propio del 'filósofo de la Selva Negra'. Sin desdoro de su profunda reflexión, consideramos que la sombra de Heidegger

ejerce un excesivo influjo que tapa la brillantez de las deducciones del maestro de Mönchengladbach, convirtiendo algunas de las consideraciones en meros embelecos deudores del modelo nominativo de su antiguo mentor.

El arraigo del pensamiento de Jonas en sus principios religiosos durante su indagación sobre la responsabilidad se pone especialmente de manifiesto en su artículo de título «*El concepto de Dios después de Auschwitz. Una voz judía*» (1984), donde expresa, después de una minuciosa explicación ante la evolución de la influencia divina sobre la historia planetaria y llegando al momento concreto de aparición del ser humano sobre la tierra, argumenta que «*el surgimiento del ser humano significa la aparición de saber y libertad y con este don de peligroso doble filo, la inocencia del mero autocumplimiento vital del sujeto cede su lugar al deber de la responsabilidad bajo la disyunción del bien y del mal. En adelante, la causa divina, que sólo ahora se manifiesta, estará confiada a la oportunidad y al peligro de esa dimensión del cumplimiento; y su desenlace oscila en la balanza*»; de este modo, queda claramente encepada en la divinidad la aparición y los fundamentos de la responsabilidad humana. Aunque bien es cierto que, en otro artículo posterior titulado «*La fundamentación ontológica de una ética cara al futuro*» (1992), extiende el concepto de Responsabilidad, ante posibles críticas de otras orientaciones conceptuales e incluso religiosas, haciéndolo radicar no únicamente en la mera creencia (de ahí su carácter ontológico): «*la responsabilidad es, por tanto, complementaria a la libertad. Es el peso de la libertad de un sujeto que actúa. Soy responsable de mi acto como tal (lo mismo que de su omisión), y por ello con independencia de si hay alguien que —ahora o posteriormente— me pueda hacer responsable de él. La responsabilidad existe, en consecuencia, con o sin Dios, y evidentemente más todavía con o sin tribunales terrenos*». Aún sin convicciones y dada la raíz trascedente tanto de la Libertad como de la Responsabilidad, esta última tiene un origen clamorosamente religioso, aunque, por la orientación ontológica de Jonas, con pretensiones de ser aplicable universalmente. En definitiva, una argumentación retorcida e incluso un tanto torticera para, no aceptando el basamento religioso como inapelable, hacerlo adaptado a través de la argumentación metafísica para su aplicación al conjunto de los seres humanos. Coincidimos con F. Mann en que el fundamento de la responsabilidad en Jonas es teológico, convirtiendo a este, seguramente muy a pesar, en un filósofo-teólogo, coincidiendo así mismo con el José Antonio Marina del *Dictamen sobre Dios* (2006), quien así, como tal, también lo caracteriza.

2. La dimensión ética de la Responsabilidad. El diálogo con Emmanuel Lévinas

El judaísmo impregna gran parte del pensamiento filosófico de la primera mitad del siglo XX, proveniente de la influencia de los filósofos alemanes del primer tercio de dicho siglo, tanto por parte de aquellos que se mostraron a favor de dejarse influir por sus convicciones religiosas como los que tildaron de judaizantes algunas de las tendencias en la filosofía de la mencionada primera mitad del siglo XX, en particular el existencialismo y el estructuralismo.

Para un experto levinasiano como Jacques Rolland, *Totalidad e Infinito. Ensayo sobre la exterioridad* (1971) cierra la segunda gran etapa del pensamiento de Lévinas. Caracterizada la primera por tratar de hacer conectar el pensamiento judaico con la tradición del idealismo alemán en sus ya últimos estertores, representada sobre todo por su conexión con Husserl y, en parte, también con su maestro Heidegger, la tercera etapa culmina con *De otro modo que ser o más allá de la esencia* (1974), concluyéndose en un cuarto momento enmarcado entre el año 1974 hasta la fecha de su fallecimiento en 1995.

Si atendemos al propio criterio de Lévinas, dos son los períodos de su pensamiento, al modo kantiano, la etapa pre-crítica y la etapa crítica, siendo la bisagra el logro más consagrado y consagrador, *Totalidad e Infinito*; de ahí su gran importancia, obra en la que anidaremos en este apartado.

Es preciso tener en cuenta que, para comprender el sentido de la filosofía de Lévinas, resulta muy importante tener en cuenta algunos de los aspectos de su propia biografía. A criterio de Bernstein, *«hay que entender que el impulso primario del pensamiento de Lévinas es su respuesta al horror del mal que hizo erupción en el siglo xx»* y que el propio Lévinas conoció de manera descarnada en su estancia durante toda la Segunda Guerra Mundial en un campo de concentración.

Afirmará así mismo Lévinas, que su modo de escribir, su apuesta por el lenguaje crítico y, en ocasiones, abstruso, es una suerte de palimpsesto, un becerro reescrito habiéndose borrado textos anteriores que servirán de base para la reescritura. Entre las ruinas de dicha escritura todavía se oculta la cultura monoteísta judaica con su base tanto en el Talmund como en la Biblia —el libro por excelencia para Lévinas, tal y como lo expresa en su volumen de conversaciones con Philippe Nemo recogido bajo el título de *Ética e Infinito* (1982)—.

Emmanuel Lévinas, heredero de una honda tradición religiosa judaizada, representa una de las cumbres conceptuales de la ética contemporánea. Enraíza con la tradición filosófica occidental de pensar en el Otro e, inspirándose en la tradición hebrea, Lévinas buscará concebir de otro modo la relación, presentando al Otro como rostro que se me enfrenta, aunque no enfrentado, que se configura desde el Yo entendido este como un Ser-para-el-otro, aunque desde el Mismo.

Dada la complejidad del pensamiento de Lévinas, en particular en su formato expositivo, adornaremos siempre las afirmaciones rotundas con sus propias palabras, en particular las expresadas en *Totalidad e Infinito*. Ello se debe a nuestra decidida vocación de no traicionar los matices que su enredado reflexionar conlleva.

Por ello, ahondemos, pues, en *Totalidad e Infinito*. Y así, ya en el inicio de la obra, Lévinas augura y presagia su desenvolvimiento e intención futuras: *«aceptaremos fácilmente que es cuestión de gran importancia saber si la moral no es una farsa»*. Aludiendo a la función destructora de la guerra, Lévinas es víctima de su propio pasado. Utilizando como salvífica metáfora las nefandas consecuencias de los conflictos bélicos casi permanentes, así mismo considera también que el concepto de Totalidad ha dominado la filosofía occidental. Pero, a la hora de recuperar la individualidad, acude en nuestro auxilio la idea de trascendencia que Lévinas nomina como Infinito, aquel resplandor que, iluminando, se concreta en el rostro del otro. Esta relación a través de lo Infinito permite la experiencia por excelencia que es la relación misma con el otro: la idea de lo Infinito se impregna así de subjetivismo, frente a la objetividad de la guerra. *Totalidad e Infinito* es una defensa de la subjetividad fundada en la idea de lo Infinito más no como una guerra egoísta contra la Totalidad ni ante la angustia frente a la muerte, en abierta contraposición a Heidegger. La subjetividad, como receptáculo necesario para establecer la relación con el otro, se constituye en términos de hospitalidad. Existencialismo sí, pero con mesura, sin amargadas estridencias solipsistas; más bien se trata de fundamentar, fenomenológicamente, la relación con el otro.

Y serán precisamente las enseñanzas de Husserl (no en vano fue traductor de las *Meditaciones Cartesianas* junto con Peiffer al francés) las que, conceptualmente, podrán hacer pasar la ética a la exterioridad metafísica, convirtiendo a la ética, con su correlato subjetivo, en una 'óptica' dado que, sin la mirada del otro, la relación ética no subsiste. Lévinas constituirá así a la ética, la formulación básica de la interacción, en la filosofía primera, favoreciendo el tránsito desde la *ethica ancilla philosophiae* hasta *la philosophiae ancilla ethicae*; en definitiva, la conversión de la ética en una *óptica espiritual*. La filosofía tiene, así, una misión no meramente teorética. Lo esencial de la ética está en su intención trascendente y esa intención es la que permite la relación entre lo Uno y el Otro, convirtiendo a esta interacción en una relación ética. De este modo, *Totalidad e Infinito* se configura en una metafísica de las relaciones, en una arquitectura relacional de acercamiento y relación con el otro, en un «*otro modo que ser*» de hondo carácter relacional. Dentro de la Metafísica misma, Lévinas arrebata el trono al ilustre saber de la ontología para concedérselo a la ética. Y en relación con ello, la trascendencia no es solo una óptica, sino el primer gesto ético.

En propias palabras de Lévinas, expresadas en su ya citado *Ética e Infinito* (1982), libro basado en las ya mentadas conversaciones mantenidas con Philippe Nemo sobre el pensamiento del autor, «*mi tarea no consiste en construir la ética; intento tan sólo buscar su sentido*»; incluso, yendo más allá, para un pensador posterior de la talla de Zygmunt Bauman, una lograda ética posmoderna comienza con Lévinas.

La metafísica, orientada hacia lo exterior, se manifiesta en la relación que se define a través de la interacción con lo otro, donde «*el deseo metafísico tiende hacia lo totalmente otro, hacia lo absolutamente otro*». Pero la alteridad se configura como una exposición desde el Yo hacia lo Otro, siendo posible sólo si el Otro es otro en relacionado con una primera identidad, siendo esta identidad «*la obra original de la identificación*». Y, de este modo, el Yo, en una primera identificación como el Mismo, se dota de sentido gracias al Otro. Por ello, podemos considerar que Lévinas estima que en la esencia del Yo está la religación con el Otro: «*somos el Mismo y el Otro*». De ahí que en la esencialidad del Yo en su relación con el otro se incluya la relación misma. La relación esencial entre el Mismo y el Otro, esta se ubica en el lenguaje: «*para que la alteridad se produzca en el ser hace falta un «pensamiento» y un Yo. [...] La alteridad sólo es posible a partir del Yo*». El ente por excelencia es el hombre. Y este pensamiento relacional se substancia en el consistente del hablar y por ello, Lévinas nominará como religión a la ligadura establecida entre el Mismo y el Otro, aunque sin constituir una Totalidad, en línea con la tradición del pensamiento judío con base en el Talmud, aunque traspasado por el cedazo del pensamiento cartesiano a través del Cogito.

Reconoce Lévinas que la Metafísica precede a la ontología igual que la crítica precede al dogmatismo. La filosofía occidental ha sido muy a menudo una ontología, una reducción del Otro al Mismo, un acastillamiento en el solipsismo. Desde Sócrates, la primacía del Mismo ocultó la importancia y valor del 'Otro'. Lévinas se aventura, en ese sentido, a realizar una acerba crítica a Heidegger, considerando que el primado de la ontología heideggeriana no reposa en el 'truismo', pues afirma la prioridad del ser frente al ente, siendo obligada la confraternización con el ser, quien da la libertad. A partir de la obediencia al ser es cuando se alcanza la libertad, sometiéndose al ser: no es el hombre el que sostiene la libertad, es la libertad la que sostiene al hombre. Pero Lévinas, en abierta diferencia, va a postular que, por encima de la libertad, se encuentra la ética, convirtiendo a esta en una cierta Teología. Y he aquí donde se encontrará la gran discrepancia entre ambos pensadores, en las ideas combinadas de obediencia y de sometimiento, en si la libertad se somete a los principios o los principios a la libertad, en resumen, cuál es el modelo de relación entre la ética y la libertad. En definitiva, sus posturas difieren a partir de la respuesta que ofrecen a la pregunta sobre qué supone esta autarquía del Yo. Ambas vidas fueron ejemplos de las dos posiciones contrapuestas, libertad frente a justicia, la pugna europea de mitad del siglo XX entre un totalitarismo pretendidamente racional frente a la reparación ante el abismo de la eliminación de los otros: un Lévinas profunda y afrentadamente judío contra un Heidegger titubeantemente nazi.

Lo anterior es tan explícito en la obra de Lévinas que este habla incluso tanto del «*asesinato del Otro*» como de la identificación del poder como «*por esencia asesino del Otro*», en clara reminiscencia frente a las horrendas consecuencias que conllevó tanto lo sucedido antes como durante la Segunda Guerra Mundial, vividas de modo tan diferente por ambos. Todo lo expuesto en el capítulo 1, «*El Mismo y lo Otro*» no deja de ser más que un primer ajuste de cuentas con su antiguo maestro, trascendido a un choque de mayor envergadura, un choque de profundas divergencias conceptuales.

El empeño del libro de Lévinas va tomando forma en la fundamentación de una relación no alérgica con la alteridad que, además, pueda recuperar la verdad. No deja de ser un residuo más de su débito con Husserl: al ente mismo, a lo concreto, frente al idealismo no trascendental, aunque si trascendente de Heidegger; por lo tanto, la ontología supone la metafísica, en un claro enfrentamiento con el antiguo rector nazificado de la Universidad de Friburgo. Lévinas hace bueno, aunque con abstrusa terminología metafísica, que «quien salva una vida, salva el mundo entero», quien salva al ente, salva al ser, porque, como ya se apuntó, el ente por excelencia es el hombre. No puede haber, así, metafísica sin ontología, afianzándose en su pensar la primacía de lo concrete ante lo abstracto.

A partir de esta explícita distinción ante el pensamiento heideggeriano, revisita Lévinas conceptos clásicos de la metafísica, tales como objetividad y trascendencia, pero, en particular, la idea de Infinito, uno de los pilares de su obra. La posibilidad del análisis de esta idea de lo Infinito, a lo que solo se accede a partir del Yo, se termina con la superación de lo subjetivo. El Infinito se configurará, así, como el conjunto de posibilidades que se abren ante mí, ante el Yo. En esas posibilidades se enmarca la relación con el Otro, y por ello, lo más definitorio, lo que más se puede ver, puedo apreciar, es su rostro, que se configura como la representación del otro ante mí, siendo su expresión esa, ante mí; todo lo referente a lo infinito, se rebela en el rostro. El rostro no deja de ser la expresión de la individuación, la tangibilización del ente, concretar frente a mí el infinito, en definitiva, una aparición entendida y vivida como epifanía. La permanencia ante el rostro del otro, el cara-a-cara deviene así en lo inmediato. El individuo concreto solo puede ser rescatado por una salida hacia lo otro que, al tiempo, resulte ética.

La relación inmediata, este estar en el mundo con el otro es el verdadero sentido de la trascendencia. Lejos de acudir a una trascendencia extra mundana como fuente de relación, Lévinas se acomoda en una idea de lo infinito más cercana, más material, más de raíz mundanizada. La historia es una relación entre el 'Otro' y el 'Yo' que se aborda desde la interacción, no puede tener una explicación trascendental externa, siendo así la narración de lo particular, de los encuentros y los desencuentros entre el 'Yo' y el 'Otro'. En definitiva, *Totalidad e Infinito* es una suerte de arquitectura relacional que soporta y permite el acercamiento y permanencia ante el 'Otro'.

Tratamiento especial conlleva el ateísmo, al que Lévinas caracteriza como la separación ante el Ser con mayúsculas, vivir fuera de

Dios, lo que implica egoísmo, una posición anterior a la afirmación o negación de lo divino. Supone, por lo tanto, no hacer sitio a la posibilidad de relación y participación con la divinidad. ¿Y dónde queda la verdad? La verdad, una modalidad de la relación entre el 'Mismo' y el 'Otro', reposa en el lenguaje. Hablar supone presentarse al significar. Como consecuencia y ya en un ámbito más amplio, un ámbito social, sabiendo que la sociedad no puede resultar ajena a lo verdadero afirma Lévinas que «*la sociedad es la presencia del ser*», en la relación con el otro, lo que hace posible la verdad, esta se conecta con la relación social a través de la justicia: «*la justicia consiste en reconocer en otro a mi maestro*». Justicia sin retórica, sin engaño, ni dominio ni explotación; la justicia bien ordenada comienza por el otro.

En numerosas ocasiones, cuando Lévinas se refiere al otro con inicio en minúscula, suele ser con términos despectivos o contundentes, a lo concreto, posiblemente reflejo de sus experiencias marcadas por su vívida y vivida contienda mundial. No ocurre lo mismo cuando considera lo 'Otro' con mayúscula inicial. Y es la libertad la que se presenta como lo 'Otro'; la libertad, ese subproducto de la vida, ha de justificárse por la bondad. Pero falta la trascendencia hacia lo divino y esa dimensión hacia lo externo trascendente se abre a partir del rostro humano. La Trascendencia, también con inicio mayúsculo, como infinitamente 'Otro', nos solicita y nos llama. Solo al abordar al 'Otro', me asisto a mí mismo.

La separación entre el 'Yo' y el 'Otro' resulta, así, decisiva, necesaria y favorecedora de lo Infinito. A la relación entre el ser mundano y el ser trascendente le atribuirá Lévinas el término de religión, en definitiva, la posibilidad de la relación formal entre el 'Mismo y el 'Otro', su sostén mismo. En el recibimiento del 'Otro', inicio de la conciencia moral, se encuentra el cuestionamiento de mi libertad entendida como un Absoluto; y es la conciencia moral la que «recibe» al 'Otro'.

En abierta oposición a Sartre y, por lo tanto, al existencialismo, Lévinas va a considerar que la existencia no está condenada al ejercicio de la libertad; la existencia es libertad misma. La libertad, la determinación del Otro por el Mismo, solo puede fundarse por sí misma: «*recibir al 'Otro', es cuestionar mi libertad*». En definitiva, el infierno no son los otros, como afirmaría Sartre, el infierno soy yo sin considerar al 'Otro', es el 'Yo' sin el amparo y el auxilio del 'Otro'. Frente a un ensimismado existencialismo donde es el hombre quien sostiene una libertad radicalizada, será la libertad quien fundamenta al hombre, fuente de toda primacía del 'Mismo' sobre el 'Otro'. Apoyándose en el Cogito cartesiano, derivará en que el sostén del mismo Cogito sobre el 'Otro' es un anclaje en Dios, quien ha puesto en el alma la idea de Infinito; puro pensamiento cartesiano. Una reiteración de la ética convertida en Teología o, incluso, la Teología como una mera Ética, una mera exigencia moral. El 'Otro' que funda, en definitiva, Dios, se impone como una exigencia dominadora de la libertad, no la dificulta, en realidad la inviste, afectándonos colectivamente. También en realidad, a lo largo de toda la argumentación levinasiana, el 'Otro' es el origen y basamento de Todo, de la Totalidad, dado que favorece y posibilita el Infinito, convirtiendo el título del libro «*Totalidad e Infinito*», en una mera reiteración de palabras, en nominación husserliana, dos *noemas* con un similar significado.

Y el Mundo es posible porque existe la palabra, en definitiva, el mundo se sostiene en la palabra, en el Verbo. Gracias a la palabra, al lenguaje, el 'Otro' es más 'Otro' que nunca. Gracias al lenguaje se nos propone como existentes la objetividad del objeto y su significación, en una clara fundamentación argumentativa estructuralista: «*el discurso oral es la plenitud de todo discurso*», afirmará, contundente. La significación o la inteligibilidad no es más que una «graciosa concesión» del 'Otro' similar a la revelación cristiana: el modo como se manifiesta el 'Otro entre nosotros; y así, «*la significación se sostiene en el 'Otro' que dice o que entiende el mundo y al que su lenguaje o su entendimiento precisamente tematizan*», en el propio lenguaje de Lévinas. En definitiva y reiterando todo lo anterior, resumidamente, «*el pensamiento y la libertad nos vienen de la separación y de la consideración de 'Otro'*», siendo otra «graciosa donación divina» más.

El segundo capítulo, «*Interioridad y Economía*» no va a ser otra cosa que una mundanización de conceptos teológicos ya antiguos; pretensión de «*aggiornar*» ideas judaico-talmúdicas adaptadas a la realidad presente de Lévinas. Carece, por lo tanto, de gran trascendencia para lo tratado en esta obra sobre los perímetros concomitantes de la Responsabilidad y la Libertad. Aún así, alguno de los conceptos aportados por Lévinas tienen cierta trascendencia; tal ocurre con la idea de vida. Vida, para el lituano, es amor a la vida, vida es existencia que, no precediendo a la esencia, supone la conquista de la felicidad. Se vive de actos con el horizonte y el gozo de lograr la felicidad. Para la argumentación sobre la intencionalidad de los actos humanos recurrirá al Husserl de las *Investigaciones Lógicas* (volúmenes I y II, 1900 y 1901), considerando que hay que distinguir entre el acto de la representación y el objeto de la representación, siendo este último reductible a *noemas*. En una suerte de «movimiento cuántico» de la representación, sitio este de la verdad y puro presente, donde el movimiento propio de esta «*consiste en que el objeto que se presenta al que piensa, determina al que piensa*». En la representación, el 'Mismo' define al 'Otro', sin ser determinado por él. Como anécdota argumentativa, el texto pivota más sobre la interioridad que sobre la economía.

Después de un ilegible y enrevesado capítulo dedicado a pleitear con los conceptos heideggerianos en una lucha sin cuartel por demostrar más hondura que su maestro, Lévinas regresa al redil de la alteridad fundamentada en el capítulo 3, dedicado este al rostro y a la exterioridad, dos dimensiones vitales en su pensamiento. Volvamos al 'Otro', una vez más.

Sólo la relación con otro sostiene la trascendencia, pero, en realidad, es el 'Otro' el que dota de todo sentido debido a que resulta ser infinitamente trascendente. El modo de reconocer al 'Otro', de quién parte la Idea de lo Infinito, se encuentra en el lenguaje cuya estructura formal permite su «santidad»: «*y solo la idea de lo infinito mantiene la exterioridad del 'Otro' con referencia al Mismo, a pesar de esta relación. De suerte que aquí se produce una articulación análoga al argumento ontológico: en la especie, la exterioridad de un ser se inscribe en su esencia. Sólo así no se articula un razonamiento, sino la epifanía como rostro».* Este párrafo de *Totalidad e Infinito* refleja de manera muy ajustada todo lo que se expresará de manera razonada en el siguiente centenar de páginas y que compendia gran parte del pensamiento de Lévinas sobre el otro y el 'Otro'.

Afirma este que el otro es «*el único ser al que yo puedo querer matar*», debido a que es el único que puede decirme, soberanamente, **no**, en particular, «no matarás»; de ahí la posibilidad del ateísmo, como negación del 'Otro'. Esta tentación, se frena con la contemplación del 'Otro', del rostro, que provoca la 'resistencia ética'. La epifanía del rostro, la aparición revelada del otro es ética. La imposibilidad de matar tiene dos dimensiones, negativa y formal expresada por el mandamiento y positiva y material, puesto que es manifestación de la idea de lo infinito en nosotros, permitiendo la proximidad misma del 'Otro'.

El rostro es la personificación de la presentación de sí mismo por sí mismo, lo que permite una relación ética, ese cara-a-cara que nos demuestra la obligada existencia del 'Otro', quien no niega el 'Mismo'. La alteridad supone la asunción tranquila del 'Mismo', en contraposición a la tradición filosófica occidental, a menudo una mera ontología no trascendente, que subsumió lo 'Otro' enterrándolo en el 'Mismo'. Mi mundo es mío, gracias a que 'Otro' permite que pueda llegar a ser tema con una significación: «*tematizar, es ofrecer el mundo a Otro por la palabra*», afirmará Lévinas.

Al plantearse la relación con el 'Otro' como ética, se supera el solipsismo y se afianza la relación objetiva, soportada en un proceso puramente subjetivo. La relación con el 'Otro' mantiene, así, tintes de contemplación y de revelación. Apuntándose al Descartes de la tercera de las *Meditaciones Metafísicas* (1641), titulada «*De Dios que existe*», coincidirá Lévinas en que Dios, es el 'Otro' y la voluntad religiosa se configura como el modelo de relación. En el ser religioso, se es *en verdad*.

Es momento de inscribir y escribir la relación entre el 'Otro' y los otros. Dada la vinculación inexorable del 'Otro' inscrito en el

'Mismo' que permite, uniéndose, configurar el 'Yo', este desarrollo se produce cuando la epifanía del rostro, como rostro, introduce la humanidad. Hora es ya de localizar las relaciones: el *tu* se coloca ante un *nosotros*: «*por eso la relación con el otro o discurso es, no solo el cuestionamiento de mi libertad, la llamada que viene del 'Otro' para convocarme a la responsabilidad* [...]. *Toda relación social, como derivada, se remonta a la presentación del Otro al Mismo, sin ningún intermediario, imagen o signo, por la sola expresión del rostro. La fraternidad surge de la mirada sobre el rostro de los otros. La igualdad se produce cuando el 'Otro' manda al 'Mismo' y se revela a él en la responsabilidad*». Afirma por lo tanto Lévinas que el orden mismo de lo humano implica la fraternidad y la idea del género humano, convirtiendo la sociedad en una comunidad fraternal, planteamiento que solo lo garantiza el monoteísmo, una idea común de raza que se materializa, a través del acceso al otro en el rostro, en la responsabilidad para sí y para otro. El 'Otro', en su trascendencia, me insta a hacerme cargo del Otro' en los otros. En la coyuntura 'Yo'-'Otro' se da una inevitable orientación del ser «a partir del ser» hacia «el 'Otro'». Lo absolutamente nuevo es el 'Otro'. A juicio de Lévinas, «*la prioridad de esta orientación con relación a los términos que se colocan en ella —y que, por otra parte, no pueden surgir sin esta orientación— resume las tesis de la presente obra*».

Acercándose ya hacia el final, Lévinas se regodea, una vez más, en las manifestaciones del 'Otro: lo 'Otro' es el 'Otro', con mayúscula. Pero, en clave ya minúscula, ser en si es expresarse, servir ya al otro; y ser para otro es ser bueno. Y, yendo más allá del rostro, es donde Lévinas se recrea en las dimensiones netamente humanas del 'Yo' y el 'Mismo': el amor, el eros, la fecundidad, en coincidencia con Hans Jonas, para concretar, finalmente, en la filialidad y la fraternidad como los elementos diferenciadores del acontecer humano, netamente humano.

En resumen y en conexión con el capítulo 5 dedicado a las Conclusiones, se encadenan los conceptos fundamentales del pensar levianesco, en abierta oposición a los heideggerianos (incorporando a Heidegger a la filosofía de lo Neutro, tachando a su filosofía de materialismo vergonzoso): la exterioridad del ser, convirtiéndose en el 'Mismo', permite la apertura hacia el 'Otro'; frente a Hegel, el 'Otro' no es la negación del 'Mismo'; la verdadera esencia del hombre se presenta en su rostro; el 'Otro', como favorecedor de la relación entre los seres humanos, demuestra la presencia misma de Dios; la metafísica es la esencia del lenguaje con Dios, el Altísimo al cual subordino mí libertad; la relación metafísica del 'Yo' con el 'Otro' se desliza hacia la forma del 'Nosotros', fuente de la política y de constitución del Estado; la verdad metafísica supone el respeto del ser y no su fundamento en la libertad; la libertad debe justificarse, no se justifica por si misma, sólo se fundamenta en la relación con el 'Otro' a través de la ética y su ejercicio mediante la moral y, por ello, la moral no es una rama de la filosofía, sino que es la filosofía primera; me trasciendo a partir del 'Yo' haciéndome cargo del otro, favoreciendo con ello la bondad.

A estas alturas del análisis de la visión que Lévinas mantiene sobre la ética, parece claro que, al menos esta obra, supone un elocuente alegato contra Heidegger, una suerte de pliego de descargo, en definitiva un ajuste de cuentas en una triple dimensión, conceptual, personal y racial, contra el metafísico ex rector adscrito en su momento al hitlerismo (ya habiéndose propuesto entenderlo, en el año 1934, en publicación en el número 26 de la revista *Esprit* de título «*Algunas reflexiones sobre la filosofía del hitlerismo*», donde la exposición de sus posturas ante el avance de Hitler resulta un tanto ambigua y poco clara, aunque si resultó rotunda con respecto al racismo; algo muy distinto ocurre con el marxismo, al cual condena contundentemente).

Derivado de lo reflexionado en esta obra, anunciado ya pero no explicitado, aparecerá siete años más tarde «*De otro modo que ser, o más allá de la esencia*», una especie de suplemento o *adenda* a *Totalidad e Infinito* publicada en 1978, donde concreta con un mayor detalle una configuración de la responsabilidad como la estructura esencial, primera, fundamental, de la subjetividad. Y así, es en la ética donde se anuda el nudo mismo de lo subjetivo. Esa responsabilidad, es responsabilidad para con el otro, abordado como rostro.

Desde el momento en el que el otro 'me mira', soy responsable e, incluso, su responsabilidad me incumbe. En dicha obra se declara explícitamente que la responsabilidad es, inicialmente, *un para el otro*. En la bendita beatitud del pensamiento levinasiano, yo soy responsable del otro, incluso, sin esperar la recíproca, aunque ello cueste la vida, pero, y aquí nos resulta muy aclaradora la cita que en el capítulo 4 hace de Paul Celan, siempre, «*Ich bin du, wenn ich ich bin*», *Eres tú, cuando yo soy yo*». La recíproca es asunto *suyo*, puesto que la relación intersubjetiva, la relación con otro siempre, es asimétrica. En palabras de Lévinas, «*el yo tiene siempre una responsabilidad de más que los otros*»; pura traslación del pecado original a la mera argumentación filosófica. Influido por Dostoievski y su «*cada uno es culpable ante todos por todos y yo más que los otros*» (aparecido en su obra *Los hermanos Karamazov* en su libro VI, II), Lévinas encuentra salida a la religación con el otro a través de la responsabilidad colectiva de todos con todos. Pero, si nos apoyamos en Hanna Arendt, «*donde todos somos culpables, nadie lo es*», (aparecido en su artículo «*Culpa organizada y responsabilidad universal*», escrito en 1945 y reinterpretado en el año 1968 en los términos transcritos, tal y como ya hemos citado con anterioridad), afirmando que la culpa, a diferencia de la responsabilidad, siempre selectora, es estrictamente individual, esta, se nos antoja una salida en falso. La Responsabilidad entrevera los textos más sustanciales de Lévinas, pero, como tal, exenta, solo se encuentra tratada y de manera muy escueta en *Ética e Infinito*; a pregunta directa de Philippe Nemo: «*¿Qué entiende usted por responsabilidad?*» y mantiene, basándose en «*De otro modo que ser, o más allá de la esencia*», «*la responsabilidad es inicialmente un para el otro. Esto quiere decir que soy responsable de su misma responsabilidad. [...] El lazo con el otro no se anuda más que como responsabilidad [...] hacer algo por otro. Dar.*» Me ocupo del otro desde el yo, me ocupa porque me afecta: soy sujeto con respecto al otro porque soy sujeción al otro, siendo una responsabilidad intransferible, donde nadie puede reemplazarme. Al final, los mensajes de la Biblia aparecen por doquier. A la pregunta formulada por Dios a Caín, «*¿Dónde está Abel,* *tu hermano?*», éste responde, «*No lo sé. ¿Acaso soy yo el guardián de mí hermano?*» (Génesis, 4-9); la única respuesta por mandato divino es obvia, especialmente habiendo mediado, mientras tanto, el asesinato, SÍ.

Después de esta última afirmación, entramos en pugna con Lévinas, formulando discrepancias, aun asumiendo su enorme influencia sobre la consideración exenta de la Responsabilidad, así como con la trascendencia que sus reflexiones todavía mantienen. Y así, estimamos la formulación de la Responsabilidad en Lévinas:

1. Total e Infinitamente dependiente de la tradición religiosa judía, una suerte de religión nominada de manera filosófica que no se atreve a rendirse a sus raíces cristianas basadas en su sentido de la trascendencia y en su moral, acaba su propuesta convirtiéndose por ello en un argumentario teológico en una Teología descafeinada, edulcorada, tratando de hacerla aparecer como una filosofía desligada de la creencia. Algo, por otro lado, muy propio en los analistas de la Responsabilidad, pero, en este caso, sí diferenciadose de otras posturas debido al complejo andamiaje que Lévinas construye para su justificación. Toda esta superestructura está erigida a mayor gloria del Otro, donde la Responsabilidad Moral es un ser para otro, donde la proximidad se convierte en *projimidad* debido a que, en palabras del propio Lévinas, «*el hombre es Dios para el hombre*».

2. Estando como podamos estar de acuerdo en la finalidad humanitaria encarnada en la filialidad y la fraternidad, no lo estamos con respecto a sus causas ni a su argumentación. Frente al concepto de alteridad que proviene del 'Yo' («*la alteridad solo es posible a partir del 'Yo'*»), bajo nuestro punto de vista, el otro subsiste por si mismo, es anterior al 'Yo', en particular, biológicamente. Para que haya hijos, tiene que haber antes la conjunción copulativa de padre y madre, al menos en su faceta genómica (el hijo es hijo porque ha sido antes engendrado por los padres. Hay padres (al menos en potencia) sin hijos, pero no puede haber hijos sin padres).

Para Lévinas, es el 'Otro'-Dios el que pone la semilla del otro en el ente, que es el ser humano (tal y como anuncia la Biblia (Génesis, 1-27), «*hecho a nuestra imagen y nuestra semejanza*»). Desde una perspectiva de especie, para que exista un individuo, antes debieran existir sus generadores, sus creadores, para nada se encuentra en débito con alguien externo. La ética de Lévinas no tiene en cuenta la ancestral evolución del ser humano como especie, es una ética sin antropología o, al menos, su modelo de ética es anterior, en las consideraciones, a la constitución antropológica del sujeto.

3. Al modo como consideró Jonas la importancia de la relación padre–hijo, así también Lévinas recurre a ese ejemplo. Abraham es la personificación de la filosofía, una referencia bíblica más. El 'Otro'-Dios inscribe en el ser humano su dependencia con la descendencia, tal y como exigen los mandamientos, en especial, tanto el primero como el cuarto. La responsabilidad por el otro es previa al ejercicio de la propia libertad, es una exigencia por parte del 'Otro'-Dios. Es anterior a todo compromiso, es el otro-en-el-mismo o el pasarse del Infinito. La idea central es que la presencia del otro en mi es anterior a la formación del 'Yo', pero sin recuerdo, ni conciencia ni memoria. Ésta es una primaria discrepancia por nuestra parte con Lévinas: el otro subsiste por sí mismo sin el 'Otro'-Dios, tiene entidad por si y es anterior a mi sin tener la idea (en un idealismo muy radicado en Platón como mucho de la obra de Lévinas, quien, en ocasiones, declarándose materialista, se apoya constantemente en filósofos idealistas) implícita en mi yo. En él, en Lévinas, la Responsabilidad precede a la esencia, porque ha sido puesta en el otro por el 'Otro'-Dios. La responsabilidad, desde el punto de vista del creyente judaico-cristiano, es, ante todo, como atributo divino, vaciamiento o renuncia, *kenosis*, la humildad de Dios y ante Dios.

4. La interpretación moral sobre la alteridad por parte de Lévinas (quien no enuncia ni desarrolla, como tal, ética alguna,

sino más bien traslada una moral cristiana de raíz bíblica al comportamiento considerable como 'bueno', aunque sin determinar en qué consiste 'ser bueno', salvo estar en connivencia absoluta e Infinita con lo 'Otro'), no presenta originalidad en sus postulados; no deja de ser un mero traslado, eso sí, con una argumentación metafísica impecable, a la altura del «*Ser y Tiempo*» de Heidegger, de los fundamentos de la visión cristiana del mundo. Lévinas, apoyándose en el discurso filosófico, es un moralista. A efectos futuros, nuestra postura caracterizará a la Responsabilidad frente al otro como una exigencia provocada por la presencia anterior del otro, sin 'Otro'-Dios que lo provoque. El 'Otro' es anterior al 'Yo', por la sencilla razón de que estaba antes. En definitiva, el mundo, es anterior al sujeto y por ello su deber es, si no mejorarlo, al menos mantenerlo incluso no estropearlo. Sin débitos esenciales previos y sin determinantes derivados de su condición de supuesto «hijo del 'Otro'-Dios». Frente a la afirmación del nacido en Kaunas, que «*reconocer al 'Otro' es dar*», consideramos que, por el contrario, dar es reconocer al otro; en términos bíblicos, «*obras son amores y no buenas razones*» (Epístola I de San Juan, 3-18). Porque, finalmente, uno de los fundamentos del ejercicio de la libertad lo supone la Responsabilidad, no previa a la esencia como alega Lévinas, pero si provocada por el Deber de Especie, así como por la obligación subyacente de que para tener derechos hay que hacer acopio previo de deberes.

Lévinas, en una primera lectura de sus textos, genera una fascinación debida al efecto catártico y epifánico que producen tanto su dominio de la terminología metafísica como por una argumentación muy sugestiva. En línea con sus fuentes bíblicas y talmúdicas, su lenguaje precisa exégesis, siendo por ello sugerentemente poético y en ocasiones ambiguo e interpretable. Sus orientaciones, frente a las *Sendas Perdidas* (1950), de Heidegger, obra de esa su segunda etapa que tanto despreciaba Lévinas, las podemos considerar como «*Sendas Encontradas*» porque dichas sendas estaban ya dibujadas en un mapa previo dictado por el Otro-Dios y revelado por la magnificencia divina en los textos sagrados, la Biblia y el Talmund.

3. La dimensión antropológica de la Responsabilidad. El diálogo con Xavier Zubiri

Dentro del erial filosófico específico sobre la filosofía primera, la metafísica y sus derivaciones, destaca sobremanera, en la España del siglo XX, el pensar de Xavier Zubiri Apalategui (a juicio de Emilio Lledó, supuso un oasis e incluso una esperanza). Con una obra densa, de insondable hondura, de raíz alemana pero dulcificada por la influencia de su maestro Ortega y Gasset, la propuesta argumentativa de Zubiri se eleva muy por encima de los planteamientos de sus coetáneos.

Con un grupo de publicaciones mucho menor que el conjunto de sus escritos póstumos, todo lo editado tras su muerte supone una aportación muy singular al pensamiento profundo. Como los anteriores autores con los que se ha mantenido diálogo y controversia sobre la Responsabilidad, a la sazón Jonas y Lévinas, Zubiri fue también un aventajado discípulo de Heidegger, dejándose ello notar tanto en los formatos de su pensamiento como en sus expresiones. Un tanto menos oscuro que su maestro, bebe ávido el filósofo español en las fuentes del pensamiento alemán del primer tercio del siglo XX, influido también notablemente por la filosofía escolástica, en particular la obra de Francisco Suárez. Otra característica similar a sus contemporáneos, en tiempo y formas, lo suponen sus raíces y convicciones religiosas (Zubiri fue ordenado sacerdote en 1921 aunque, con posterioridad, se secularizó en 1935, después de una dramática crisis religiosa, casándose posteriormente con la hija de Américo Castro, Carmen Castro Madinaveitia), que aparecen intermitentemente pero de manera continua y continuada en sus meditadas elucubraciones sobre lo trascendente y plasmadas en obras como *El hombre y Dios* (libro póstumo escrito en 1983 y editado en1984), *Reflexiones filosóficas sobre algunos problemas de*

Teología (curso de diez lecciones dictado en1967, edición de 2019), *Sobre la religión* (tres cursos dictados entre 1965 y 1968, edición de 2017) y *El problema teologal del hombre: Dios, Religión, Cristianismo* (curso dictado en 1971, editado en 2015).

Con unos comienzos de neta raíz metafísica —resuelta de modo muy eficaz en sus dos primeros libros, *Naturaleza, Historia y Dios* del año 1944 y en su obra en vida de mayor calado, *Sobre la esencia* (1963)—, tendríamos que esperar hasta la década de los años ochenta para conocer su interpretación sobre los aconteceres y acaeceres netamente humanos, antropológicos, expresados en volúmenes y reflejados en su trilogía sobre el conocimiento: *Inteligencia Sentiente: Inteligencia y Realidad* (1980), *Inteligencia Sentiente: Inteligencia y Logos* (1982) e *Inteligencia Sentiente: Inteligencia y Razón* (1983), siendo importante recordar que su fallecimiento ocurrió en el mismo año 1983, poco después de publicado el último volumen de la trilogía. Por ello, gran parte de la obra actual de Zubiri ha sido puesta a disposición del gran público con posterioridad, siendo póstuma y en cuantía de más de 13 volúmenes hasta la fecha del último, editado en 2021 (todo ello, bajo el auspicio y supervisión de la Fundación Zubiri, configurada la obra completa, hasta la fecha de 2024, por 32 volúmenes).

El libro donde más y mejor se expone su concepción de la Responsabilidad sin duda es el tomo recopilatorio de título *Sobre el Sentimiento y la Volición*, volumen compuesto por tres cursos inéditos de Xavier Zubiri, a saber, *Acerca de la voluntad* (1961), *El problema del mal* (1964) y *Reflexiones filosóficas sobre lo estético* (1975). Utilizaremos para nuestro propósito los dos primeros, en la edición auspiciada por la Fundación Xavier Zubiri y lanzada en el año 1992. Así mismo, resulta obligado anotar que en otra obra compendiada bajo el título de *Sobre el hombre* (1986), se recogen numerosos artículos de corte antropológico escritos por Zubiri (aunque, como tal, Zubiri no escribió una obra con estructura subyacente acerca de su visión del ser humano; ni tan siquiera llegó a hablar de una propia antropología), en los que se menciona, de manera muy genérica, a la Responsabilidad, pero no conformando un *corpus* doctrinal completo sobre la misma, ni tan siquiera una formulación exenta acerca de su necesidad e implicaciones, haciendo que su presencia en el texto siempre se encuentre ligada y subsidiada a la libertad, a la moralidad y a la felicidad.

Será, pues, en los dos extensos artículos mencionados, «*Acerca de la voluntad*» y «*El problema del mal*» de donde extraigamos la consideración conceptual que Zubiri atribuya a la responsabilidad. Y así, el primero de los artículos contempla un exhaustivo compendio de su pensar sobre la función y características de la voluntad, vista esta desde una perspectiva ética, puesto que es la voluntad la que dicta el bien y el mal, la que inclina hacia el vicio o hacia la virtud; está sostenida la ética sobre la voluntad, en definitiva, de lo que estamos hablamos es del ejercicio mismo de la Libertad.

Examina Zubiri las concepciones sobre la voluntad en los entornos de entenderla como apetito, como determinación y como actividad. Lo volitivo, la voluntad, estimada como apetito racional, supone enfrentarse a la realidad planteándose el afrontamiento a través de la expresión «yo quiero». Condiciona, así, esta orientación la decisión sobre los actos y de la situación particular en el universo, en sus propias palabras. Como tal apetito natural y siguiendo a Aristóteles, se configura como un apetito racional abierto al bien moral. Una segunda evolución apunta un sentido distinto de la voluntad, configurándola como determinación, esto es, sustentándola en la expresión «querer es determinar». En definitiva, la voluntad adscrita a la decisión. Un tercer aspecto, lo veremos más cercano a la querencia que sobre la voluntad mantendrá Zubiri, convirtiéndola en un modo de actividad, en algo opuesto únicamente a la mera espontaneidad, representada en la expresión «yo puedo». El acto volitivo es un fenómeno tanto voluntario como espontaneo, pero, en ambos casos, desplegado en el tiempo, un yo puedo con intención de pervivencia futura, una cierta energía para su despliegue.

Pero, para Zubiri, la voluntad no es, meramente, ni un apetito racional, ni una decisión ni tampoco un modo de actividad intencional solamente, por separado. Estas tres definiciones exentas se nos ofrecen como insuficientes. El acto volitivo contempla la confluencia de estas tres acepciones aplicables al acto volitivo mismo, partiendo de la consideración básica de que el hombre tiene que hacerse cargo de la realidad. Y se hace cargo a través de desear el bien, el *bonum* (entendido de un modo empírico, no siendo por ello innato), en un sentido más pragmático, consistente en elegir, en preferir. Como primer momento formal como acto de volición apunta Zubiri al amor, en una raíz filológica muy hispánica, esta tendencia se denomina querer y así, «*la esencia formal del acto de volición es querer*». Querer es, de este modo y a la vez, amar y desechar lo no amado; en definitiva, el acto volitivo consiste en un modo especial de ser: ser querido y su esencia formal es la voluntad tendente, configurándose, como aumento de definición, en la consideración de la esencia formal del acto de volición en un querer dinámico, representado por la *fruición*, la forma suprema de vida (esa vida entendida por Zubiri como un *factum*). En definitiva, querer (representado por la *voluntariedad*) y ser querido (representado por la *tendencialidad*), acabará siendo definido por parte de Zubiri como *voluntad tendente*. Incluso esta tendencia afecta al propio Dios: este crea el mundo por un acto de pura, radical *fruición*, porque quiere, por eso es el Creador. De este modo, a través de la voluntad, el hombre participa también de la creación: «*el hombre tiene voluntad, capacidad de crear su fuerza de querer*».

Lugar afín a la voluntad resultan ser los sentimientos, aquellas afecciones originadas y debidas a que el hombre se encuentra implicado por sus tendencias. Pero atendiendo de nuevo al fundamento, el ser humano viene condicionado por su necesidad consciente de estar en el mundo y un modo propio de estarlo es «*estar sobre sí*», lo que permite que el hombre se ocupe de sí mismo, en términos zubirianos, que ejercite la *reflexividad*; pero esa reflexividad, influencia muy propia del idealismo alemán, debe, obligatoriamente, pasar porque el fundamento del «*estar sobre sí*» transite por la capacidad del ser humano de «*salir de sí*». Para poder volver sobre sí, ejercer de este modo la reflexividad, resulta imprescindible «*salir fuera de sí mismo*». De este modo, el hombre se configura como dueño de sí al ejecutar el acto voluntario, en especial cuando este es repetido, convirtiéndolo en «*habitud*». En expresión cotidiana, el hábito no hace al monje; los hábitos, sí. Y estos hábitos los hay positivos, virtudes y los hay negativos, vicios. Los hábitos se convierten en propios y configurantes por repetición mediante los actos de volición para cada sujeto.

La voluntad no es solo una capacidad de resolver, sino que es también el hábito propio de poder ejercitarla, de querer poder; es lo que, con Nietzsche, denominará «voluntad de poder»; y a esta voluntad de poder, a través del dominio de sí, Zubiri lo denominará *esfuerzo*. El esfuerzo continuado crea el dominio de la habitud. Es por todo ello que la volición, orientada desde el esfuerzo, se constituye, a juicio de Zubiri, en «*la dimensión más preciosa del hombre*», reflejándose de modo más evidente en dos facetas humanas clave: la educación y la sanación. Apunta el filósofo que, en sus tiempos presentes, el hombre estaba perdiendo su capacidad de fruición debido a tres razones, esto es, por el escaso dominio de sí mismo, por el relajo del esfuerzo y por la no aceptación de la realidad tal como es. Por ello, el decurso de la intelección sobre la voluntad nos lleva, indefectiblemente, a analizar y cuestionar **la libertad**, entendida como el carácter formal de la voluntad. El fino bisturí conceptual de Zubiri lo orienta a distinguir una terna de componentes al despiezar la libertad y así, es obligado determinar primero, qué es ser libre, por lo tanto, en QUÉ consiste la libertad; segundo, en que medida ser libre es algo real en el ser humano, fijar, en definitiva, CÓMO se produce y, en tercer lugar, en qué medida existe un débito por parte del ser humano configurado como ser humano con libertad en su relación con Dios, en definitiva, QUIÉN otorga la libertad.

Respondiendo a la primera de las preguntas sobre QUÉ es la libertad, Zubiri constata que es uno de los problemas clásicos de la filosofía, dibujando para ello dos tendencias de carácter histórico: *libertad de* (la libertad interior) y *libertad para* (la libertad exterior). Como ser concreto, como ente, el ser humano estructura el acto de libertad en las acciones concretas como actos libres, lográndose ello a través del dominio de sí mismo, conquistando así la libertad para ser sí mismo.

A la segunda de las preguntas, CÓMO se estructura el acto de libertad, contestará Zubiri estimando que «*la libertad consiste formalmente en el modo de ser de la dominación. La dominación como modo de ser es justamente la libertad*». Y esa dominación de las tendencias y en ese dominar es donde se apoya la libertad; en definitiva, esta se instala en el dominio de sí mismo, en *ser dueño de sí mismo*. La libertad acontece como carácter de la volición para resolver los problemas que provocan las tendencias, los condicionantes de partida de cada ser humano y los que vayan aconteciendo, que le orientan a través de la indeterminación. La estructura intrínseca de la libertad se configura a través de cuatro conceptos: el perfil inconcluso de la libertad, el área de delimitación de la libertad, diferente para cada sujeto, el nivel de esta y los grados de libertad. Y será en estos dos conceptos finales, nivel y grados de libertad, donde Zubiri alberge la Responsabilidad haciendo que esta se ubique en la libertad moral. Toda Responsabilidad supone conciencia y toda conciencia supone moralidad. La Responsabilidad depende así del nivel de libertad, pudiendo incluso haber libertad para el ejercicio irresponsable de la misma, siendo graduable, así mismo, en relación a los niveles de libertad. Son estos cuatro conceptos los que determinan la Responsabilidad: «*el hombre tiene una responsabilidad definida en función de esos cuatro factores; tiene una figura de libertad constituida por esas cuatro dimensiones. Y es que, en definitiva, la libertad es la autoexpresión de sí mismo: el hombre es una realidad apoderada de sí misma*». Más en concreto, será en *Sobre el hombre* (editado en 1986) donde Zubiri resulte más claro ante su posición frente a la Responsabilidad, «*el hombre, al responder a la situación, traza la figura de su felicidad. Responder a través de posibilidades es lo que llamamos responsabilidad. De ahí la diferencia entre el animal responsivo y el hombre responsable*». Cada individuo, así, se configura como responsable de su propio bienestar y del logro de su felicidad. La Responsabilidad se liga en Zubiri con la configuración de la figura personal y la capacitación histórica a través de la apropiación de ideales (desde una perspectiva analítica, de un modo parecido a lo que ocurre con el mal, tal y como podremos mostrar un poco más adelante); la consecución de los ideales es una Responsabilidad humana. La búsqueda de la felicidad (a su juicio, entendiendo esta como *beatitud*) se convierte, así, en Responsabilidad nuclear del ser humano, individualmente como proyecto personal y, en cuanto especie, como proyecto histórico. Zubiri abre de este modo las puertas a la capacidad de progresar del ser humano, a su involucración en la evolución de la especie, en alentador de la vocación misma del hombre para construir su presente atendiendo también al futuro, transformando de manera responsable dicho futuro. Esto siempre resulta posible porque, como volveremos a nombrar, el hombre es una esencia abierta

Después de analizar las dificultades ante las que se encuentra la libertad y la consideración de esta como problema, acudiendo a y ayudándose de la Escolástica, en particular asistido por Santo Tomás de Aquino, estimará Zubiri que el culmen de la realidad humana, lo supremo de la voluntad del hombre es justamente la libertad: *«vivir es poseerse, y la forma suprema de poseerse es estar apoderado de sí mismo en un acto de libertad; cada hombre es una individual realidad libre».* Pero en este tránsito, el hombre, en realidad necesitado de apoyo, precisará un auxilio en el ejercicio de su libertad, un QUIÉN para rendir cuentas del ejercicio de su libertad, siendo este quién la causa primera de todo, es decir, Dios.

La respuesta a la tercera de las preguntas sobre la libertad, es decir, QUIÉN la otorga, dedica Zubiri el capítulo V de su escrito, cerca de 40 páginas, configurando el apartado más extenso en dimensión, abocando, una vez más, este recurrir a sostener la explicación, fiel a sus convicciones fundacionales, en una de sus 'tendencias' fundantes como pensador, convirtiendo su pensamiento en una Teodicea. Considera así que ese QUIÉN, con mayúsculas no puede ser otro que el motor primero, el Creador de todo, es decir, Dios. De este modo, el hombre sólo es dueño de sí mismo de una manera relativa, siendo la voluntad divina la única que puede crear y coordinar las voluntades libres humanas. Todo el capítulo se dedica a tratar de congeniar la libertad del hombre, la cual conlleva la consustancial responsabilidad, con la autorización a su ejercicio por parte de la causa primera: «*esto no es sino el problema de la relación o de la articulación de la voluntad libre y Dios*».

Este 'problema' es un lugar común en el pensamiento escolástico y en toda la fe y la teología cristianas (lo soporta el autor en clásicos de dichas orientaciones como el ya citado Tomás de Aquino, en Agustín de Hipona y en Luis de Molina) y lo resuelve Zubiri de un modo expeditivo aunque con una larga argumentación no exenta de idas y venidas conceptuales, tratando de ajustar libre albedrío y necesidad divina: «*y desde el punto de vista de la totalidad de lo real en cuanto real, de eso que yo he llamado tantas veces mundo, hay que decir que el mundo existe ciertamente por un éxtasis de pura volición divina, donadora de realidad y que en él, en ese mundo, el hombre es una participación formal en la soberana independencia del Creador*». Llega incluso a sentenciar que «*la historia es el juego, el despliegue del señorío de Dios sobre las libertades humanas*». La libertad humana, y por consiguiente la Responsabilidad, existen por una graciada potestad divina sostenida en el carácter del amor personal y efusivo de Dios; en palabras del propio Zubiri, la Libertad es «*una participación en el acto de amor fruente de la propia divinidad*». Dios cuida del ser humano permitiéndole tener la ficción de la realidad como una justificación de su actuar, en realidad orientado y dirigido por la divinidad en un acto de amor. La Libertad exige un fundamento y dicho fundamento se encuentra en la religación, razón última de la «*liberación personal*» haciendo que la Libertad desde el inicio sea una Libertad para la realización personal (concepción ya expresada y adelantada en su celebrado volumen de 1944 *Naturaleza, Historia y Dios*). En el apéndice «*Las fuentes espirituales de la angustia y de la esperanza*», anexo a la edición utilizada de *Sobre el sentimiento y la volición*, texto compuesto por Zubiri en los primeros meses del año 1961, sentencia: «*la religación lleva a la religión como la moralización lleva a la ética*». La Libertad, como un modo de ser, solo es posible como religación; sin Dios, no hay Libertad con mayúsculas.

Pocos años más tarde, apenas tres, dicta Zubiri una lección sobre *El problema del mal* (1964). Lo referimos en ese apartado no tanto porque conlleve un análisis de la Responsabilidad cuanto por su indagación todavía mayor sobre la Libertad y dos de sus condicionantes, el pecado y el mal; es más, en el interior del texto vuelve a insistir en su concepción de la volición. Así mismo, formalmente tiene la obra una factura similar al tratado anterior, donde se formula un problema filosófico que, finalmente resulta ser una temática teológica, siendo argumentada desde distintas tendencias filosóficas para, finalmente, resolverse con una claudicación, como respuesta, ante la fe, mutando, una vez más, en una clara Teodicea.

Y así, comienza Zubiri constatando la existencia real del mal y soportando su enfoque sobre dicho problema en «*una perspectiva parcial pero sumamente precisa: es una perspectiva estricta y exclusivamente metafísica*», es decir, sin acomodarse en la ética, siendo un pensar sobre la consistencia en sí del mal, esto es, en qué consiste, de dónde surge y cómo se manifiesta.

La primera de las constataciones zubirianas con respecto al mal es que dicho mal es una realidad, aunque distinta del bien. El mal no es substancia, ni privación, ni sentido, sino una mera condición real, haciendo que el bien tenga una entidad superior al mal (ya en su texto fundacional de 1963 «*Sobre la esencia*», había dejado claro Zubiri que no hay un «*malum*» opuesto a un «*bonum*», dando prioridad formal y trascendental al bien sobre el mal). El mal ejerce su poder a través de la maldad, esa erección del mal como un principio que lo convierte en un poder objetivo. Momento es ya, acudiendo a la formulación inicial del artículo, de buscar el origen y la génesis del mal, lo que inclina obligada e inexorablemente al «problema de Dios y el mal» al que, también como en su obra anteriormente mencionada, dedica el tercero de los capítulos y, como no, con una gran dimensión. Partiendo «*naturalmente, de un supuesto en cuyo examen no vamos a entrar aquí, el de que efectivamente hay un Dios creador y personal del mundo*», premisa no demostrada por innecesaria que permite una conclusión que, como tal, se encuentra contenida en potencia en una única derivada posible ya orientada de inicio, la respuesta a dicho dilema es, con la experiencia con la que ya contamos en la argumentación típica de Zubiri, fácilmente esperable: Dios es causa del mundo, creado este con el mejor criterio por parte suya («*la realidad es constitutivamente buena por el puro hecho de ser real, y en esa su realidad es gloria de Dios*») y donde «*es menester decir que Dios de ninguna manera es causa del mal*»; el origen del mal se encuentra en el acto de malicia de la voluntad. Dios no acepta el mal, pero lo permite, expresado a través de dos voluntades que son una, la «voluntad de beneplácito» y la «voluntad permisiva» en su formulación teológica, predominando la primera sobre la segunda. Partiendo de la consideración del superior poder del bien sobre el poder del mal y de la experiencia histórica del bien y del mal, conjuntadas, ambas suponen la razón de ser del mal, su necesidad justificada: «*quiere esto decir que, en definitiva, Dios no solamente permite el mal, sino que ayuda al hombre a salir de él. […] Como tal, Dios no es causa del mal, ni lo quiere ni lo acepta*». Solución, una vez más, muy socorrida a la par que sencilla, evidente por si misma.

De manera resumida y ya concluyendo, ante la pregunta del porqué de la existencia del mal, Zubiri esgrime dos premisas: en términos históricos, incluso de especie con aspectos innatos trascendentes, «*la humanidad entera está llamada a un bien trascendente y querido por Dios. […] y en términos meramente antropológicos, «de ahí deriva la única actitud que el hombre puede y tiene que tomar ante el problema del mal. Intelectualmente, comprenderlo con toda su dificultad. Y desde el punto de vista de la práctica, hacer lo que hace Dios con el mal: Dios lo permite en vista de bienes mayores*». Acudiendo a Pablo de Tarso en Romanos 12-21, esta afirmación «*no te dejes vencer por el mal; antes vence el mal a fuerza de bien*», asumida y reivindicada por Zubiri habiendo pasado, así mismo, por el rasero agustiniano de «*malum es privatio boni*», permite corroborar y avalar, patrísticamente hablando, la preeminencia del bien sobre el mal.

El pensamiento de Zubiri, radicalmente influido por la fe en Cristo, supuso, a través de sus más directos discípulos, una prolífica fuente de propuestas provenientes de la ética aplicada a la vida, constituyendo un puntal teórico más en la denominada como Bioética, la ética aplicada a todas las facetas del ser humano, en especial a la ciencia de la vida, configurándose en el análisis del conjunto de las «relaciones vitales» más allá de la égida de las «relaciones sociales». Aunque del pensamiento zubiriano han salido varias éticas, la que aquí nos ocupa es una «Ética de la Responsabilidad», concepción en divergencia que se configura como una ética de la Responsabilidad desde los presupuestos de una filosofía para la existencia distinta, especialmente en pugna con Heidegger y con Sartre. Esta posición lleva a afirmar a Carlos Pose, uno de sus más preclaros exégetas procedente de la Bioética, que «*Sobre la esencia*» es, con toda probabilidad, la obra filosófica más anti-existencialista escrita en el siglo XX. De este modo, autores con débito asumido con el maestro vasco, consideran que Zubiri construye una filosofía que permite configurar una Ética de la Responsabilidad con un fundamento mucho más sólido que el presentado por el existencialismo. Así, aunque como tal Zubiri no la haya edificado, ni tan siguiera nominado de un modo tan ilustrativo, autores como Diego Gracia, Antonio Pintor-Ramos, Víctor Tirado San Juan o Carlos Pose, entre otros (todos ellos miembros difusores desde la generatriz Fundación Zubiri), se consideraron involucrados y concernidos por la «ética de la Responsabilidad», una ética de fundamento fenomenológico sustentada por una reflexión zubiriana concebida en su última década de vida intelectual y física, adoptando el compromiso de su desarrollo.

Para esta reflexión de base zubiriana, el hombre, que, como ya anotamos, es una esencia abierta, presenta tres dimensiones: individual, social e histórica (explicado con detalle en su obra *Tres dimensiones del ser humano: individual, social, histórica*, curso de 1974 editado en 2006). En este marco, la ética resulta ser un momento más del proceso histórico. Haciendo confluir ambas perspectivas, se puede concluir que la historia es un proceso de transmisión biológico y ético, esto es, bio-ético (término que Zubiri nunca utilizó, pero sí sus comentaristas); la historia, que es un «principio de posibilitación» y no un mero procesado biológico, supone la confluencia entre el decurso de la entrega de los 'posibles' modos de estar en la realidad, los acontecimientos, con la «justificación» de la elección de los modos de estar, valorando, éticamente, unos en vez de otros. Las respuestas que ante estos pequeños o grandes desafíos se producen, dan como resultado la caracterización de la Responsabilidad. Con lo que, la verdadera raíz de la Libertad se encuentra en la Responsabilidad ante la configuración de la propia vida, las respuestas ante las posibilidades que ofrece la existencia, labor ineludible para el ser humano. En definitiva, la Responsabilidad es una «capacidad moral» propia del hombre como estructura moral, un reservorio, un modo de afrontar, compuesto de aprehender, elegir o preferir y apropiarse o realizar las posibilidades que se me ofrecen, Y estos son los fundamentos de la denominada por sus discípulos como la Ética de la Responsabilidad de carácter zubiriano. En palabras del propio Zubiri en *Sobre el Hombre* y en el contexto ya descrito, «*responder a través de posibilidades es lo que llamamos responsabilidad. De ahí la diferencia entre el animal responsivo y el hombre responsable*», como ya se aludió anteriormente. El ejercicio de la Responsabilidad supone, así, para el hombre aunar dos tareas: esbozar posibilidades y apropiarlas en función de la elección como un modo de estar en la realidad.

Para la Bioética, lo novedoso de la responsabilidad es lo que la enlaza con el futuro, un nuevo criterio de preservación en la acción moral que configura la Responsabilidad hacia ese futuro, preocupación también nuclear tanto en Jonas como en Lévinas. De este modo, la Bioética como tendencia novedosa en la teoría moral, asimila muchas de las intuiciones e ideas de los tres autores tratados hasta ahora, Jonas, Lévinas y el propio Zubiri, al incorporar a la ética y al pensar moral aspectos no estrictamente de raíz meramente antropológica tales como el ecosistema o la naturaleza, dándole mayor carta de autoridad al futuro (no en vano, es el título de una de las obras fundacionales del bioquímico estadounidense Van Resselaer Potter, *Bioethics: Bridge to the Future* (1971), padre, junto con el teólogo protestante alemán Fritz Jahr, del término Bioética, quien, ya en el año 1927, había utilizado dicha denominación para nombrar las relaciones éticas de los seres humanos con los animales y las plantas). En puridad, Zubiri nunca utilizó no solo el término mismo sino que ni tan siquiera se ocupó de aspectos tan «mundanos», pero su arquitectura intelectual en la que la estructura noo-lógica de la intelección permite pasar directamente a lo volitivo y lo moral, configura anclajes conceptuales que autores como Diego Gracia, quizás el discípulo más aventajado y leal al pensamiento de Zubiri así como otros filósofos y pensadores adscritos a esta nueva corriente de la ética la conviertan en la «mayor revolución copernicana» en dicha disciplina a lo largo del siglo XX. Tanto Potter como Jahr, trataron de superar el modelo antropocéntrico, proponiendo una ética nueva, pluralista y secular que considere a la humanidad radicada de pleno en la naturaleza. En ese caldo de cultivo conceptual surge la incorporación del concepto de Responsabilidad como aquella obligación que tiene la humanidad de preservar lo actual ante generaciones futuras. Dicha incorporación configura al concepto de Responsabilidad como un principio marco en el entorno de la acción colectiva, orientada a futuro y con dimensión planetaria. De este modo, bajo el mando de la Bioética, la ética pasa de tener un clásico enfoque antropocéntrico, muy orientado desde el pensamiento kantiano, a uno biocéntrico, mucho más actual, de cuidado de la nave tierra y de sus interiores, la biosfera y los ecosistemas, entendidos estos como dos ejemplos emblemáticos.

Para esta orientación, sin duda la especie humana (radicada como concepto en el *phylum* de Zubiri) es la especie elegida. Con una postura un tanto ambigua sobre la evolución de la humanidad, en una pirueta conceptual muy propia de sus fundamentos filosóficos, Zubiri la alberga, aunque no de una manera radical, en un origen divino. Definirá así a la especie como esa unidad cuasi-coherencial de todos los vivientes que produce un *phylum*, lo que le lleva a argumentar, de modo más bien confuso y con una dificultosa digestión argumentativa, que «*como realidad psico-orgánica soy 'de suyo' los otros. Es la refluencia de la respectividad coherencial filética sobre la unidad coherencial primaria que como realidad consiste*». Todo ello para poder establecer la existencia de una «*codeterminación intrínseca de las personas*». Un abstruso racionamiento para eludir la dimensión física que como toda especie presenta el *homo sapiens sapiens* en su dimensión puramente evolutiva, evolucionando como cualquier otra especie más, habiéndose dejado por el camino otras subespecies de *sapiens* en el género *homo*.

Consideramos, por tanto, que, en lo referente al análisis de la Libertad y, en consecuencia, de su componente la Responsabilidad, el pensamiento de Zubiri, dejando aparte sus escritos sobre Metafísica en su primera etapa de producción filosófica, se mueve en el ámbito de una antropología filosófica, profundamente enraizada en la fe y la teología cristianas; y todo ello resulta particularmente evidente en su trilogía final sobre la Inteligencia Sentiente (ni que decir tiene, a la luz de lo expuesto sobre la orientación de la Bioética, que ello es especialmente intenso en los discípulos mencionados). A nuestro entender, Zubiri no analiza y caracteriza el concepto de Libertad, sino el de acto libre, dado que la Libertad es una pre-donación de sentido otorgada al ser humano por parte de Dios a través de la gracia que le otorga su potestad para que así se pueda interpretar su propio actuar (no deja de resultar sorprendente esta capacidad para aclarar los designios divinos). La Libertad y su adlátere la Responsabilidad son meramente descritas fenomenológicamente por Zubiri y ubicadas en el desarrollo de la filosofía, más interpretadas y adscritas, así mismo, a un origen predeterminado, el Ser con mayúsculas, o el Yo o el Otro, en definitiva, la divinidad, Dios. En un formato circular de pensamiento, donde premisa y conclusión son aspectos con el mismo criterio y ya conectados de antemano, esto es, el alfa y el omega que supone Dios para el ser humano, expresaremos a partir de aquí nuestra propuesta de diálogo con Zubiri. Y así,

1. El concepto de Responsabilidad para Zubiri supone un apoyo para el sostenimiento de la libertad ancilada en la creencia cristiana sobre la trascendencia. El fundamento de la Responsabilidad consiste en el cumplimiento de los designios divinos sostenidos en los preceptos cristianos, en particular, en los mandamientos. En diversos escritos, Zubiri alude a *«las estructuras previas»*, formatos preinscritos por la mano divina en la esencia del ser humano, indicando sus débitos con, por orden, además de las raíces cristianas y concreta-

mente católicas de toda su construcción filosófica, el idealismo desde Platón, pasando por Descartes y siguiendo por los idealistas alemanes decimonónicos para acabar en las manos de la fenomenología husserliana; pero, todo ello, en batalla conceptual y terminológica con el fascinador y fascinante Heidegger.

2. Como discípulo fiel, aunque discrepante con el maestro Heidegger, Zubiri, posteriormente a unos años de una reconcomida digestión filosófica después de su intensa crisis espiritual teológica sucedida entre 1942 y 1962, acabará alumbrando una obra de neta raíz heideggeriana. Desde una postura de confrontación entre el Ser y la Esencia, donde, en Zubiri, sale triunfante la segunda, el resto de su obra no deja de ser una argumentación extensa sobre la discrepancia primera y primaria con el alemán. Aunque, en el caso del vasco, el sustento no sea la radical soledad del ser, sino la religación de la esencia humana con el Ser, eso que el propio Zubiri denominaría su OntoTeología. Una vez más, otro combate entre la sacrosanta católica España de la Reforma contra la disidente y protestante Alemania reformista, aunque eso sí, siendo todos hijos de Dios (no olvidemos que una primera pretensión de Heidegger era tomar los hábitos de pastor protestante, cuestión que desecharía y que, seguramente, reforzaría con posterioridad gracias a las perturbadoras caricias de Hanna Arendt).

3. La relación no de amo-esclavo, aunque si de admiración-traición que mantendrá Zubiri con Heidegger, llega a extremos un tanto paroxísticos, en especial en el tratamiento del lenguaje. Así, resulta muy evidente que algunas de las expresiones concebidas por Zubiri (quien, en algún momento pone de manifiesto el ser acusado de 'innovador del lenguaje') están construidas no solo con la intención de ser rigurosamente exacto en las definiciones sino también concebidas para elevar su semántica a la categoría de ininteligible (convirtiéndose en una suerte de *princeps* del oxímoron, con expre-

siones tales como «*el vivente como ser «absoluto relativo»*); y así enuncia expresiones con grafías peculiares y muy propias como ex–iste, ob–ligación, personeidad personalizada, excogitar, abs–soluto, di–verso, ejemplos de nominaciones que, en un idioma declinable como es el alemán pueden resultar incluso ilustrativas, pero que, en una lengua que, como bien dice Antonio de Nebrija en su *Gramática Castellana* (1492), «*assi tenemos de escribir como pronunciamos i pronunciar como escrivimos*», resultan de difícil asimilación y retentiva. Un reiterado uso del gerundio por parte de Zubiri parece pretender una aliteración con la pre-tensión de incorporar el movimiento en su pensar.

4. Leído entre líneas, en un ejercicio de intertextualidad, toda la arquitectura conceptual de Zubiri tañe y se tiñe de la melodía del segundo escolasticismo representado por Francisco Suárez, en particular en su magna *Disputaciones Metafísicas* (1597), siendo esta una influencia decisiva desde Descartes hasta Kant alcanzando incluso a Schopenhauer y Heidegger (quien ya le dedicó una parte de su curso de verano de 1927 dictado en Marburgo publicado con posterioridad con el título de *Los problemas fundamentales de la fenomenología*, considerada por él mismo la segunda parte de *Ser y Tiempo*). Zubiri disgrega los componentes del razonamiento con la misma sutilidad que el Doctor Eximio y consideramos que tanto en lo referente al modo de exposición como a la ordenación conceptual, Zubiri está muy condicionado e incluso en deuda con el pensamiento escolástico representado por Suárez, al cual, por cierto, no cita con la obligatoriedad debida.

Conectado con la propia inicial cercanía jesuítica de Zubiri, su filosofía está concebida «*AMDG, Ad Maiorem Dei Gloriam*», una de las divisas más identificativas del modelo de vida ideado y propugnado por San Ignacio de Loyola. Esta religación obligada con Dios parece estar olvidada, aunque sugerida con dificultades por parte de los autoproclamados discípulos de Zubiri, habitantes del ecosistema de la Bioética.

5. A través del hilo conductor de la responsabilidad y de sus diversas conexiones, podemos considerar al triunvirato Jonas, Lévinas y Zubiri, autores unidos al menos por dos características comunes. Por una parte, los tres podrían configurar un grupo con la nueva denominación de OntoTeólogos, incluso como OntoTeodicéos, puesto que mantienen un pie en la filosofía para afianzar un segundo pie en la Teología. Por otro lado, los tres se encuentran fascinados por la enredante y enredada selva conceptual y terminológica de Heidegger. Y con él también mantienen en común la posible denominación como «*filósofos del abandono*» o más bien «*filósofos abandonados de la mano de Dios*». Y así, la frase de Nietzsche, filósofo al que admiran tanto como temen, «*Dios ha muerto*» supuso un aldabonazo en la conciencia de la filosofía occidental, orientadora de las «filosofías de la sospecha» y de numerosas otras tendencias filosóficas precursoras de la muerte de la filosofía preconizada por los jóvenes filósofos de la diferencia del pasado siglo XX o de la afirmación de Stephen Hawking «*La filosofía ha muerto*» ante los avances de la ciencia. No en vano, el propio Heidegger recopilará en *Sendas Perdidas (Holzwege)* un artículo de título «*La frase de Nietzsche 'Dios ha muerto'*» (1943) donde pretendidamente no solo tratará de volver a acercar al intenso filósofo de los aledaños de Leipzig al cristianismo, sino también exonerarlo de ser uno de los padres del nihilismo filosófico. Estos discípulos tan destacados parecen no haberse recuperado totalmente de cómo se filosofa a martillazos, pretendiendo, a través de la propia filosofía, atenuar los golpes contra la teología. Apropiándonos de la transcripción que hace Octavio Paz en su «*Sor Juana Inés de la Cruz o las trampas de la fe*» (1982) de una frase representativa de su teología de los favores negativos, «*el mejor y más grande favor que podía hacer Dios a la criatura humana es no hacerle alguno: dejarla en libertad*». Como bien concluye en uno de los capítulos de dicha obra, en concreto en el cinco, hablando de los pensa-

dores que han tenido como divisa el «*aggiornamento*» de España, no lo consiguen debido a que «*sufrimos aún los efectos del Concilio de Trento*».

4. La dimensión social-comunicativa de la Responsabilidad. El diálogo con Karl-Otto Apel

Los dos autores representativos de la denominada como «*Ética Discursiva*» también conocida como «*Ética del Discurso o del Diálogo*» o, con un mayor detalle nominativo, «*Ética de la Comunidad Ideal de Comunicación*», son Jürgen Habermas y Karl-Otto Apel. Criados ambos en el ambiente culturalmente creativo y fecundo de la denominada como Teoría Crítica, ese movimiento filosófico y de injerencia social nacido en Alemania a partir del auge fascista en Europa y luego trasterrado a América del Norte por presión del nazismo que, partiendo de orientaciones ya incluidas en la obra *Historia y conciencia de clase* (1923) del marxista György Lukács y matizadas por el también autor marxista Karl Korsch, transita por el tardo hegelianismo de Theodor W. Adorno, Max Horkheimer y Herbert Marcuse (miembros destacados de la denominada como Escuela de Frankfurt desenvuelta a partir de la constitución del Instituto de Investigación Social puesto en marcha en el año de 1924 en la Universidad Goethe de Frankfurt del Meno para la generación de estudios marxistas), terminaría influyendo en autores como E. Lewalter, A. Thalheimer o Th. Geiger. De este modo, dicha orientación acaba manteniendo la llama viva de una sociología del conocimiento de carácter crítico con la racionalidad burguesa así como con los limites de la influencia del capitalismo tardío, teniendo como fundamento el pensamiento hegeliano, combinando además a Marx con Freud, en las figuras, ya últimas como representantes de la antes mencionada Teoría Crítica, de Habermas y de Apel (miembros de la considerada como Segunda Generación de la Escuela o Filosofía Dialógica, de las tres que suelen estimarse). El primero de este binomio, J. Habermas, nacido en Düsseldorf en 1929 y todavía vivo en el año 2024, mantuvo con el segundo, K. O. Apel también nacido en Düsseldorf en 1922 y fallecido en 2017, tanto elementos en común (por citar únicamente dos, además de la orientación creadora de la Ética del Discurso así también se ven influidos por la hermenéutica de Hans-George Gadamer) como discrepancias en cuanto a la trascendencia y alcance de la misma Ética del Discurso. Ambos fueron galardonados mutuamente con una gran amistad, reflejada por Habermas en la dedicatoria de *Conciencia Moral y Acción Comunicativa* (1983) cuando explicita que esta, «*la dedicatoria no precisa aclaración: de entre los filósofos vivos ninguno ha influido más en mi pensamiento que Karl-Otto Apel*».

La Escuela de Frankfurt (fundada por Friedrich Pollok con el mecenazgo de Felix Weil), que resultó ser uno de los movimientos intelectuales y generadores de más ideas influyentes en numerosas cuestiones sociales, políticas y económicas, tocó, además de a los ya citados, con su vara mágica a autores de rango y prestigio como Walter Benjamin, Erich Fromm, Karl August Wittfogel, Axel Honneth, Leo Löwenthal, Franz Neumann, Oskar Negt, Hermann Schweppenhäusser, Albrecht Wellmer, Henryk Grosmann o Alicia Entel. Pero no será la perspectiva crítica propia de esta Escuela la que tratemos en este apartado, sino todo lo que conlleva la orientación filosófica de Habermas y Apel, en particular la de este último, aplicable al concepto de Responsabilidad relacionado con la conceptualización de lo relativo a la Razón Comunicativa y su extensión a los fundamentos de la Responsabilidad Solidaria, propuestas ambas propias de la Ética de la Responsabilidad de raíz weberiana presente en la ya citada Ética Discursiva.

Como se indicará más adelante, lo colectivo, así como la ubicación en el momento histórico, resultan decisivos para comprender la generación de las ideas; y, en este caso, para el resultado esperado por parte de la promulgación de una posible ética con aspiración de universalidad, todavía lo implicará en mayor grado. Ahondando en ello, los acontecimientos históricos y vitales del final de la Segunda Guerra Mundial la configuran como momento y evento decisivos en la historia no solo de Europa sino también del mundo, influyendo de manera radical en la mayoría de los autores ya citados.

Poco más de veinte años después del mar de sangre que supuso la Primera Guerra Mundial, Europa se volvió a ver envuelta en otra espantosa conflagración, ésta ya sí de alcance casi planetario, que dio al traste con muchas de las esperanzas que se pusieron ante la finalización de la primera contienda, aquella en la que, para su desdicha, había perdido la vida el hijo mayor de Husserl. De nada sirvieron, pues, las proclamas de la población de todas naciones que participaron, gritando al unísono el lema húngaro «*nem, nem, shoa!*» («¡*No, no, nunca más!*»), ni tampoco el auge de los movimientos pacifistas y cosmopolitas o la promulgación, con alguna anterioridad, en concreto en el año 1941, de la Carta del Atlántica (suscrita el 14 de agosto por Winston Churchill y Franklin Delano Roosevelt a bordo del USS Augusta navegando en algún lugar del Océano Atlántico y concretada en ocho principios) y donde se expresaba y conminaba, en su punto tercero, a respetar «*el derecho que tienen todos los pueblos a escoger la forma de gobierno bajo la cual quieran vivir*» así como, en el sexto, a ganar una paz que permitiese y «*garantizase a todos los hombres de todos los países una existencia libre, sin miedo ni pobreza*». El resultado de la Segunda Guerra Mundial, ya decididamente de carácter mucho más global, todavía superaría en horror a lo acontecido durante su hermana menor, perviviendo sus consecuencias aun hasta ya bien entrado el siglo veintiuno (como demuestra el historiador Keith Lowe en su obra *El miedo y la libertad. Cómo nos cambió la Segunda Guerra Mundial* (2017)).

Las supuestas lecciones aprendidas por causa del conflicto finalizado para las estrictas dataciones históricas en el año 1945 supusieron un caldo de cultivo innegable en el surgimiento de la «*Ética de Diálogo*». Y será varias décadas después, en concreto en los años 1972 y 1973, cuando Karl-Otto Apel publique su obra capital *La Transformación de la Filosofía* (*Transformation der Philosophie*), que este hecho pueda considerarse el inicio de una nueva andadura filosófica de base kantiana que, recibiendo varios nombres, se conoce habitualmente como Pragmática Trascendental, en especial aplicada al Lenguaje; una antropología del conocimiento, sustentada, además de en el específico método trascendental kantiano, en una hermenéutica trascendental de corte crítico. Como bien postula Adela Cortina, su valedora y trasmisora en España, una propuesta de arquitectura filosófica como la representada por Apel transita desde un 'yo pienso' kantiano hasta un 'nosotros argumentamos' con una solidez conceptual y argumentativa que obliga a su consideración y análisis más detallados.

Como gran parte de sus coetáneos alemanes, Apel se encontró no solo especialmente influido por el devenir de la Segunda Guerra Mundial, sino, en especial, por la reflexión sobre su origen y, en particular, por sus consecuencias. Su reflexión inicial viene condicionada por la búsqueda racional de los motivos irracionales del mantenimiento último del supuesto deber con el Reich, en los estertores ya de la contienda, con la guerra ya perdida para Alemania, en definitiva, una reflexión más profunda sobre la imposición de la irracionalidad práctica sobre la razón teórica, la inmoralidad de la continuidad en la lucha por el deber de 'fidelidad al Nibelungo' frente al criterio razonable de evitar males mayores que los ya soportados no solo durante el combate y la batalla e, incluso, con mucha posterioridad, sino también en el vergonzante período post bélico.

Tres son los períodos a considerar en la evolución del pensamiento de Apel, intelectualmente impresionado con la ya citada irracionalidad pragmática y por sus consecuencias. Su primer período, que abarca desde 1950 hasta 1969, dominado por la confluencia de los fundamentos trascendentales presentes en el pensamiento kantiano, combinados con la inmersión y el ambiente que provoca cada contexto histórico. De este modo, abre el 'yo pienso' propio del idealismo más clásico que conecta a Descartes con Kant, a nuevas expectativas relacionales como el 'yo estoy ahí', influido por la filosofía de Martin Heidegger (no en vano, al *Dasein* («ser ahí») y al *Erkenenn* («re-conocimiento») de Heidegger dedicará su tesis doctoral, *Dasein und Erkennen. Erkenntnistheoretische Inter-*

pretation der Philosophie Martin Heideggers, presentada en la Rheinische-Friedrich-Wilhelms Universität de Bonn en el año 1950). Y así, las posibilidades del conocimiento radican en su contexto histórico, en la inclusión del tiempo circundante en el ser; en conexión con la hermenéutica trascendental, la posibilidad de comprender la historia del ser radica en su trascendencia a futuro. Ello afecta también al lenguaje, pudiendo concluirse que, para el Apel de este período y reconocido por él mismo, el ser lo configurarán la lingüisticidad (*Sprachlichkeit*) y la historicidad (*Geschichtlichkeit*) del ser-en-el-mundo. El culmen de esta época lo supone la superación del solipsismo metódico a través de la consideración de la existencia necesaria de una intersubjetividad inevitable, que derivará en un concepto específico de Apel de la coexistencia, configurante, finalmente, de su concepción sobre la corresponsabilidad.

Un segundo período abarca el momento temporal desde 1970 hasta 1987. Supone el tiempo del encuentro más intenso con una revisada hermenéutica proveniente de Gadamer con la filosofía del lenguaje tamizada a través de las aportaciones asumidas del pensamiento de Charles Sanders Peirce y del que podemos denominar como el segundo Wittgenstein, representado por su obra *Investigaciones Filosóficas* (1953). En el mismo prólogo de los dos tomos de *La Transformación de la Filosofía* (1972-1973) en su primera página así lo hará constar; en las propias palabras, «*el lector se percatará sin duda ya por el índice de los dos tomos de que la posición del mismo autor ha sufrió una transformación*». Ahora se tratará de la búsqueda de una 'comunidad ideal de comunicación', sustentada en establecer el lenguaje como una 'metainstitución', herramienta que fundamentará la denominada por Apel 'reflexión filosófica', entendida como la garante de los enunciados filosóficos, los cuales tratan principios universales e indiscutibles; una herramienta, por lo tanto, que permitirá y favorecerá la ya citada intersubjetividad.

El tercero de los períodos comprende el interregno entre las fechas de 1988 y el año de su fallecimiento, 2017. Esta etapa supone el culmen de su derivada ética, muy condicionado todo ello de nuevo por los acontecimientos circundantes, en especial el recrudecimiento del rearme nuclear y las cruentas guerras contemporáneas, aunque, eso sí, de orden mucho menor, que proliferaron en la década de los años noventa del ya pasado siglo XX. Su opúsculo, *La ética del discurso como ética de la responsabilidad. Una transformación postmetafísica de Kant*, pieza publicada en 1987, supone un cierto retorno a los postulados más vívidos e influyentes provenientes del idealismo alemán. Y será en este tercer período donde ubicaremos la reflexión fundante, plural y caleidoscópica, que, como perspectiva, otorgará Apel a la Responsabilidad.

Para ello, la rastrearemos en varias de sus obras, distribuido su punto de vista en diversos artículos, pero expresada de manera un tanto más organizada y compendiada en el libro *La Globalización y una Ética de la Responsabilidad. Reflexiones filosóficas acerca de la globalización*, volumen en español aparecido en el año 2007 con el conocimiento del propio Apel y que aúna opúsculos suyos publicados en los años 1976, 1984, 1988, 1993, 1999, llegando, incluso, hasta las vísperas de su fallecimiento en el año 2017, todos ellos conteniendo como temática principal a la Responsabilidad.

La Ética del Discurso es hija natural de la Ética de la Responsabilidad, en línea con lo ya concebido por Weber, existiendo además una faceta solidaria en el seno de la responsabilidad. Surgida en los años setenta del pasado siglo y asumida por autores de la talla del mismo Karl-Otto Apel, su iniciador, también por su amigo y coetáneo Jürgen Habermas y alcanzando hasta Albrecht Wellmer (teniendo un repunte en la década siguiente a través de autores como Thomas McCarthy, Adela Cortina, Kenneth Baynes o Seyla Benhabib, tercera oleada crítica), tiene por objeto la localización de los fundamentos de una moral universalista que combine la acción comunicativa de Habermas con los presupuestos universales de la argumentación que propugna Apel. Así, 1973 supuso para este último el inicio de un interés específico, manifiesto y conectado con las temáticas relacionados con la ética. En su obra magna, *La Transformación de la Filosofía*, en concreto en el segundo de sus dos tomos y en particular en su extensa parte II, *La Transformación de la Filosofía Trascendental: El A Priori de la Comunidad de Comunica-*

ción se apuntan clara y argumentativamente los básicos de la Ética Dialógica en este su artículo final, que lleva el significativo título de *El A Priori de la Comunidad de Comunicación y los Fundamentos de la Ética. El problema de una fundamentación racional de la ética en la era de la ciencia*. Con una pretensión anterior de fundamentar la verdad científica y su validez en la contemporaneidad de Apel, éste se siente obligado a trasladar sus conclusiones a la Ética. De este modo, se embarca en el viaje de lograr una ética universal, una macro ética de la humanidad como necesidad ante la tecnologización de la vida y el contagio que produce sobre los intereses vitales comunes al conjunto de los seres humanos (guerras, contaminación progresiva, auge constante de la industrialización o la crisis alimentaria, entre otros): *«por primera vez en la historia del género humano, los hombres se encuentran emplazados prácticamente frente a la tarea de asumir la responsabilidad solidaria por los efectos de sus acciones a escala planetaria»*. El sustrato específico como tema resulta, así, enunciado por Apel como *«la Ética en la era de la ciencia»*. Y a ello se añade, desde un punto de vista estrictamente intelectual a la par que paradójico, la imposibilidad racional de fundamentar las normas éticas en criterios científicos, bien en las ciencias puras o en las sociales. Ello, obviamente, viene provocado porque las normas éticas presentan un sustrato subjetivo fruto de sus raíces culturales y autóctonas. Este interés por la ética sustentada en el diálogo y la comunicación, mediado por el obligado intermedio del entendimiento dará como resultado su nominación final, a modo de crisol, como *«Ética de la comunicación consensual y de la responsabilidad estratégica»* que, incluyendo los temas comunes donde la humanidad se juega su futuro, acabará denominándose como *«Ética de la Responsabilidad Solidaria»*; en definitiva, se trata de la configuración de un *ethos responsable* (de raíz weberiana) y *solidario* (de sustrato socialista pragmático), denominación que utilizaremos a partir de ahora para caracterizar el punto de vista apeliano; todo ello, orientado por la capacidad de entendimiento entre los humanos a través del uso continuado y necesariamente intersubjetivo del lenguaje. De este modo, el principio de la Ética Comunicativa se sostiene sobre dos pilares, la voluntariedad y la racionalidad, expresados a través del diálogo y la argumentación, optando así por una ética además de comunicativa, argumentativa, sostén todo ello de la vida democrática, la única vida política racionalmente coherente. Por lo tanto, esta Ética de la Responsabilidad Solidaria se caracterizará además de por la obligación de movernos por imperativos categóricos de clara raíz kantiana, por la necesidad de ponderar las consecuencias previsibles de nuestras acciones. Para la enunciación de una norma fundamental, el cálculo de las consecuencias y su aceptación dialógica por parte de los afectados resultan obligados. Hay algo común entre los seres humanos, considera Apel, y esto es la capacidad de lograr certezas a través de la relación intersubjetiva, eso sí, siempre dialogando.

En toda la argumentación de Apel está siempre presente la sombra de Kant, haciendo así que el principio moral que subyace en su ética suponga una concreción dialógica del imperativo categórico kantiano. Es más, a juicio de su coetáneo y crítico, además de amigo y colega, Habermas en opinión dictada en una conferencia citada por Adela Cortina, «*K. O. Apel y yo hemos intentado en los últimos años reformular la teoría moral kantiana, en lo que respecta a la fundamentación de normas, valiéndonos de los medios propios de la teoría de la comunicación*». Tanto la propuesta programática de Apel como la de Habermas, con sus discrepancias de fundamento y su sentido, afinidades y desencuentros, se asientan en una posibilidad de universalidad aplicable al conjunto de la filiación humana y metodológicamente en un formato pragmático-trascendental. Ambos han ampliado el ámbito de estudio y cuestionamiento de la filosofía de la conciencia hasta complementarla y sustituirla por la razón comunicativa. Rechazarán, para ello, el solipsismo excesivo tanto de las tendencias idealistas como del objetivismo cientificista De modo más práctico, en concreto, para Apel cualquier argumentación considerable como seria estima que todas aquellas cuestiones discutibles entre interlocutores, así como las disensiones, las discrepancias e incluso los conflictos, deberán decidirse mediante argumentos consensuables, extensibles a su consideración de la verdad como también al resultado del consenso mediante una comunidad ilimitada de argumentación.

Sin entrar en matizaciones, para nada objeto de este apartado, sobre la pugna intelectual entre Habermas y Apel, además de las concomitancias dado que son compañeros de viaje intelectual, hay que considerar que existen un conjunto de discrepancias (reflejadas en la publicación de Apel de revelador título *Apel versus Habermas. Elementos para un Debate*, obra recopilatoria que contiene tres beligerantes artículos publicados por parte de Apel en los años 1989, 1994 y 1998 respectivamente en Alemania, «*ensayos para pensar con Habermas en contra de Habermas*»), propias de las dos tendencias, en ocasiones, totalmente antagónicas. Cierto es que parten de las mismas fuentes, preferentemente del idealismo alemán de inicios del siglo XX, aunque llegarán a ser abiertamente discrepantes: la 'pragmática universal' o 'pragmática formal del lenguaje' de Habermas y la 'pragmática trascendental' o 'hermenéutica trascendental' de Apel, dependiendo de la fuente principal de conocimiento que cada uno de ellos determine, Chomsky y Searle para el primero, Peirce y Wittgenstein para el segundo, aunque ambos enlazados por el hilo conductor que suponen Hegel, Husserl y Heidegger, las tres Hs del idealismo trascendental alemán posterior a Kant. Será en el tercero de los ensayos «*para pensar con Habermas contra Habermas*» de título *¿Disolución de la ética del discurso? Acerca de la diferenciación del discurso en la obra de Habermas 'Facticidad y Validez'. Tercer ensayo, orientado de forma pragmático-trascendental, para pensar con Habermas contra Habermas* (1998) donde Apel, desde su punto de partida de la 'pragmática trascendental' para la filosofía práctica (dada su preocupación por la utilidad, por la praxis inmediata), romperá con el Habermas de *Facticidad y Validez* (1992), momento y obra a los que considerará causantes de la disolución del proyecto común, iniciado conjuntamente, de una 'Ética del Discurso'. Y este se convertirá así en el punto de partida para su reconstrucción con el marchamo del propio Apel. Uno de los elementos de confrontación y ruptura de ambos filósofos representantes de esta 'Ética del Discurso' será la función que la Responsabilidad cumple en los ámbitos de la Moral y del Derecho, considerando Apel que «*el camino de una ampliación o profundización de la ética del discurso, en el sentido del principio (del discurso) —que en mi opinión está esbozado en ella— (nace) de una ética de la responsabilidad referida a la historia y a la institución*». A partir de ese momento, aunque ya atisbado con anterioridad, la Responsabilidad se convertirá en un elemento nuclear del pensar apeliano.

Fruto de esa contraposición, para Apel este será un momento germinal y constitutivo, de importancia estructural, fundamentando la Ética del Discurso como una Ética de la Responsabilidad con referencia a la historia. Como menciona en la parte central del citado artículo, «*por lo que se ha expuesto hasta ahora, la presuposición fundamental de mi estrategia argumentativa podría ser la siguiente: Yo parto del hecho de que el principio del discurso, no rebasable en el pensamiento, ya contiene de hecho el principio primordial de la moral y de que éste, por su parte, no sólo contiene el principio (U) o Postulado de la Universalidad —como principio de la moral ideal del discurso que hay que aplicar oportunamente— sino también un principio de responsabilidad que, en el caso de aplicación no responsable en el mundo de la vida de normas válidas según (U), tiene que responder de la complementación que se postula para la moral ideal del discurso, en el sentido de (U), mediante unos principios de la acción responsable y mediante unas instituciones que se puedan justificar. El último requisito mencionado, el de una ética de la responsabilidad referida a las instituciones y a la historia, aún ha de ser explicado con más detalle en el marco de una argumentación pragmático-trascendental*», encomienda que tratará de abordar en el resto del artículo referido. La introducción del postulado de la universalidad supone así el primer paso para la fundamentación de una Ética del Discurso.

El interés de Apel sobre la posición, así como el encastre de la Responsabilidad en la Ética del Discurso toman forma, un tanto más definido, cuando aparece una publicación de 1988 en formato de volumen con el título de *Discurso y Responsabilidad. El problema de la transición a la moral posconvencional* (en alemán, *Diskurs und Verantwortung. Das Problem des Übergangs zur pos-*

tkonventionellen Moral, dado que no hay traducción al español). Con anterioridad, ya en su texto fundacional *La Transformación de la Filosofía*, en el segundo tomo, en concreto en el artículo «*El A Priori de la Comunidad de Comunicación y los Fundamentos de la Ética. El problema de una fundamentación racional de la ética en la era de la ciencia*» (1972), la Responsabilidad hacía acto de presencia con cierta timidez conceptual, ya mencionando Apel de manera directa la existencia de una Ética de la Responsabilidad (en minúsculas todavía) que sustentase una visión más amplia sobre el comportamiento ético, abogando por la necesidad de determinar una responsabilidad solidaria con efectos a escala planetaria. Esta nueva acepción no presenta todavía una fundamentación de cierta contundencia, siendo meramente nominativa. No parece que, a estas instancias temporales, la consideración de la Responsabilidad llegue a convertirse, como sí lo será con posterioridad, en un elemento trascendental (entendiendo trascendental como algo primero, que no puede rebasarse, y que constituye el presupuesto de todo saber) en el entramado intelectual de Apel.

Con anterioridad al compendio *Discurso y Responsabilidad* y también formulado mediante una cierta contención argumentativa que había salpicado, aunque poco, a *La Transformación de la Filosofía* en relación a la importancia de la Responsabilidad, ofrece a la luz una conferencia leída y discutida el 16 de agosto de 1984 intitulada como «*Una Ética de la Responsabilidad en la era de la ciencia*» donde ya denominará como tal a su Ética como Discursiva. Aboga, por lo tanto, por radicar sus postulados éticos en el caldo de cultivo propiciatorio de la Responsabilidad, sin perder de vista la objetividad científica y la necesaria interdisciplinariedad a la hora de abordar esta cuestión. Y en esta cuestión precisamente, concluirá Apel que es obligado «*abandonar toda pretensión de fundamentación racional del criterio último de una Ética de la Responsabilidad*», en abierta oposición tanto a Weber como a Popper y sus discípulos quienes sí consideraban posible una Ética de la Responsabilidad soportada en criterios científicos. La Ética de la Responsabilidad se halla ante dos desafíos, uno interno, a pesar de su imposibilidad, que obliga a llevar a cabo la fundamentación de un modelo o paradigma racional-científico incorporable a la ética, y otro externo, referente a la concreción de una macroética de la responsabilidad solidaria, de expansión planetaria dados los desafíos a lo que se enfrenta la especie humana. Desde la perspectiva nuclear posible de una Ética del Discurso, una resolución argumentativa de los problemas, lo que obliga, *stricto sensu*, a pensar, no se puede lograr sin el reconocimiento del principio ético de la igualdad de derechos de todas las posibles partes argumentantes, alega Apel; en definitiva, sostiene la existencia obligada de una comunidad de comunicación, configurándose para ello una Ética Comunicativa de la Responsabilidad que, en términos kantianos, podría expresarse del siguiente modo: «*Obra sólo según aquella máxima que te ponga en condiciones, ya sea de tomar parte en la fundamentación discursiva de aquellas normas cuyas consecuencias para todos los afectados serían aptas para lograr un consenso, ya sea de decidir, solo o en colaboración con otros, según el espíritu de los posibles resultados del discurso práctico ideal*». Por ello, la Ética del Discurso no puede estar fundamentada en una Ética de la Convicción Interior, cercana o rondando el solipsismo, muy de carácter kantiano, sino en una Ética de la Responsabilidad, abierta a una estrategia de relación y participación con otros seres humanos que desemboque en una responsabilidad solidaria postulada mediante el logro de consenso. Es más, la organización de la responsabilidad solidaria de los seres humanos en la era de la ciencia, solo puede verse solucionada, políticamente en el marco de los particulares estados con constitución democrática y con vocación de cooperación internacional. Una organización efectiva de la responsabilidad solidaria de los seres humanos en la era de la ciencia considerará que, en el seno de un Estado democrático de derecho, con el fundamento en el respeto a los derechos humanos, existe un legítimo espacio de juego para la crítica al estado y al derecho e incluso la opción a la desobediencia civil en el sentido de la defensa de la legitimidad frente a la legalidad, proclamará, revolucionariamente, Apel.

Desembocamos así y de manera primigenia, en las preocupaciones generales de Apel con respecto a los grandes problemas de la humanidad: las amenazas a la ecología y a la biosfera humanas, la superpoblación, el agotamiento de las materias primas, la contaminación, la lucha contra la pobreza en el Tercer Mundo, entre otras. Afrontar estas problemáticas exige consenso y cooperación internacionales, siendo, para Apel, una pieza clave contar con una ética política para la organización de la responsabilidad solidaria en la era de la ciencia. Dos amenazas se nos aparecen especialmente diáfanas en la época actual de la ciencia: la amenaza atómica, que pone en riesgo la continuidad de la especie humana y la crisis ecológica que modifica radicalmente la relación entre el ser humano y la naturaleza. Al primero de los desafíos responde la Ética del Discurso desde una Ética de la Responsabilidad por las consecuencias. Un lenguaje común, el que facilita la ciencia, permite un abordaje coherente y exigido sobre los condicionantes universales a los que se ve abocada la especie bípeda implume. Una Ética política basada en la Responsabilidad se sustentará en un deber de protección y preservación, condicionado por la cautela estratégica, esto es, la hegemonía y la preeminencia de lo posible ante lo probable. En palabras ya finales en el citado artículo del propio Apel y como resumen de sus postulaciones, «*De este modo está formulado el ofrecido principio de una aplicación de la norma fundamental de la Ética del Discurso al ámbito de una Ética política de la responsabilidad. Considerando su posible aplicación a una problemática de la organización político-internacional de la responsabilidad solidaria de los seres humanos en la era de la ciencia, este principio debería ser explicitado aún más; particularmente en este contexto con respecto a los problemas de la regulación política de conflictos. En lo anterior, ya hemos sugerido en qué podría consistir la aplicación de la estrategia moral por nosotros postulada de la modificación a largo plazo de las relaciones políticas*».

Este artículo citado podríamos considerarlo seminal. De difícil lectura, como gran parte de la obra del filósofo, en ello muy alemán, en contraposición y quizás debido a la falta de asentamiento sólido en su sistema por parte de los conceptos aportados, Apel dispone las bases para una diferenciación mucho más nítida de los conceptos nutricios de la deriva matizada como Ética de la Responsabilidad en el seno de la Ética del Discurso. Conectarla y encajarla en el formato pragmático-trascendental de la Ética de Discurso va a ser el objeto de su artículo de 1987, «*La ética del discurso como ética de la responsabilidad. Una transformación posmetafísica de la ética de Kant*». Así, Apel se vuelve consciente de que sus luminosas e iluminadoras ideas se encuentran faltas de mayores sustentos intelectuales en su opción por la Ética del Discurso y por ello recurrirá a su antiguo valedor, Immanuel Kant en busca de auxilio espiritual (es su 'giro copernicano', en esta ocasión, kantiano). Todo ello resultará ser un intento de sedimentar la propuesta de la Ética del Discurso como Ética de la Responsabilidad en su pretensión de enraizarla en la ética kantiana.

Opta en este opúsculo por el término Ética Discursiva, porque esta denominación aúna el discurso argumentativo con su fundamento racional. Incorpora además en la denominación a la responsabilidad solidaria (por las consecuencias y las subconsecuencias a escala mundial del obrar humano) configurándola como una Ética de la Corresponsabilidad o responsabilidad colectiva; y a esta dimensión la podríamos denominar como su dimensión esotérica; la propiamente exotérica, inscrita en la médula kantiana, alude a su carácter filosófico-trascendental así como a la necesidad de mantener un contexto de entendimiento cercano con posibilidad de consenso que facilite y posibilite una comunidad, tanto real como ideal, de argumentación. Apel exhorta sobre la necesidad de un entendimiento sostenido en la comprensión mutua, sustento de la corresponsabilidad. Insiste Apel en este opúsculo en ligar la Ética del Discurso como Ética de la Responsabilidad a su dimensión histórica, a su establecimiento en un referencial temporal *hic et nunc*, en definitiva, a su historicidad. A la dimensión de la Ética discursiva informada científicamente le añadimos la propiamente histórica a través de la asunción de las consecuencias, aspecto que, en este artículo, Apel enuncia, pero no explica con detalle. En definitiva, se trata de intentar justificar no solo la universalidad de los principios que asisten a la Ética de la Responsabilidad; se trata, asimismo, de localizar aquellos preceptos que resulten atemporales, aplicables en cualquier momento del devenir histórico. Uno de los elementos propios de la Ética Discursiva y por lo tanto de la Responsabilidad, lo supone que su universalidad deberá venir avalada y sustentada en la atemporalidad de sus elementos constitutivos y por la asunción de la tradición y del peso condicionante de la historia. De no ser así, poco de universal y deontológica podría serlo la Ética del Discurso y, consiguientemente, la de la Responsabilidad.

El volumen ya en varias ocasiones citado, editado en 1988 de título *Discurso y Responsabilidad* (reiteramos que no existe traslación al castellano), así también resulta configurarse como un compendio de escritos exentos relacionados con los dos elementos referidos en el título; conteniendo doce artículos, dedica Apel tres de ellos a la función que cumple la responsabilidad en este momento constructivo y de ampliación de la Ética del Discurso. Son, por orden, «*Verantwortung heute – nur noch Prinzip der Bewahrung und Selbstbeschränkung oder immer noch der Befreiung und Verwiklichung von Humanität*» («*Responsabilidad hoy: sólo el Principio de Preservación y Autocontrol ordena todavía la liberalización y realización de la humanidad*»), «*Konfliktlösung im Atomzeitalter als Problem einer Verantwortungsethik*» («*La solución de los conflictos en la era atómica como problema de una ética de la responsabilidad*»), pieza a la que aludiremos más adelante y «*Diskursethik als Verantwortungsethik und das Problem der ökonomischen Rationalität*» («*La ética del discurso como ética de la responsabilidad y el problema de la racionalidad económica*»).

Supondrán aspectos concretos de la Responsabilidad en el seno de la Ética del Discurso, aunque los tres con un nexo común: la preocupación que mantiene Apel sobre la deriva que llevaba en su preciso momento histórico la humanidad y las consecuencias a futuro que ello traería consigo. Son fechas donde se firman, en este caso en 1987, por parte de Ronald Reagan y Mijail Gorbachov, presidentes de los países con el mayor arsenal nuclear mundial, un tratado de eliminación de misiles nucleares de corto y medio alcance. Pero, un poco más adelante, estalla la guerra entre Irak e Irán, que hace replantearse a ambos contendientes el uso de armas no convencionales de destrucción masiva. 1988 será el año que quedaría para la historia como el que conllevó el final de la guerra fría, abriéndose un nuevo período que podría suponer una mejora en las condiciones generales de vida de los habitantes de la tierra, conscientes cada vez más de los lazos planetarios que sustentan su existencia.

En concreto y como mero ejemplo, recalamos en el segundo de los tres artículos anteriormente citados que supone una toma de postura de Apel y su Ética de la Responsabilidad en los problemas propios de su presente. Se analiza con mayor detalle debido a que este es uno de los pocos escritos sobre la Responsabilidad en los que Apel propone acciones específicas y concretas aplicables a actuaciones de corte moral. Y así, «*La solución de conflictos en la era atómica como problema de una Ética de la Responsabilidad*» es una elaboración absolutamente situacional y enfocada a la relación entre la moral y la política. Por esta cuestión, aumenta el radio de influencia de la Ética del Discurso y la convierte en la Ética de la Responsabilidad y del Éxito (*Erfolgs-Verantwortungsethik*). Partiendo, una vez más, de la consideración de la fundamentación racional de la Ética en general, donde los conflictos se resuelven sin violencia ni amenazas utilizando para su solución discursos argumentativos, convirtiéndose esto en una norma fundamental de la formación discursiva del consenso. Bajo estos referentes, Apel se atreve a postular una Ética Política de la Responsabilidad, mediada e impelida por una contemporánea escalada armamentística, así como por la amenazante probabilidad de un holocausto atómico. Para la resolución de los mencionados problemas de la era atómica, desde la Ética de la Responsabilidad, recomienda Apel al político encargado de resolver las disensiones que tenga en cuenta la aplicación de un sistema compuesto de tres normas éticas: su regulación a través de la formación discursiva del consenso mediante discursos argumentativos; respetar, resguardar y proteger la realidad que le ha sido confiada, alejándose de saltos utópicos propios de Éticas de la Convicción y, finalmente, colaborar en la medida de lo posible en un cambio de las relaciones, en especial a largo plazo, con el objetivo final de fomentar una solución discursiva-consensual de los conflictos. Todo este proceso provoca que la conexión de la ética con la moral exija que la Ética de la Responsabilidad se ponga al servicio y en función de la paz, eso sí, una paz mundializada y de alcance planetario.

Finalizando el apartado dedicado al concepto de Responsabilidad concebido por Apel, dos serán los artículos, ya a término de su trayectoria, que tratan esta idea desde la perspectiva de la corresponsabilidad: «*La Ética del Discurso como ética de la corresponsabilidad por las actividades colectivas*», fechado en 1993 y «*Lo primero es lo primero. El concepto de corresponsabilidad primordial. Acerca de la fundamentación de una ética planetaria*», publicado póstumamente en marzo del año 2020.

Tal y como hemos citado, ambos escritos tienen el mismo referente conceptual: la corresponsabilidad, solo nombrada en obras anteriores y que, en estas dos, cobra especial relevancia. Entrambas aluden a la insuficiencia del concepto tradicional de responsabilidad individualmente imputable a la persona singular. Resulta obvio considerar que para Apel solo desde una Ética Discursiva o de la Comunicación resultase posible determinar claramente en qué consiste tanto la responsabilidad como la corresponsabilidad. Para él, existen dos tipos de derivadas de la responsabilidad, las consecuencias y las subconsecuencias, aunque, en realidad, no consigue caracterizar sus diferencias, incluso las denomina consecuencias directas e indirectas. De todos modos, tampoco consigue definir bien la corresponsabilidad que denomina como solidaria, así como sus fundamentos ontológicos y conceptuales para conectarla con la obligación que, supuestamente, tiene el ser humano para con sus congéneres. Y lo resuelve de un modo rápido y taxativo: «*Justamente en esto se muestra que los hombres, en el nivel de la discusión, del razonamiento sobre toda clase de problemas, tienen siempre responsabilidades metainstitucionales, que es también uno de los presupuestos en los que se funda en última instancia la democracia*» sentenciará en el primero de los artículos citados que se dedican a la corresponsabilidad como solución inevitable. Dado que el resto de las éticas no pueden sostener conceptualmente la corresponsabilidad, la única con potestad para ello deberá ser la Ética Discursiva, que permitirá la fundamentación pragmático-trascendental última de la corresponsabilidad.

También ambos artículos citan como referencia a Hans Jonas y su obra «*El principio de Responsabilidad*», libro que ya bien conocemos publicado en 1979 y por el que no siente Apel, al menos en principio, una gran afinidad aunque sí reconoce su valía, dado que «*ha puesto de relieve actualmente de manera más llamativa, al menos como problema, el desafío actual de una ética de la responsabilidad planetaria y orientada hacia el futuro «para la civilización tecnológica»*, tal y como expresa ya en el segundo de los artículos mencionados con temática sobre la corresponsabilidad. Afinidad, por lo tanto, en el punto de llegada más no en el punto de partida ni en la argumentación fundante. Incorpora Apel la noción de responsabilidad post convencional atribuible individualmente (asumiendo así conceptos extraídos de Arnold Gehlen), y aplicable a las actividades colectivas de los seres humanos, debidas a las nuevas responsabilidades que ante desafíos colectivos se están tomando y que implican a instituciones sociales o sistemas y subsistemas funcionales (por ejemplo, en relación a la política, el derecho, la ciencia, la economía o formas sociales como el matrimonio o la familia). Existe para Apel una obligación primaria, a priori, por la cual los seres humanos están obligados a ser solidarios. Esta concepción primordial de la corresponsabilidad viene completada de antemano por la igualdad de derechos de todos los participantes en el discurso, como ya se citó con anterioridad.

En definitiva, la responsabilidad individual 'orientada' desde la Ética de Discurso, bajo la disciplina metodológica pragmático-trascendental, deviene, de modo natural, en corresponsabilidad: «*por supuesto, en el sentido de la profundización que buscamos en el concepto de responsabilidad, somos ya siempre corresponsables (esta vez en un sentido fundamentado trascendentalmente, independiente de cualquier institución particular) de la asignación de responsabilidad atribuible individualmente y, por lo tanto, de la preservación y refun-*

dación de todos a todas las instituciones», cita rescatada en el ya casi final del segundo de los artículos mentados.

Sin duda alguna, este ha sido el apartado entendido como diálogo con autores relevantes frente el concepto de responsabilidad con una mayor dimensión. Antes de entrar a proponer las bases de dicho diálogo, mencionaremos que la dimensión se debe a dos razones primordiales: en primer lugar, a la importancia argumental que Apel otorga a la Responsabilidad y, en segundo lugar, a su intuitiva perspectiva sobre el futuro del concepto. Es el primero de los autores representativos que no hinca su rodilla en tierra ante la religión ni ante la creencia en la trascendencia, incluso pretendiendo buscar sostén y aprobación en la ciencia, trabajo que, a nuestro juicio, aún con notable voluntad, no consigue llevar felizmente a término con rotundidad.

Por lo ya anotado, consideramos que la propuesta de Apel presenta, en el diálogo con él, las siguientes inconsistencias:

1. Heredera su propuesta de la más anquilosada tradición del idealismo trascendental que surge con Kant y que transita hasta Hegel, llegando incluso a Husserl, desembocan sus propuestas en una prosa atrapada, una vez más, en la selva nominativa heideggeriana. Apel comienza en la devoción ante el ser para acabar deambulando hacia el deber ser, desde un inicio enraizado en la más pura metafísica del maestro Heidegger, para concluir su camino en una ética propia compuesta por gran cantidad de principios (formal, del principio, de universalización, ideal, auto alcance, etc.) aunque, en numerosas ocasiones, sin hilo argumental entre ellos ni conexión conceptual fuerte. Apel tratará de convertir el método trascendental del maestro de Königsberg en algo asumible por la filosofía práctica, una *«reelaboración constructiva de la filosofía de la existencia en clave neokantiana»*.

2. Por otra parte, tampoco consigue enlazar y entrelazar bien, a pesar del ansia por lograr una praxis inmediata que disipe una preocupación por la utilidad, atrapado en el *logos*, el formato pragmático del lenguaje compatible con la realidad.

En su sistema hay una gran contradicción entre la Teoría y la Práctica (en terminología apeliana, Parte A y Parte B), siendo imposible pasar de una a la otra con una mínima solución de continuidad. Su sistema filosófico resulta así un tanto alambicado y artificialmente enrevesado, presa de un lenguaje que se pretende diferente y diferenciador, convirtiéndolo en un maestro del 'pensamiento paradójico y dicotómico', en particular cuando apela a una pragmática trascendental. Haciendo acopio de los artículos donde se ocupa de la responsabilidad, estos tienen siempre la misma estructura y los conceptos expresados en ellos resultan repetitivos y, en muchas ocasiones, con poca originalidad argumentativa posterior a su primera exposición.

3. Por lo tanto, encontramos en su filosofía una dispersión conceptual reflejada incluso en las denominaciones auto atribuidas del pensamiento propio de Apel: ética del diálogo, dialógica, comunicativa, discursiva, de la responsabilidad, de la responsabilidad solidaria, ética dialogada de la responsabilidad, de la corresponsabilidad de las acciones colectivas, ética de la responsabilidad y el éxito, etc. Su propuesta, finalmente, desemboca en una ética deontológica (influida netamente por Kant) a pesar de pretender distanciarse; formalista, no proponiendo normas concretas de conducta, valores morales comunitarios o algún modelo de felicidad sino principios procedimentales a través de los cuales elegir normas racionales y correctas; cognitivista (aunque dialógica), insistente en el conocimiento racional de la validez de un principio de lo bueno como principio del deber ser; y, finalmente, universalista, con una tendencia nítida y dolorosamente occidental y, más en concreto, eurocéntrica que invalida cualquier otra tendencia moral e incluso ética a tener en cuenta.

4. La Ética Discursiva supone una reacción contra el subjetivismo existencialista, el emotivismo relativista y el decisionismo moral; sin duda. En el fondo, subyace la 'buena intención' de proponer un modo de, más bien una metodología para, cu-

rar todos los males morales y políticos de la sociedad con una clara vocación totalizadora, que no totalitaria. La idealizada comunidad original de comunicación sigue siendo un atavismo del paraíso perdido, una visión moral-cristiana de la vida terrena, aunque sin nombrarla. La diferencia entre comunidad ideal y comunidad real así lo pone de manifiesto, diferenciación difícilmente contrastable en el mundo de la praxis.

5. A pesar del débito que la Ética Dialógica mantiene con la gramática generativo-transformativa universal de Noam Chomsky, e incluso con las nociones propias de la evolución cultural del ser humano, al destacar la importancia de la historia y la tradición, persiste en Apel un olvido de los fundamentos biológicos comunes que tienen y tenemos todos los humanos, en especial con respecto al lenguaje, centrándose en lo meramente ontológico derivado ello de su sustento intelectual en el idealismo trascendental alemán más clásico. Todo su pensamiento resulta ajeno o quizás poco poroso a los avances de finales del siglo XX y principios del siglo veintiuno referentes a los descubrimientos de las funciones cerebrales y la corroboración de la evolución de la especie sapiens. Su concepción de la ciencia bebe, en exceso, de la versión iniciada en el siglo XIX (esa ciencia iluminadora y redentora propia del *Aufklärung* del Siglo de las Luces) y que, como muchos otros intelectuales del siglo XX, se caracterizará por execrar de la tecnología sin realizar propuesta alguna que no sea oponerse con tintes catastrofistas a los avances materiales, olvidándose de manera recriminable del difícil acceso que grandes cantidades de congéneres en el mundo tienen a ella y a sus innegables beneficios, teniendo como tienen derecho a sus virtudes a pesar de los posible defectos.

En definitiva y a nuestro entender, Apel detecta, conceptos y orientaciones presentes y de futuro, atisba, se acerca, pero no resuelve de manera rotunda y, finalmente, no abate la pieza.

8

LA RESPONSABILIDAD COMO CONCEPTO JANO

A lo largo de todo lo expuesto con anterioridad, hemos tratado de analizar y considerar qué es y en qué consiste la Responsabilidad desde una perspectiva filosófica, debido a que este punto de partida nos permite, en general, una visión amplia, global y, en particular, integradora.

Lo mínimo que podemos afirmar, en estos momentos, sobre la Responsabilidad (con mayúsculas) es que, como Idea, no ha tenido un lugar argumentativo exento en la Historia del Pensamiento. Se convirtió, por ello, en un apéndice de la Libertad (como Idea y en mayúsculas), con escasa indagación, acabando por considerarse como un concepto poco elaborado, nutrido desde perspectivas muy diversas y de escasa enjundia teórica propia. La gran mayoría de las perspectivas en su abordaje son no solo condicionadas sino también orientadas desde el inicio y con una intencionalidad final presente en su incorporación inicial como posible idea, muy cargada de criterios moralizantes e incluso religiosos.

Buscando alguna manera de expresar con una metáfora gráfica (curiosa redundancia) que pudiera comprender las distintas facetas que mantiene como posición la Responsabilidad, creemos encontrarla en la imagen iconológica de la deidad romana Jano (*Janus, Ianus*), dios solar asimilable a Apolo, habitualmente honrado en un culto duplo con Saturno, el tiempo, perteneciente al panteón romano, curiosamente sin equivalente en el olimpo griego, que se manifiesta con una presencia diferenciada convirtiéndolo en una referencia de gran utilidad a la hora de representar a la Responsabilidad: es el dios de los comienzos y de los finales, de las puertas (*Jauna/Portae* que permiten las entradas, pero que también, a la vez, las salidas) y por extensión el custodio y depositario de las llaves (*clavis*) a quien se consagraban los primeros días de cada mes, así como el mes completo de enero (*Januarius*), el primero del calendario. Los usos protocolarios romanos dictaban no solo su invocación propiciatoria al inicio del mes de enero, sino también la solicitud de su auxilio, al inicio de las guerras, gracias al mantenimiento de las puertas abiertas en su templo durante la duración del conflicto y su posterior cierre cuando la confrontación culminaba. Su imagen fue tratada literariamente con minucioso detalle por eximios poetas romanos como Ovidio, Horacio o Virgilio.

Como ocurre con Prometeo, Jano es un dios de raíz cultural y civilizadora, no siendo fruto, pues, de una condescendencia natural como fenómeno físico deificado procedente de la Naturaleza. Supone la llegada y ofrecimiento a los mortales de lo necesario para provocar, mantenerse y estructurar las relaciones humanas, puesto que se le atribuye la invención del dinero, la navegación y la agricultura. Además, su invocación, suponía el apoyo esperanzado para el logro de la consecución feliz de los emprendimientos.

Representado siempre por dos caras (el *Jano Bifrons* o *Bifronte*) y de perfil, tanto barbado como imberbe, el dios Jano, como la responsabilidad (ésta ya en minúscula), representa, simbólicamente, no solo el principio y el fin, sino también el interés y la conexión entre el pasado y el futuro, la doble funcionalidad, la ambigüedad de permanecer en el centro, permitiendo la articulación así como ser *custos portarum et rector viarum*, custodio de las puertas y, a su vez, guardador de las salidas y los retornos. Importante como dios para los romanos (en realidad, mortal divinizado, posiblemente originario de Tesalia, ungido con la gracia divina por Saturno y Júpiter, poseedor del don de conocer pasado y futuro), nacido en el pueblo de los resultados prácticos, ayuda y soporta, promueve y coteja, en su formato de *Janus Pater*, dios de dioses, formando parte de la creación del mundo, acabará convertido, en la práctica, en una deidad protectora del Estado. Opuesto a *Terminus*, dios que vela por las delimitaciones, las fronteras y los confines, Jano, por el contrario, facilita y promueve la transición, llegando incluso a dar nombre a una de las puertas de Roma (*Porta Janualis*), así como a una colina denominada *Janículo*, fuera de la propia muralla circundante.

Por esta consideración, la propuesta que como toma de postura aplicaremos a la Responsabilidad siempre mantendrá un perfil dual, evitando una única posición y favoreciendo así mismo la confrontación y una cierta ambigüedad, imagen de la falta de seguridad rotunda que no solo sostiene el concepto sino también en su consideración ancilar de la Idea de Libertad; en definitiva, un dios de la transición. De este modo, pretendemos huir del dogmatismo y la unicidad, incorporando la Responsabilidad a la ambigüedad y la necesidad de matices que precisan los conceptos enlazados con la vida y el comportamiento humanos. Como Jano, la Responsabilidad se encuentra, indefectiblemente, unida al paso del tiempo, primando su contenido adverbial frente a lo sustantivo y mucho más, incluso, frente a lo adjetivo.

Como el dios romano, la Responsabilidad resulta ser: omnipresente, asociada al tiempo, conectora de inicios y finales, facilitadora de la coherencia entre la apertura y el cierre, entrada a un ámbito sagrado como es el de la Libertad, guardián del umbral y tenue enlace entre las tinieblas y la luz.

1. Fundamento de las nuevas responsabilidades

La propuesta que lanzamos a continuación se organizará al modo y manera del diálogo establecido con los autores que más (y por qué no, mejor) se han ocupado, de un modo u otro y a nuestro juicio, de la temática de la responsabilidad, esto es, Jonas, Lévinas, Zubiri y Apel. Después de restablecer los fundamentos ya expresados desde el inicio de esta obra, abordaremos una nueva orientación, evolutivamente adscrita y paralela a la necesaria revisión de la Idea de Libertad, sostenida en la inspección y actualización de la de Responsabilidad.

De este modo, consideramos a la Responsabilidad (como Idea, en mayúscula, como aplicación, en minúscula), bautizada como Idea Jano, como un componente esencial de la Libertad, una de estas Ideas Fin que gobiernan los designios humanos (siendo las otras cuatro Ideas Fin la Igualdad, la Justicia, la Solidaridad y la Felicidad) y que nacen y se desarrollan en el seno de la cultura. Estas Ideas, frutos de la capacidad intelectual, como expresiones intelectivas no existen en el «estado de naturaleza» ni en la Naturaleza misma, sino que son el resultado de la evolución cultural y por ello construcciones netamente humanas.

Por ello, la Responsabilidad es, así, una de los Componentes que integran y dan sustento a la Libertad entendida esta en su faceta como Idea Medio, siendo los otros dos pilares conformantes la Independencia (entendida como Autonomía) y la Conciencia, configurando así lo que hemos denominado como «Perímetro de la Libertad», los límites inherentes al ejercicio de la Libertad en su faceta relativa (opuesta a la absoluta) o práctica. Por ello, Libertad y Responsabilidad no son conceptos equivalentes, siendo la responsabilidad (en minúscula, esto es, la que es obligada y se ejercita a través de la puesta en práctica de la Libertad) una presencia inmanente del ejercicio activo de la libertad constituyendo al ser humano como único sujeto posible de responsabilidad, haciendo que, como tal, solo el sujeto humano tiene como valor propio el ejercicio de la Libertad.

Bajo el prisma de la taxonomía de sus fundamentos, resulta posible diseñar una arquitectura de la Responsabilidad compuesta por dos grandes tipos de Categorías propias, una teórica (a su vez, reclasificable en seis: las Responsabilidades Absoluta, Histórica, Personal, Individual, Compartida y Diluida) y otra práctica (ordenadas en cuatro: Responsabilidades Legal, Ética, Moral y Social), concretándose en diez los tipos de responsabilidades posibles. El ejercicio de la misma determina cuatro Modos o manifestaciones de ser ejercitada en el tiempo, esto es, las Consecuencias, las Implicaciones, las Repercusiones y las Secuelas. De esta última clasificación y en función de los niveles de Participación e Implicación, se derivará la tipología de autores implicados en mayor o menor grado, siendo por ello una taxonomía representada por tres tipos de ejecutantes: de autoría activa directa, es decir, Perpetradores; de autoría pasiva indirecta, con tres estadios también graduales: Instigadores, Incitadores y Protectores; y, finalmente, de autoría pasiva, personificada en los Espectadores pasivos.

Responsabilidad y Culpa, aun teniendo un origen común resultan ser vivencias diferenciadas. La culpa, de origen religioso, se fortifica más en la voluntad, es horizontal, individual e intra subjetiva; en formato de pecado, exige el arrepentimiento, aunque no necesariamente la expiación. Frente a ella, la responsabilidad, en su ejercicio, es de principio civil, vertical, intersubjetiva y de carácter dialogado; por sus consecuencias, obliga a la aceptación y a una posterior reparación. La Culpa no tiene medida, imposible cercarla, frente a la Responsabilidad que conlleva delimitación, un cierto perímetro similar al que hemos imputado a la Libertad; de ahí la posibilidad que asume desde una atribución externa. Por ello, demanda, inevitablemente, al otro. La Responsabilidad genera y provoca sentimientos y emociones, por ser algo netamente humano. Para su configuración, es necesario ejercitarla en contraste con lo externo, tal como matizaremos, con gran detalle, en otro volumen.

Este nuevo tránsito o estadio de la Responsabilidad, parejo a la evolución general del ser humano como especie y, en particular y definitivo, por la faceta también evolutiva de la propia cultura, conllevará (cuestiones que trataremos en el siguiente apartado) una necesidad de especificar una necesariamente nueva concepción sobre la Responsabilidad, caracterizada por: insertarla en el seno mismo del Ser y no tanto del Deber Ser, formando parte de la Ontología y no de la Ética, como elemento exento que precisa ampliar su 'campo de acción' desde una responsabilidad unívoca hacia una orientación plural, de responsabilidades. La Responsabilidad, concepto Jano como antes apuntamos, evoluciona, aún siendo esencial y nuclear, porque se nutre del entorno y, por ello, hemos de considerar hacia dónde se orientará y cuáles son los elementos que configuran su nuevo rostro, esto es aquel que mira al futuro, aunque en dependencia del pasado.

2. Ampliación del Ámbito general de la Responsabilidad. Crítica al '*efecto antropocénico*'

Una vez trazado el camino emprendido desde el pasado, ese previo aflorado y revisado, esa faz hacia la izquierda que mantiene Jano, que supone la consideración de los fundamentos de la Idea sobre la Responsabilidad (como concepto derivado de una Idea Medio) y, por extensión conceptual, con la Idea sobre la Libertad, procederemos a diseñar las implicaciones que, a futuro debido a su propio proceso evolutivo, presenta la puesta en práctica de la responsabilidad, esa otra cara que, como la efigie de Jano, mira hacia lo posterior. Ello se producirá en cuatro seminales 'campos de trabajo' que ofrecemos para su consideración y, en lo posible, con la humilde pretensión de mantener el criterio del diálogo intelectualizado, para su eventual debate y propuesta de ampliación. Dichos cuatro ámbitos serán los ya tratados con anterioridad en el diálogo establecido con autores representativos en el estudio sobre la Responsabilidad y lo que todo ello implica, resultando obligado su tratamiento con vocación de amplitud.

2.1. La extensión desde el Ámbito Ontológico de la Responsabilidad. La respuesta desde el SER

Esta primera aproximación se orienta, desde las nuevas respuestas a ofrecer, a la sustancial gran pregunta primera sobre la Responsabilidad, *¿Qué es SER responsable?* Partiendo de la argumentación que hemos ido hilando, la Responsabilidad, consustancial al ser humano, mantiene una raíz ontológica, siendo uno de los tres apoyos para su puesta en práctica como uno de los sustentos del ejercicio concreto de la Libertad. Ya habíamos determinado que estos tres integrantes de la Libertad serían la Responsabilidad, la Autonomía y la Conciencia. El propio ser de la Responsabilidad, incorpora, para poder convertirse en deber ser, la conexión, en la acción, del pasado y el futuro. Ser Responsable, es una dimensión obligada, una manera de ser, que precede por tanto a la posibilidad de la acción misma.

La Responsabilidad en el ser humano reside en el ámbito de la Ontología, si consideramos que la Libertad suponga una faceta propia del hombre, del ser del hombre, como tal ser humano. Éste no puede sustraerse a la conexión entre la intención, el desarrollo y el resultado del actuar.

Como ya hemos puesto de manifiesto, el tratamiento de la Responsabilidad, en mayor o menor medida, está, hasta la fecha, inextricablemente unido a la forma de actuar del ser humano, considerándose a sí mismo sujeto de comportamientos deseables e incluso prescribibles, llegando a ser caracterizado como algo exigible de manera natural debido a una clara orientación religiosa o de conexión con la trascendencia.

La orientación sobre la Responsabilidad por la que abogamos en esta propuesta se inscribe en la consideración exenta del ser humano, en su visión estrictamente terrena, sin vínculos ni débitos con ninguna entidad de corte divino. Configuramos así al ser humano como una redundancia, donde lo humano configura al ser, puesto que no contamos con un Ser con mayúsculas con el que tener un debito desde el inicio de su existencia. La Responsabilidad es una característica netamente humana, elemento sustentante de la Libertad, Idea únicamente aplicable a su humanidad. Estimamos que, hasta ahora, su uso y justificación ha tenido un marcado carácter religioso, en especial cristiano, caso específico del pensamiento occidental, que no solo impregna a la Responsabilidad, haciéndola depender de designios divinos, sino también a la propia Libertad.

De este modo, la Responsabilidad, como exigencia del ejercicio consciente y autónomo de la Libertad, supone el restablecimiento de un cierto 'orden natural' previo, un regreso al paraíso original el cuál se tuvo que abandonar por haber ignorado las órdenes divinas, por haber comido del árbol de la sabiduría y haber ejercitado, precisamente, una libertad responsable, independiente y consciente; en definitiva, por haber ejercido la responsabilidad ante una decisión propia: haber optado por la realidad. La Responsabilidad no deja de ser, bajo esta perspectiva religiosa cristiana, el reequilibrio necesario posterior a la culpa. No en vano los cuatro autores visitados, con los que, indagando en lo profundo de su obra en lo relativo a la Responsabilidad y en diálogo con ellos, podemos caracterizar como alumnos aventajados de la teología, muy influidos por la 'pérdida del paraíso' que para Heidegger supone 'el abandono de Dios' y por tanto la materialidad de un anhelo de reencuentro ante lo que supone el 'ser arrojado' (el concepto heideggeriano de la *Geworfenheit*) en el mundo.

De ahí que, en todo lo relacionado con la consideración de la Responsabilidad en una nueva orientación, más ampliada, más terrenal, debiendo partirse, de haberlas, que las hay, por supuesto, de unas ataduras de carácter interno y no externas al individuo. No existe una Responsabilidad para con, es Responsabilidad con o Responsabilidad de, en definitiva, una Responsabilidad desde. Tanto la Libertad Absoluta como una posible Responsabilidad Absoluta (conceptos estos que no manejamos en su aplicación práctica), son, en realidad y hasta ahora, dimensiones de manifestaciones divinas. La ampliación del concepto de la Responsabilidad deberá, así, despojarse de toda connotación religiosa, en especial, en el caso de la Filosofía, pensar netamente europeo y de vecindad, inevitada que no inevitable, con la Teología, y que no decir de la Teodicea, convirtiéndola a la más absoluta laicidad, incluso evitando las metáforas provenientes de los libros sagrados tanto del cristianismo como del judaísmo que la obligan a una cierta liturgia de la Responsabilidad no exenta de un indiscutible pero perturbador encanto en su formulación, en ocasiones, cercano a la mística.

2.2. La extensión desde el Ámbito Ético/Moral de la Responsabilidad. La respuesta desde el DEBER SER

Una segunda aproximación alimenta una de las facetas más nominadas cuando se habla de la responsabilidad, y que se refiere a *¿Por qué se DEBE SER responsable?*, ámbito que pertenece a las facetas ética y moral del actuar humano.

Nuestra pretensión es, no solo delimitar el concepto de Responsabilidad, sino también, a través de la búsqueda de las diversas ramificaciones que esta mantiene, sostener que, además de resultar inevitable en el ejercicio de la Libertad (de ahí su radicación óntica), contempla una orientada vocación de consecución. No contemplamos una Responsabilidad sin consecuencias ni sin implicaciones, incluso que no cuente con repercusiones o secuelas, las cuáles doten de sentido a la acción, sea dicho sentido el que fuere. Se es responsable porque es imposible e inútil, por inevitable, no serlo.

La mayor parte, por no decir que toda, de la literatura sobre la Responsabilidad insiste en considerarla buena de por sí o, al menos, exigible. La diferenciación entre bondad y maldad la estimaremos aquí como soportada en adscripciones culturales sin procedencia externa, aplicaciones valorativas al actuar en función de las consecuencias que implican, tanto para el autor como para todo lo afectado. El mal, como ente exento, no existe de modo taxativo (existen las maldades, incluso, la malignidad), dentro del universo explicativo en el que nos movemos, puesto que, como tal, no se da en la Naturaleza. El mal, el cual no oponemos al bien para poder definirlo (en desacuerdo con la afirmación de que el mal es la ausencia del bien), lo malo, es, en lo tocante a la Responsabilidad, el resultado de la ausencia de sentido de la responsabilidad, por lo tanto, fruto del olvido y de la ausencia de cálculo acertado sobre las afectaciones futuras, tanto las que afectan a lo propio como a lo ajeno. Una definición sencilla a la par que contunden de la Irresponsabilidad nos llevaría a caracterizarla como la ausencia de conciencia sobre el futuro.

Bien y Mal, en el marco de significación en el que nos estamos emplazando, son enunciados que se adscriben a las éticas deontológicas o prescriptivas, donde, finalmente, es el Deber Ser el fundamento del Ser, éticas con un claro respaldo trascendente, muy alejadas de la propuesta que estamos ofreciendo. Se configuran, finalmente como éticas del Deber. Nuestra propuesta se orienta hacia una Ética de los Deberes, con fundamento en la asunción de la existencia nuclear y ontológica, inevitable, por lo tanto, de la Responsabilidad como elemento primordialmente presente en las expresiones de la Libertad.

Otra de las características comunes a los autores tratados anteriormente es su convencimiento sobre la existencia de una posible ética universal. Esta afirmación que se ofrece como rotunda e inapelable mantiene, también, un sustrato religioso, muy en consonancia con la base argumentativa judaico-cristiana a la que ya hemos aludido. Un único Dios, puro monoteísmo, para una única forma de actuar válida. Pero el mundo humano está compuesto de múltiples creencias, en particular con respecto a la posibilidad de la trascendencia, con lo que, una teoría de la Responsabilidad que pretenda mantener un carácter generalizable con tendencia a la unicidad, no puede estar trufada e incluso adscrita a unas convicciones religiosas determinadas.

En definitiva, la respuesta a la necesidad de ser responsable se contestará, bajo nuestro criterio, desde una revisión de la herencia kantiana que tienen todas las éticas desde Kant mismo, reflejada en el Imperativo Categórico, fundamento de la ley moral considerando que este mismo debiera ser revisado (en particular en su formulación aparecida en su *Fundamentación para una metafísica de las costumbres* (1785), donde enuncia «*Obra de tal modo que uses a la humanidad, tanto en tu persona como en la de cualquier otro, siempre al mismo tiempo como fin y nunca simplemente como un medio*» (en AK. IV, 429); consideramos que esta afirmación no tiene en cuenta ni el tiempo ni la voluntad ajenas). En dicha revisión, cuestionamos incluso su propia consideración como Imperativo. No se puede prescribir una ética basada en el deber sin determinar cuáles son los deberes que conformarían el concepto universal denominado 'deber'. Implicará la contestación a dos preguntas ya planteadas: *¿De qué o de quién somos responsables?* y *¿Ante quiénes somos responsables?* Por ello, propugnamos, tal y como ya enunciamos, no una ética del deber, sino una ética de los deberes, una valoración moral en función de las consecuencias y no únicamente en la posibilidad de que nuestras acciones se compadezcan con unas predeterminaciones del modo correcto o incorrecto de comportarse que escapan al control humano por tener una procedencia externa divina. Podemos afirmar que en las éticas del deber subyacen claras y robustas raíces religiosas que, en el caso de los autores ya tratados, su orientación es claramente sustentada en una concepción cristiana de la existencia.

A pesar de ello y en aras de ofrecer una orientación distinta sobre la función de la Responsabilidad, nos atrevemos a reformular el Imperativo kantiano haciéndolo reposar en la esencia del propio ser humano, en su cuidado por lo externo. De existir como posibilidad, la enunciación, a nuestro juicio y emanando de la Responsabilidad, de este posible Imperativo sería: «*obra de tal modo que tengas siempre en cuenta las consecuencias de tus actos (aunque te equivoques) e incluso las implicaciones, conjugando el deber de grupo con el de especie, además del propiamente individual, siendo obligado, para su consideración, someterse a una justificación dialogada*» En definitiva, se trata de 'ser cuidadoso', de 'tener cuidado'.

2.3. La extensión desde el Ámbito Antropológico de la Responsabilidad. La respuesta desde el SIENDO

Como ya hemos argumentado en lo correspondiente a la justificación de la nominación 'concepto Jano' aplicable a la Responsabilidad, esta se encuentra ineludiblemente unida al paso del tiempo. Como concepto bisagra, enlace entre el pasado y el futuro, la variable tiempo le resulta consustancial a la Responsabilidad, puesto que se configura en modo de tránsito, afectada por y en el tiempo, en particular dada su proyección hacia el futuro. Por ello, es imprescindible responder a una tercera propuesta y esta es, *¿De qué voy a seguir SIENDO responsable?*

Para nuestra propuesta, la Responsabilidad, al modo y manera que la Libertad, bebe de las fuentes tanto de la teoría evolutiva, aplicable al ser del ser humano, lo que configura su estudio con nominación de Antropología, el estudio de la especie, como de la Historia, el estudio de los hechos históricos. No permanece inmutable ante el paso del tiempo, sino que, además de situacional, es el resultado evolutivo de las acciones del hombre en su proceso de aumento de capacidad de maniobra y uso de las posibilidades que aportan sus relaciones con el mundo, en una suerte de «biología cultural» muy querida en estos tiempos. Si como demuestra el evolucionismo somos fruto de la adaptación al medio, ¿podemos seguir considerándonos la *«especie elegida»*, hecho *«el hombre a nuestra imagen y a nuestra semejanza, para que domine sobre los peces del mar, sobre las aves del cielo, sobre los ganados y sobre todas las bestias de la tierra y sobre cuantos animales se mueven sobre ella»*, tal y como enuncia el Génesis (Sagrada Biblia, Génesis, 1-2, 26)?

Pero el análisis tanto de la Responsabilidad como de la Libertad sigue sin tener en cuenta una de las teorías sobre la esencia antropológica del ser humano más clara y rotundamente aceptada: el evolucionismo. Bajo esta perspectiva, ¿es posible que los antecesores del *homo sapiens sapiens* tuviesen sentimientos organizados sobre la trascendencia?; ¿podían, así, los neandertales profesar la fe cristiana o la musulmana, por poner únicamente dos referencias monoteístas ampliamente difundidas? ¿Qué ocurre con los humanos habitantes de la Tierra del período precristiano?, ¿Tienen derecho a sentirse y que los podamos sentir parte del pueblo de Dios, al modo occidental? En definitiva, la concepción sobre la existencia de Dios (exposición de la que hacemos uso a partir del modelo reflexivo expuesto por Hans Küng en su celebrado *¿Existe Dios? Respuesta a problema de Dios en nuestro tiempo* (1968) donde afirma sin rubor *«¿Existe Dios? En esto vamos a jugar con las cartas boca arriba. La respuesta será: Sí, Dios existe. Como hombre del siglo XX, incluso, uno puede razonablemente creer en Dios, y hasta en el Dios cris-*

tiano. Y tal vez más fácilmente que hace un par de decenios, o puede que siglos.») la consideraremos como una variable cultural, como la religión misma. Por ello, no podemos hacer depender la Responsabilidad de las creencias religiosas, esta vez, debido a un aumento de las variables a tener en cuenta, porque, además, antropológicamente carece de sentido. Con ello, afirmamos pues que las concepciones sobre la Responsabilidad y la Libertad sacian su sed en las fuentes históricas, en los momentos de entorno en los que se reflexione y de los que, a poder ser, ingenuamente, resulte posible aprender.

Por ello, en la actualidad, consideramos necesario volver a revisar ambas Ideas e insertarlas en un futuro que comienza a tener otro cariz. Y en ello incluimos también el formato relacional habitual que aplicamos a la conducta humana y que configura, antropológicamente, uno de los baluartes del pensamiento posterior al Iluminismo: la preponderancia del Yo, el Cogito como referencia suprema a la hora de validar el comportamiento humano como propiamente humano.

Valoramos este último párrafo como algo a superar: tal y como hemos criticado en autores como Lévinas o Zubiri, la configuración de la conciencia no se genera a partir de la detección del ego, del yo, sino a que se hace a partir del Otro (como concepto genérico, no como absoluto trascendente), más bien en el otro, incluso, con los otros. Una responsabilidad que apunte al futuro exigirá la revisión de una entronización del YO frente a la necesidad de atender al Nosotros, en un amplio sentido del término. En abierta oposición a una tradición iniciada en la Ilustración donde el individuo aislado como un yo era el garante de la Libertad (ese tantas veces denominado como individualismo de corte reivindicativo y confrontante) y, por lo tanto, sujeto único de Responsabilidad, abogamos por la necesidad de extender la Responsabilidad del yo al nosotros a partir de la existencia constatada del otro, por la cual me deberé interesar. Existo como yo porque hay otro, ANTES, no después de mi propia constitución. En términos insultantemente coloquiales, ningún sujeto humano con conciencia plena existe antes que sus predecesores, que son aquellos quienes provocaron su concepción y posterior existencia.

Por lo tanto, desde una perspectiva como especie, antropológicamente, queremos afirmar que nacemos con un débito hacia el mundo, por el simple hecho de haber nacido, un débito con la especie, con el modo de comportarnos como especie del que no podemos sustraernos, lo que nos incorporar e inserta, desde el primer momento, nuclearmente, un Deber de Especie. Este primer deber, fruto del sustrato ontológico de la Responsabilidad, es lo que nos obliga, personal e individualmente, al cuidado de uno mismo y, en un general pero particularizado, del otro (que no del Otro) y de los otros. Una atenuación del solipsismo presente, esa deificación de un predefinido e intocable derecho personal a la existencia cuajado de otros muchos derechos más no de unos deberes explícitos, en ocasiones, muy a pesar de los otros. Nuestro tiempo y los venideros, exigen otras formulaciones tanto de la Responsabilidad como de la Libertad misma. Esto abre la puerta, ese hueco propio de la concepción Jano de la Responsabilidad, a una responsabilidad mutua o compartida (y no una corresponsabilidad únicamente tal y como propone Apel o una 'codeterminación intrínseca' postulada por Zubiri) y, como derivada, a una libertad compartida, incluso negociada, siendo endógeno lo común, tanto sobre lo pasado como, sobre todo, implicando al futuro. Prácticamente nunca la responsabilidad es unívoca, siempre implica e impregna a otro o a otros, no existe exenta sin una 'otredad interviniente'. El otro, los otros (que, como ya hemos manifestado no son el infierno), también, ¡como no!, existen y me influyen directamente.

Ante la afirmación de Lévinas «*reconocer al otro es dar*», contraponemos otra, consideramos que más realista y apegada a una responsabilidad terrenal, que expresaríamos como, confrontando con el lituano, «*dar es reconocer al otro*».

2.4. La extensión desde el Ámbito Histórico y Colectivo de la Responsabilidad. La respuesta desde el SERÁ

Incluso, y ya ahondando más en la mencionada extensión, todo ello inscrito en el tiempo, la cuarta y última de las preguntas que nos podría asaltar enlazada con las tres expresadas anteriormente, y que sería, afectando al *SERÁ*, *¿Desde cuándo se es y hasta cuándo se SERÁ responsable?*, esto es, incorporada a todo lo que afecta a la dimensión colectiva e incluso, dilatada en el tiempo, histórica del ser humano. Dentro del sentir óntico de la Responsabilidad en el cual nos estamos moviendo, a la Responsabilidad también le corresponde una delimitación, no es «*in aeternum*», al modo y manera del pecado original, un aspecto más que localizamos en cuanto a las rémoras teológicas y religiosas que siempre la han parasitado.

A la Responsabilidad le viene de suyo la necesidad de delimitación. Es de gran relevancia determinar la estela anterior al hecho responsable que como rastro deja, en particular con la irresponsabilidad, así como, en lo posterior, hasta qué horizonte se aplicaría. Situaciones como la Responsabilidad en el presente sobre sucesos acaecidos en el pasado han de tener, casi por mera lógica, un límite temporal (por ejemplo, un español actual, ¿hasta dónde es responsable de los actos cometidos por sus antepasados?, en particular considerando que haber nacido en un lugar u otro no se basa en una libre elección, dado que es una situación circunstancial sobrevenida). Así mismo y mirando a futuro, ¿cuándo se acaba la responsabilidad ante hechos cometidos en el presente, incluso en el pasado? ¿Es posible determinar la pena en función de una posible temporalidad responsable como imputación? (la prescripción de un ilícito penal, ¿implica también a la responsabilidad? Las supuestas responsabilidades propias de los dirigentes políticos, ¿cuándo y cómo se proponen y aplican? Y, en este caso, lo más importante, ¿hasta cuándo resultan imputables?, si es que lo fueran, que lo son). En definitiva, la buena voluntad, acompañante habitual de la responsabilidad, ¿aminora las consecuencias? Dados los altos niveles actuales de información y conocimiento existentes, frente a Kant, estimamos que la buena voluntad, aquella única virtud que puede ser incondicionalmente buena («*No es posible pensar nada dentro del mundo, ni después de todo tampoco fuera del mismo, que pueda ser tenido por bueno sin restricción alguna, salvo una buena voluntad [...]. La buena voluntad no es tal por lo que produzca o logre, ni por su idoneidad para conseguir un fin propuesto, siendo su querer lo único que la hace buena de suyo y, considerada por sí misma, resulta sin comparación alguna mucho más estimable que todo cuanto, merced a ella pudiera verse materializado en favor de alguna inclinación e incluso, si se quiere, del compendio de todas ellas*», textos de su ya citada obra en este capítulo «*Fundamentación para una metafísica de las costumbres*» (A1, Ak. IV, 393 – A3, Ak. IV, 394)), ya no puede suponer un asidero salvador para quienes tienen la obligación de saber para actuar, bien por conocimiento directo, bien por conocimiento interpuesto. Por lo tanto, la ignorancia no exime, máxime cuanto más alta fuese la responsabilidad. De hecho, existe una conexión inevitable entre Responsabilidad y Conocimiento: a mayor Responsabilidad mayor exigencia de Conocimiento; por ello, mayor conocimiento propio o adquirido exigible.

La anteriormente expresada consideración acerca del carácter no sólo solipsista sino incluso narcisista que creemos observar en las sociedades occidentales contemporáneas, proveniente, al menos en una de sus causas, de un temporalmente mal digerido concepto individualista nacido entre las luces del Iluminismo, nos lleva a un olvido de la derivada comunitaria del ser humano. Si tal y como sugería Hegel, la cantidad hace la cualidad, el número de habitantes del planeta tierra convierte a esta en un hogar donde las apreturas comienzan a causar estragos apreciables. Estos van desde la continua eliminación de especies hasta la modificación artificializada de condiciones generales de vida en nuestros ecosistemas por el efecto antropocénico.

Esta faceta de exacerbado individualismo tiene su amparo en lo que denominaremos como *Falacia Sociologista* (en contraposición a la *Falacia Naturalista*), es decir, la detección de una pérdida de la necesaria responsabilidad individual, achacando, aunque sea inconsciente o veladamente, dicha dejación a la imposición de límites por parte de la sociedad, haciéndola responsable de todos o de una parte importante de los males propios, en ocasiones, incluso, irresponsablemente buscados. Y así, concluyo que resulte imposible cambiar el mundo porque el mundo me tiene ya cambiado y ello provoca mi propia dejación. La responsabilidad se diluye por causa de una pérdida de una supuesta virginidad originaria, inherente al carácter básicamente bondadoso del individuo en una idílica y originaria situación adánica (otro resabio religioso), por haber cedido parte de su libertad a los intereses colectivos (a esta derivada concreta le podemos denominar como *Síndrome de Rousseau*, donde el sujeto se encuentra pervertido desde el inicio a pesar de su inicial carácter inmaculado, utilizándose esta inherente bondad perdida como coartada).

Por ello y como conclusión final, sólo a través de una indagación sobre los deberes se puede reconfigurar la posición del sujeto frente al mundo, manifestándose estas en las acciones tanto individuales como colectivas. En definitiva, se trataría de modificar el ya citado varias veces «Yo no» de Joaquin Fest («*Etiam si omnes, ego non*», «*Aunque todos participen, yo no*»), convirtiéndolo en un «*Yo sí*» («*Etiam si nemo, ego sic*», «*Aunque nadie participe, yo sí*»); sólo mediante la constatación de una Ética de los Deberes puede completarse la Declaración de Derechos, herencia de la Ilustración que, por cierto imperio individualista desde su promulgación, se han ido oscureciendo las obligaciones que como habitantes de una casa común que es nuestro planeta, no hemos tenido, al menos hasta ahora, muy en cuenta. Hora es ya de cambiarlo.

APÉNDICE I

FUNCIÓN DE LA FILOSOFÍA

Subyace en esta obra una concepción no sólo de la Filosofía (con mayúsculas) asumida ésta como disciplina sino también sobre el modo de llevar a cabo su ejercicio y utilidad, radicada concretamente en la actualidad. Además de las citadas en la parte final de la misma, hay alguna caracterización más sobre la Filosofía que mantiene un tono exento en nuestro tiempo y que hace referencia a la banalización de muchas cuestiones que antes se consideraban como propias de un saber manifiestamente más profundo y heredero de una trabajosa enjundia. Una de ellas afecta a su función.

En estos momentos, la muy reconocida como sabiduría fundamental por su omnicomprensiva capacidad de concitar numerosos conocimientos, la Filosofía, se encuentra en una situación, cuando menos, peculiar, por no decir que aislada y, por banalizada y poco rigurosa, reducida al mero ámbito del ensayo y la reflexión más inmediata, de escasa hondura y, en ocasiones, incluso pobremente escrita. Alejada de los grandes sistemas, lo cual no es malo *per se*, el pensamiento nacido en las luminosas ciudades griegas de la Edad Antigua, con tantos avatares soportados, pasando por estar sostenida en las preguntas, a dichas preguntas, en especial a aquellas a las que podemos denominar como 'grandes preguntas', se ha ido contestando por parte de los filósofos, convirtiéndola, realmente, en un conglomerado de respuestas. Ello ha generado un debate creemos que con cierta lógica sobre si ha de hablarse, en realidad, de Filosofía o de filósofos y filosofías, escuelas y tendencias filosóficas.

Hoy, cuarteado ya el siglo veintiuno, esta reflexión sesuda y fundada, la Filosofía, en definitiva, se encuentra en las manos bien de jóvenes analistas de la realidad más inmediata, sólidamente asentados en una interpretativa 'su' verdad acerca de 'su' realidad más cercana o bien en las de aquellos residuos de los ya viejos pensadores del pasado siglo, sobre todo quienes se apoyan en los representantes del idealismo alemán más decimonónico o los inscritos en la circularidad del pensamiento analítico. Filósofos de los más renombrados, dejando aparte a un Jürgen Habermas en la recta final de su fecunda vida y de su sistema, también con una cierta redundancia conceptual, a un lado y otro del Atlántico, carecen de la originalidad mostrada por sus fuentes, conformando una patrística contemporánea que, en numerosas ocasiones, se suele quedar en los meros titulares (en realidad, ¿qué son el «*pensamiento líquido*» o el «*pensamiento débil*»?).

Abogamos pues, por una Filosofía alejada de los actuales salones que propician diarios y ubicaciones virtuales, apesebrada en una reflexión ya profesionalizada sobre acontecimientos de corte diario, muy lejos del debate y contraposición de ideas, complaciente y escasamente combativa. Amortajado también el intelectual ensimismado y contemplativo, incluso el comprometido y sensibilizado, este último con una función clara y asumida de presión y acicate, queda muy poco del carácter rebelde y transgresor del pensamiento crítico o de la reflexión contracorriente, del pensar filosófico, en definitiva.

Pareciera que no hubiese ya maestros, y los pocos que quedan, parecen jóvenes airados, más parecidos a webpredicadores, así como también más preocupados de concebir felices lemas que de sostener ideas con profundidad que aborden los problemas nucleares de la humanidad y de la sociedad, que supongan un ariete contra el triunfo de facciones y comunidades polarizadas y, cada vez más, también, tendentes al enfrentamiento y a la estéril controversia sin resultado.

La Filosofía de corte académico sigue teniendo la misma expresión que se viene produciendo desde el medievo, recurriendo hasta la extenuación mediante el abrasamiento mediante citas y referencias a un respaldo conceptual meramente repetitivo. El criterio de autoridad se ha vuelto criterio de rotundidad, la frescura de las ideas diferentes se ha apoltronado en las cátedras (no en vano cátedra significa silla para su uso en los oficios litúrgicos, en latín butaca o sillón con brazos); en definitiva, la Filosofía entró, desde hace ya algún tiempo, en un bucle formal de basamento estrictamente libresco.

Nada se escribe, pero todo se publica. Una de las características comunes a todos los ensayistas y articulistas que pasan por filósofos (o filósofas, por supuesto), presos además del formalismo y de lo ya reiteradamente denominado como 'lo políticamente correcto', digno hijo del 'pensamiento débil' del siglo pasado, es su abominación apocalíptica sobre la técnica y la tecnología. Ecos todavía de su apestada relegación realizada por el ya poco actual Heidegger, la tecnología pasa por haberse convertido en la más execrable tara aparecida en la evolución de la sociedad y del ser humano. Se nos olvida, por exceso de presencia de la cacharrería propia del uso cotidiano de los resultados de la tecnología, que ésta también produce, por aportar algunos meros ejemplos, las vacunas, la posibilidad de un más rápido y mejor transporte, la investigación y el desarrollo de todo tipo, las fórmulas de descubrir y mecanizar las mejoras aplicables a la biosfera, el factor decisivo para sacar de la pobreza a gran cantidad de congéneres, en definitiva, que, avisadores de los catastrofismos más interesados (fruto de un fervoroso 'piensa mal y acertarás' cargado de estereotipos filosóficos basados en ese supuesto y prevalente prejuicio de que los augurios negativos son más habitualmente cumplibles), los nuevos pensadores no han sido capaces de elevar una contraposición al supuesto dominio de la técnica y la tecnología sobre el ser humano. No precisamos recurrir a la tradición helena para caracterizar a la τέχνη (*tejne* o capacidad de transformar lo natural en artificial o artístico), frente al ocio y la capacidad de cambiar el mundo mediante el pensamiento, pero no podemos tampoco olvidar que nuestros antepasados griegos clásicos pudieron dedicarse a la libre elucubración porque 'alguien' se dedicaba a resolver las humildes pero tan provechosas y obligatorias labores de cuidado y avituallamiento, siendo estos 'alguienes' esclavos y mujeres.

Reivindicamos una Filosofía por supuesto crítica, ello es inherente, valiente y transgresora y, por qué no, difícil en su concepción y máxime en su expresión, que nos haga doler la cabeza para herirnos en el corazón y en el ánimo. Cuestionadora del pasado y más del presente, pero generadora de un sano escepticismo que sustente una visión positiva del futuro del género humano, consciente de la evolución y la importancia que tiene para una sociedad verdaderamente viva que existan personas, que no profesionales, de las ideas y del pensamiento que no precisen la bendición de la inteligencia asentada ni que se dejen llevar con motivaciones únicamente mercantilistas en la difusión de sus ideas.

La Filosofía es, además, oficio de viejos. Alguien menor de los cuarenta o, incluso, los cincuenta años, salvo muy honrosas excepciones a lo largo de su historia, puede contar algo de verdadero valor y con originalidad antes de la mitad de la vida media de cada época, y ello se debe a que, si volvemos a los clásicos y sabiendo que el sentido común heredado nos indica que «*primum vivere deinde philosophari*», pues eso, sin vida, sin tiempo, sin contactos y relaciones, por supuesto sin lecturas ni referentes intelectuales de magnitud, a poder ser en controversia, es prácticamente imposible aportar ideas de suficiente valor. Hay filósofos, más bien pensadores, hoy en día. ubicados en la treintena con un supuesto fuste intelectual, y que, sorprendentemente, no se dedican a la filosofía analítica.

El presente texto no pretende ser, intencionadamente, un libro académico, pero si uno antiacadémico (a pesar de su factura, para no ser acusado de indocumentado). La Filosofía no puede ser sufragada o solo ejercida únicamente por profesionales de su creación y transmisión, no sólo por filósofos establecidos como tales. El pago por el pensamiento produce dependencia, lo que implican la subyugación, favoreciendo la complacencia, la pleitesía y el asentimiento. Una Filosofía sólo presente y albergada en el ámbito académico, produce obras repetitivas y de escasa originalidad. Además de ello, no lo estando en las modernas ágoras que propicia la tecnología, la aleja, todavía más, de su propia esencia y función. Incluso, una Filosofía generada en el cobijo de una institucionalizada universidad, sostenida esta en un formato de difícil pervivencia, consideramos adecuado someterla a cuestionamiento y controversia. Quizás, de lo que se trate, es de volver al foro, al debate, en definitiva.

Con el presente texto hemos pretendido, con absoluta humildad, volver a una idea de la Filosofía radicada en la realidad, ajena a los círculos solidificados y con vocación de pirueta volatinera presta a la provocación sin más pretensión que confrontar para aumentar el conocimiento. La Filosofía es apertura, contraposición, zarandeo inconcluso para oxigenar la mente. Mantenemos un débito con el Paul Nizan de *Los perros guardianes* (1932), aunque evitando sus ásperas conminaciones fruto de su espíritu combativo y beligerante tan característico, previo a su propia desaparición en el campo de batalla de Dunquerque en 1940. Nizan se apunta al carro, nunca mejor dicho en el caso de Platón, de la concepción que este tiene de la Filosofía, *«el objeto de la Filosofía es el hombre y lo que pertenece a su esencia de padecer y actuar»*. No solo sufrir bajo la espada del conocimiento que penda de nuestras cabezas, de su adquisición, sino también, accionar, actuar. Llega incluso a conminar a que la filosofía de su tiempo, inútil según su criterio, puesto que *«esta Filosofía no ha muerto, hay que matarla»*.

Asumimos, por respeto poético al texto, algunas de las expresiones de su diatriba, incluso habiendo sido tan gráficas e ilustrativas como haber caracterizado a la Filosofía de su tiempo como esa *«hermosa hembra, pasiva, que no le importa a quien unirse»*, tildándola, con escaso o nulo respeto por las mujeres, de labor de señoras, siendo la verdadera Filosofía, caracterizando a su propia naturaleza *«como la de toda actividad humana, es la de servir a la persona y a sus intereses»*. Volver a enraizar los grandes problemas que como preguntas siempre se ha inculpado como causante a la Filosofía, esa debiera ser su verdadera función.

DE LOS DEBERES

UNA PRIMERA APROXIMACIÓN

Da la impresión de que asistimos en Occidente durante ya la tercera de las décadas del presente siglo veintiuno a lo que podríamos denominar como «los alocados años veinte», en contraposición a aquellos «locos años veinte» ocurridos en el siglo inmediatamente anterior.

Introducción

A nuestra institución mental organizativa más característica, la democracia, la están asaltando por doquier, obligándola a un rediseño hasta ahora intuido y en situación de alerta perpetua, pero no deseado o al menos abordado. Los cimientos del Estado del Bienestar se tambalean frente a los envites de numerosas fuerzas contrarias, unas más leales que otras. Una crisis de legitimación de enorme calado recorre Europa (y también los países de estrecha relación en el orbe mundial, en especial Estados Unidos, donde se han producido espectáculos circenses por parte de sus dignatarios, incluso con factura presidencial, risibles en apariencia si no estuviesen cargados de nefastas consecuencias). Contemplamos entre asombrados e impávidos, aunque expectantes, el triunfo de regímenes políticos autárquicos y autoritarios, que ponen incluso en solfa derechos y libertades conseguidas después de siglos de asentamiento de la doctrina liberal y democrática que tiene su principal estallido originario en las previas revoluciones inglesa (1642-1688) y norteamericana (1775-1784), eclosionando para regocijo e influencia futuros en la francesa (1789-1799).

Todos estos procesos revolucionarios alumbraron la importancia decisiva que supondría establecer un conjunto de 'haberes' consustanciales a los seres humanos tanto por el hecho de radicar su humanidad en la tierra como por establecer la relación más básica en un constructo social, ese conjunto de Exigencias (que hemos denominado *Ventajas Legales Demandadas*) a los que se les otorgó el nombre de Derechos y, en mayor intensidad, se les caracterizó como fundamentales, dando como consecuencia la francesa Declaración de Derechos del Hombre y del Ciudadano (26 de agosto de 1789), donde se expresa con toda claridad en su artículo 4 que «*la libertad consiste en poder hacer todo lo que no daña a los demás. Así, el ejercicio de los derechos naturales de cada hombre no tiene más límites que los que aseguran a los demás miembros de la sociedad el goce de estos mismos derechos. Estos límites solo pueden ser determinados por la Ley*». Con anterioridad, se habían elaborado textos orientados a la protección de los derechos individuales y patrimoniales como las inglesas *Petition of Right* de 1628, el *Acta de Habeas Corpus contra detenciones arbitrarias* de 1679 o la *Declaration of Rights* de 1689 y ya en las colonias americanas de ultramar, la *Declaración de Derechos del Buen Pueblo de Virginia* de 1776, inicio de otras varias similares.

La universalizada Declaración francesa, consagrada ya como inapelable y ajena de toda justificación, fue revisada y actualizada en 1948 (declaración del 10 de diciembre realizada en París) y convertida en Declaración Universal de Derechos Humanos a través de un recién creado organismo garante del respeto a los fundamentos de la libertad del individuo y de los pueblos a la que se le otorgó el nombre de Organización de Naciones Unidas (ONU), nominación que redundaría en el aspecto de confraternización solidaria que se pretendió mantener a la hora de garantizar las libertades en el seno de los estados que pudieran ser garantes de las mismas. Una contrapartida en este mundo de las Declaraciones, seguramente todo ello muy influenciado por las reflexiones posteriores a la finalización de la Segunda Guerra Mundial, lo supuso la *Declaración Americana de los Derechos y Deberes del Hombre* conocida por la *Declaración de Bogotá* suscrita en el año 1948, en la misma Conferencia Internacional Americana donde se dispuso la creación de la Organización de Estados Americanos (OEA). Este texto es el único que contempla tanto Derechos Humanos como Deberes que, además de expuestos, necesitan ser protegidos (en concreto, a los Deberes dedica el segundo capítulo, resultando curioso que la primera parte, referida a los Derechos, contempla 27 de ellos y con respecto a Deberes, computa 10). Hija predilecta de esta Declaración, fue dada a la vida y proclamada en 1998 por parte de la UNESCO y con el apoyo de la Oficina Universal de los Derechos Humanos de la ONU una «*Declaración de Responsabilidad y Derechos Humanos* (DRDH)». Esta Declaración proclama en su artículo primero que el deber supone una obligación ética o moral, y a la responsabilidad la caracteriza como una obligación que tiene fuerza legal de acuerdo con el derecho internacional actual.

En la última década del siglo pasado y la primera de este, posiblemente muy influido por esta última Declaración, la Teoría de los Deberes (considerando a los Deberes como Obligaciones, *Sacrificios Delimitados de Carácter Inevitable*) tuvo un cierto auge, aunque nunca al mismo nivel de importancia que siempre se le otorgó a los Derechos. Consideramos que, gracias a la luz aportada sobre la nueva consideración sobre el carácter evolutivo de la Responsabilidad, hay dos aspectos a tener en cuenta a la hora de volver a considerar la importancia de una Teoría de los Deberes, en un momento crucial de la evolución del conjunto de la sociedad humana: su justificada y necesaria inscripción en el seno la Responsabilidad y el intento de formular un Nuevo Contrato Social (NCS).

Los Deberes inscritos en la Responsabilidad

Como mencionábamos, autores de la talla de Carlos Alchourrón, Gregorio Peces-Barba, Martínez J. A. Estévez Araujo, Ernesto Garzón Valdés, James S. Fishkin o William Daros han vuelto a recodarnos que, como toda moneda, los dos componentes de la Responsabilidad en cuanto a su impacto práctico y concreción para la convivencia tiene su propia cara, cierto es, que son los Derechos, pero también tienen su cruz, los Deberes. Las monedas de dos caras, no siendo una de ellas una cruz, suelen resultar falsas. No conseguimos entender por qué razón todo lo referente a los Deberes suele tener una connotación de índole desagradable o al menos a los que se le muestra una menor aprecio y consideración que a los Derechos.

Y desde ese punto de vista práctico, hemos radicado la defensa de la Libertad en el establecimiento de un conjunto de Derechos Fundamentales, inalienables para los ciudadanos por el hecho mismo de pertenecer a la humanidad y, en particular, por vivir en sociedad; esta situación, con el paso del tiempo, fue evolucionando, dotándose de más Derechos que fueron reforzando el aspecto de una necesaria preservación de la libertad individual de los ciudadanos. Sin menoscabo de los mismos, este lógico afianzamiento no se vio contrapesado por la detección y desarrollo de un conjunto de Deberes que, como la ya reiteradamente citada cruz de una moneda, supusiesen un enraizamiento de las obligaciones fundamentales que tienen las personas por el hecho de vivir en colectividad y generar unas relaciones que, en términos generales, denominamos sociales (pudiendo ser, también, personales). Los Deberes, en una primera aproximación con poco detalle, pasan por ser el *alter ego* de los Derechos; pero estos Deberes tienen una vida y unas trayectorias propias. Hoy, esa apelación a los Deberes se hace, cada vez más, inevitable y precisa su vuelta a la relevancia, en particular por dos cuestiones tratadas por autores como los anteriormente mencionados: la fractura de la relación con el otro y el auge de la privatización de los Derechos.

Desde Cicerón en su *De Officiis*, libro que el romano dedica a su hijo Marco, basado en la obra hoy perdida del griego Panecio *El Deber*, los Deberes han sido vistos como imposiciones más que como Obligaciones, en la mayoría de los casos como mínimo molestas y como normal coercitivas, presentando una cara poco amable (de hecho, no hay una 'Historia de los Deberes' al uso ni una bibliografía muy extensa sobre este tema). Con la base en la Responsabilidad (afianzándose así el concepto Jano en donde la hemos colocado, contemplando a los Deberes con una cara, pero sin dejar de observar con la otra a los Derechos), los Derechos siempre han tenido mejor predicamento que los Deberes, a los cuales se los ha hecho vivir meramente en los mundos de la Ética y la Moral, teniendo por ello una connotación de casi estricta elección personal.

Y gracias al propio Cicerón y muy basado en su texto, desde los antiguos griegos y romanos, los Deberes (un Deber, según Cicerón, quien asume su definición estoica, es una acción «*sobre la que puede darse un motivo razonables de por qué se ha hecho*»), sustentados en una perspectiva teórica y tratando sobre la actuación correspondiente a un varón bueno (*vir bonus*), estos se han ordenado en tres grupos: los derivados de la honestidad (muy en relación con la Justicia), los que afectan al decoro (y a las buenas y debidas costumbres, conectando en el caso concreto del comportamiento con la dignidad) y los que se expresan desde la utilidad (el cuidado con las pertenencias entre las que se encuentran nuestras relaciones con los demás). Conectados, a su vez, con la virtud y la vida moral, están plagados de otras derivadas externas, soportadas en la imposición y la ausencia de contestación o al menos de controversia o crítica, suponiendo con ello una conexión más directa con las convicciones. En línea con el varias veces mencionado concepto Jano, los Deberes (muy diferenciable del Deber) han de tener siempre, para su constitución, dos ingredientes: el límite hasta donde se actúe y la proyección a futuro derivado de su resultado práctico. Ambos se mantendrán siempre en el ámbito de las coordenadas que afectan a las decisiones individuales e incluso personales.

Capítulo aparte en esta determinación de una nueva orientación de la Responsabilidad a través de la potenciación de los Deberes e, incluso, como veremos mas adelante, la conceptualización de nuevos Deberes para afrontar con herramientas válidas un futuro incierto y desafiante, lo detectamos en la orientación de la que los cuatro autores tratados mantiene sobre la extensión ajena e implicante de la Responsabilidad, distinta en cada caso, convirtiéndola en corresponsabilidad en el caso de Apel, en codeterminación intrínseca para Zubiri, fraternidad universal para Lévinas y responsabilidad colectiva para Jonas.

Nuestra propuesta se decide por una Responsabilidad Mutua o Compartida, no precisando un prefijo, esto es, una vez que el individuo establece una relación, tal y como hemos explicado en el apartado de la Responsabilidad Moral, donde además se concretan las vinculaciones, existe ya una relación moral Mutua (I-I-A la hemos denominado en dicho apartado) que enreda y condiciona, enredante y condicionante. Por ello, la Responsabilidad, aceptada o no por ambas partes o por alguna por separado, es inevitable y el resultado, provenga de una acción conjunta o propia de cada implicado, convierte a la Responsabilidad en Compartida; por ello, detectamos que la Responsabilidad, en línea con el hecho de seguir siendo un concepto Jano, es siempre implicadora y por lo tanto suele establecerse, al menos, entre dos responsables, aunque, eso sí, habitualmente, con medidas y cuantías de responsabilidad diferentes. Dicho en términos mucho más asequibles, en el «fracaso» de una relación de pareja, casi nunca hay un único culpable que, objetivamente, debiera cargar con todo el peso de la responsabilidad. Como en toda relación dual, el otro (o la otra, por supuesto) siempre tendrá «algo que ver», aunque solo sea eso, «ver» entendido como «ser testigo», imagen, nunca mejor dicho, de la Responsabilidad Compartida o de la Diluida.

En términos del tratamiento que daremos en el libro dedicado al nazismo que completará el presente a determinados hechos históricos, en el caso de la condición de víctima, siempre y cuando no concurran situaciones absolutamente extremas, en su propia condición, la misma víctima tiene una parte de la responsabilidad, de seguro que muy menor, por supuesto, en el resultado de la situación. Por eso siempre quedará el derecho a la rebeldía y a la negación e, incluso, a la defensa activa.

Intentar un Nuevo Modelo de Contrato Social

Otro de los frutos de las sucesivas revoluciones mencionadas lo fue el establecimiento de relaciones contractuales entre los individuos y la sociedad a partir de un constructo intelectual considerado el basamento de las relaciones establecidas en el seno de la sociedad: el Contrato Social. Ya tratado con anterioridad en esta obra, aquí lo vamos a relacionar con las novedades que, estimamos, trae consigo una nueva orientación de la Responsabilidad y las derivadas que genera para una aportación inscrita en una pretendida Teoría de los Deberes.

El futuro de la democracia y de la convivencia en una libertad también compartida pasa, para muchos autores sobre Teoría Política, por una redefinición del Contrato Social. Incluso, el mantenimiento del denominado Estado Social y Democrático de Derecho o Estado del Bienestar en su faceta práctica, tan rodeado por las últimas políticas de exacerbación neoliberal, transita por fomentar las dependencias que tenemos los integrados por la sociedad en relación con el bien común y el afianzamiento de la autonomía personal porosa con respecto a nuestras responsabilidades. Por ello, una nueva teoría de la Responsabilidad orientada al futuro deberá ocuparse, necesariamente, de los Deberes, consideramos que, en mayor medida, de los Deberes Positivos Generales o DPG (no dejando de lado los Deberes Negativos Generales o DNG, aquellos que se dirigen a las restricciones y que funcionan como prohibiciones), esto es, asentarlos argumentalmente y ampliarlos en la medida de lo posible, tal y como ocurrió y todavía ocurre con los Derechos. Los Deberes suponen ser, así, las garantías del cumplimiento de los Derechos puesto que obligan y exigen, no son únicamente meras contrapartidas, meras cruces nominativas en la moneda de la Responsabilidad. Los DPG se caracterizan por ser deberes imperfectos puesto que implican la prohibición de omisiones (por ejemplo, la omisión del deber de socorro) y los DNG, considerados como deberes perfectos, dado que prohíben acciones (por ejemplo, el deber derivado de la prohibición de matar).

Para la determinar el concepto de los Deberes Positivos Generales (DPG) nos abrazamos a la ya clásica definición ofrecida por Ernesto Garzón Valdés en su imperecedero artículo de 1986, «*Los deberes positivos generales y su fundamentación*», donde describe que «*Deberes Positivos Generales son aquellos cuyo contenido es una acción de asistencia al prójimo que requiere un sacrificio trivial y cuya existencia no depende de la identidad del obligado ni de la del (o de los) destinatario (s) y tampoco del resultado de algún tipo de relación contractual previa*»; famoso será, con posterioridad su debate conceptual con James S. Fishkin. Estos Deberes Positivos Generales no solo complementan a los Deberes Negativos Generales con el objetivo de ver cumplidas las expectativas puestas en el conjunto de los Deberes.

A juicio de Garzón Valdés, la existencia de los Deberes Negativos Generales (DNG) es una de las características del llamado como «estado de naturaleza» enunciado por Locke, cuya superación es el punto de partida de la justificación del Estado liberal. Frente a ello, la ampliación de los Deberes Positivos Generales (DPG) dio origen al Estado Social y de Derecho. Ambos, con sus consecuencias, tienen en común la misma justificación: la protección de los bienes que se consideran valiosos.

Y esta última pretensión pasa por la asimilación de considerar una faceta de la Responsabilidad como inherente y necesaria, y esta es su aspecto económico: en todos nuestros actos, una vez más de manera dual, existen un Debe y un Haber. Y, como en cualquier contabilidad, para gestionar «Debe Haber». En estos momentos complejos de cualquier sociedad humana, donde es necesario el entendimiento y la comprensión, se hace necesario, más que nunca, considerar que no solo hay Haberes, sino que también algo deberá figurar en nuestro Debe como aportación o deberes, en una Responsabilidad común. De este modo, los Haberes suponen siempre gasto para su obtención; los Deberes suponen gestión. Necesitamos la gestión del acopio desde el Debe para poder paliar el gasto que conlleva el Haber (es por esto que los Derechos siempre se encuentran en precario y, además, cuestan). Las democracias, sin participación, se convierten en regímenes populistas que devienen, obligadamente, en formatos autoritarios o dictaduras de cualquier color o ideología. Se trata de 'tener voz' y, como consecuencia, usarla.

La concepción histórica del Contrato Social, que parte desde los clásicos ya mencionados cuando lo hemos tratado con detalle en el apartado dedicado a la Responsabilidad Legal tales como Hobbes, Rousseau, Locke o incluso Kant, se mantiene dicha veleidad intelectual, imposible de radicar en la práctica de un momento histórico, sostenida sobre una supuesta alineación del sacrosanto derecho individual perdido a favor del yugo social que unce la sociedad para meter los impulsos más netamente humanos en la vereda colectiva. Pues bien, si dicha situación no existió nunca, por razones más que obvias, una nueva teoría del Contrato Social deberá partir de otro ámbito relacional y éste consideramos que debiera ser precisamente el que pueda ofrecer una Teoría de los Deberes y no desde la ya más que explotada Teoría de los Derechos. Y esto solo puede fundamentarse en una Responsabilidad Extra Contractual (la REC ya tratada con anterioridad), con la cara más orientada al futuro y no hacia un pasado como un Contrato Social fundado en una hipotética pérdida de Derechos que, como ya hemos referido, nunca se produjo y que, por lo tanto, no dio lugar a una Responsabilidad Contractual realmente tal. En el caso del 'neo contractualismo', en concreto con lo expuesto en la obra de John Rawls *Teoría de la Justicia* (1971), el concepto de 'posición original', la orientación que hemos planteado se siente muy avalada, puesto que el mismo Rawls caracteriza a dicha 'posición original', a la que dedica el capítulo III del mismo título en la Primera Parte, «*La Teoría*» como «*es claro entonces que la posición original es una situación puramente hipotética. No es necesario que algo parecido a ella haya existido nunca, aunque poniendo en práctica deliberadamente las restricciones que ella expresa podamos simular los reflejos de las partes».*

De este modo, proponemos un nuevo conjunto de explícitos nuevos Deberes que palíen posibles daños (en eso que también hemos denominado como 'contabilidad de daños' cuando hemos tratado la Responsabilidad Legal) que suponga la reducción del Riesgo, gracias a tener como objetivo una adecuada gestión tanto de expectativas como de análisis de los resultados, con dos tipos de subobjetivos: económicos (es decir, la determinación de los costes que supone no asumir la responsabilidad como algo inherente al comportamiento social) y los morales (aquellos de corte valorativo que exigen la sanción social). Este NCS (Nuevo Contrato Social) atendería a una visión de la Responsabilidad Extra Contractual en función de criterios objetivos (Responsabilidad Extra Contractual Objetiva), tratando de minimizar los efectos de la culpa a instancias de la imputabilidad.

Para ello, como ya se aludió, es necesario enunciar un conjunto de Deberes, a nuestro juicio, por ahora, pocos y muy básicos, que avalen este NCS (Nuevo Contrato Social) basado en la RECO (Responsabilidad Extra Contractual Objetiva).

El primero de dichos Deberes ya lo hemos ido nominando a lo largo de esta obra como «*Deber de Especie*», un primer deber surgido desde nuestra condición de miembros de una especie muy concreta y con características muy propias y que no solo se enfoca al cuidado de nuestros congéneres, sino también a la consideración del entorno que permite la vida de nuestra especie (con todas las implicaciones de carácter medioambiental que ello conlleva).

El resto de Deberes derivan de esta primera enunciación del débito para con nuestros iguales. Otros Deberes que planteamos serían: el «*Deber de Supervivencia*» (que implica una concepción activa de lucha por la vida, en realidad, aplicación concreta del Deber fundamental que es el Deber de Especie); el «*Deber de Conocimiento*» (que enlaza tanto con la muy actual dependencia de las Redes Sociales y el uso de Internet como la exigencia a quienes se mantengan en puestos de máxima responsabilidad, en especial en el ámbito de la política, de estar debidamente informados para la toma de decisiones lo más correcta posible: a mayor responsabilidad, mayor débito); el «*Deber de Cuidado*», afianzado cada vez más en el Estado del Bienestar y que aplica sobre el cuarto de sus pilares, la Dependencia, derivada dicha dependencia tanto de situaciones físico-biológicas como propiamente sociales; y finalmente, en conexión con el anterior, el «*Deber de Asistencia*», deber surgido de la práctica del Deber de Cuidado, siendo este más general y aplicable a la propia especie. El Deber de Asistencia no solo se propone para cuestiones derivadas de la implantación de la Dependencia, sino que afecta también a más aspectos vitales, tales como, por ejemplo, el Deber de Auxilio, presente en todos los Códigos Penales del mundo (por cierto, en muchas ocasiones sin fundamentación conceptual alguna, simplemente porque sí).

En definitiva, esta propuesta que realizamos como nuevos 'posibles campos de trabajo' en el perímetro de la Responsabilidad y donde solo se mencionan cinco probables Deberes a tener en cuenta, hace que pretendamos que la parte de los Deberes nacida desde la Responsabilidad adquiera una mayor 'carta de autoridad', completando una Idea de la Responsabilidad (siempre dual y jánica) que sostiene, a su vez, una Idea de Libertad que, en el fondo, pretende servir de contraste a una individualidad aislada y aislante convertida en deidad, una libertad que nos atrevemos a nominar como coacción reivindicativa más que como autonomía y autodeterminación de la persona. Este individualismo exacerbado, ya convertido en un individualismo metodológico, muy propio del final del siglo XX e imperante en el veintiuno, daña tanto lo colectivo como al bien común y, lo que es de una mayor gravedad, favorece la eclosión de propuestas ideológicas y regímenes autocráticos y totalitarios, tal como pretenderemos ejemplificar en un próximo volumen dedicado a la parte histórica. Se ha convertido así más en una rémora que en un acicate para la consecución y mantenimiento de los derechos, que, siendo, por ahora, más volcados a un enfoque hacia el individuo como radical detentador sólo de derechos, obligadamente tendrá, cada vez más, que atender a los retos que como especie tenemos todos los seres humanos y que resultan, inevitablemente, colectivos.

APÉNDICE III

ESQUEMA DE LA ESTRUCTURA DE LA RESPONSABILIDAD

Ofrecemos los contenidos expuestos en este primer volumen organizados como una estructura conectada para la mejor comprensión de los conceptos expuestos. Y así:

ANÁLISIS DE LA RESPONSABILIDAD COMO CONCEPTO:

1.- ¿Qué es/significa SER responsable?

2.- ¿Por qué se DEBE SER responsable?

3.- ¿De qué voy a seguir SIENDO responsable?

4.- ¿Desde cuándo se es y hasta cuándo se SERÁ responsable?

EMOCIONES DE LA RESPONSABILIDAD:

Por parte del responsable o imputable:
- La Culpa
- El Remordimiento.
- La Indiferencia.
- La Negación

Por parte de la víctima o imputador:
- La Ira
- La Indignación.
- La vergüenza.
- La resignación.

LAS CATEGORÍAS DE LA RESPONSABILIDAD:
Qué y cuántos tipos de responsabilidades hay

- Las Responsabilidades Teóricas.
  ‣ La Responsabilidad Absoluta.
  ‣ La Responsabilidad Histórica.
  ‣ La Responsabilidad Personal
  ‣ La Responsabilidad Individual.
  ‣ La Responsabilidad Compartida.
  ‣ La Responsabilidad Diluida.
- Las Responsabilidades Prácticas.
  ‣ La Responsabilidad Legal.
  ‣ La Responsabilidad Moral.
  ‣ La Responsabilidad Ética.
  ‣ La Responsabilidad Social.

LOS MODOS DE LA RESPONSABILIDAD: Cómo se es responsable:

Consecuencias	Qué hacer: Asumirlas
Implicaciones	Qué hacer: Aceptarlas
Repercusiones	Qué hacer: Detectarlas
Secuelas	Qué hacer: Suponerlas

LAS FALACIAS DE LA RESPONSABILIDAD (en número de cinco):

- Falacia sobre las consecuencias: «*Asumo toda la responsabilidad*».
- Falacia sobre las implicaciones: «*Cualquiera, en mi lugar, hubiera hecho lo mismo*».
- Falacia sobre las repercusiones: «*En el fondo, con mi intervención (o no intervención), se evitó un mal mayor*».
- Falacia sobre las secuelas: «*En realidad, no era consciente de lo que (se) estaba haciendo*».
- Falacia sobre la irresponsabilidad: «*Me limité a cumplir las órdenes*».

LOS GRADOS DE LA RESPONSABILIDAD:
Quién y Cuánto (en qué medida) se es responsable:

- Afecta a la Participación, a la Involucración, a la Implicación, a la Indiferencia y a la Negación.
- Tipos de autorías:
  - Autoría Activa Directa:
    - ▶ Perpetradores:
      - ▷ Perpetración por acción o por omisión.
        - ▫ Responsabilidad atribuible: Responsabilidad Absoluta.
      - ▷ Perpetración por inducción o apoyo (coautor/cooperante).
        - ▫ Responsabilidad atribuible: Responsabilidad Histórica.
  - Autoría Activa Indirecta:
    - ▶ Instigadores.
      - ▷ Responsabilidad atribuible: Responsabilidad Personal.
    - ▶ Incitadores.
      - ▷ Responsabilidades atribuibles: Responsabilidad Personal y Responsabilidad Individual.
    - ▶ Protectores o Encubridores.
      - ▷ Responsabilidad atribuible:
        - ▫ Responsabilidad Compartida.
  - Autoría Pasiva:
    - ▶ Espectadores pasivos.
      - ▷ Responsabilidad atribuible:
        - ▫ Responsabilidad Diluida.

LAS AMBIVALENCIAS DE LA RESPONSABI-LIDAD: Dimensiones y diálogos establecidos

- Dimensión Metafísica: el diálogo con Hans Jonas.
- Dimensión Ética: el diálogo con Emmanuel Lévinas.
- Dimensión Antropológica: el diálogo con Xavier Zubiri.
- Dimensión Social-Comunicativa: el diálogo con Karl-Otto Apel.

LAS RESPUESTAS A LOS DESAFÍOS DE LAS NUEVAS RESPONSABILIDADES: Fundamentos

- La respuesta desde el SER: el ámbito ontológico.
- La respuesta desde el DEBER SER: el ámbito ético/moral.
- La respuesta desde el SIENDO: el ámbito antropológico.
- La respuesta desde el SERÁ: el ámbito histórico y colectivo.

OPERAE SERVORUM

Bibliografía específica sobre la responsabilidad

AA. VV., «*El mal: irradiación y fascinación*», Ediciones del Serbal, colección Delos, nº 7, edición a cargo de Felix Duque, en colaboración con la Universidad de Murcia, Barcelona, 2009.

AINBINDER, Bernardo, «*Renovación y Autonomía. Justificación epistémica y Responsabilidad Ética en la filosofía de Edmund Husserl*», Revista Ideas y Valores, volumen LXX, nº 177, pp. 113-129, Bogotá, 2021.

AECA (Asociación Española de Contabilidad y Administración de Empresas), «*Marco conceptual de la responsabilidad social corporativa*», Documentos AECA, Madrid, 2004. Autores: José Luis Lizcano y José M. Moneva.

ALCHOURRÓN, Carlos E., «*Fundamentos para una teoría general de los deberes*», Marcial Pons, Ediciones Jurídicas y Sociales S. A., colección Filosofía y Derecho, Madrid, 2010. Edición a cargo de J. J. Moreno y J. L. Rodríguez.

ALLPORT, Gordon, «*La naturaleza del prejuicio*», editorial Eudeba, Buenos Aíres, 1962.

ÁLVAREZ, J. Francisco, «*Responsabilidad, confianza y modelos humanos*», Revista Isegoría, Revista de filosofía moral y política, nº 29, Madrid, 2003, pp. 51- 68.

ANDERS, Günther, «*Hombre sin mundo: escritos sobre arte y literatura*», Editorial Pre-Textos, Valencia, 2007.

ARAMAYO, R. R. y GUERRA, María José, (edt.), «*Los laberintos de la responsabilidad*», editan CSIC – Plaza y Valdés, Madrid, 2007.

ARÁUZ, Manuel, «*El delito de omisión del deber de socorro*», Ed. Tirant Lo Blanc, Valencia, 2001.

ARENDT, Hannah, «*Responsabilité personnelle et régime dictatorial*», Penser l´evénement, página 93, París, 1964.

ARENDT, Hannah, «*Responsabilidad y juicio*», Editorial Paidós, Barcelona, 2007.

ARENDT, Hannah, «*La libertad de ser libres*», Editorial Taurus, Barcelona, 2018.

AZAÑA, Manuel, «*La responsabilidad de las multitudes*», en Obras Completas (4 Tomos), Editorial Giner, Madrid, 1990, Tomo III, pp. 613-646.

BASOZABAL, ARRUE, Xabier, «*Responsabilidad Extracontractual Objetiva: parte general*», Edita Agencia Estatal Boletín Oficial del Estado, colección Derecho Privado, nº 2, Madrid, 2015.

BAYÓN, Juan Carlos, «*Los deberes positivos generales y la determinación de sus límites (Observaciones a Ernesto Garzón Valdés)*», Revista DOXA, Cuadernos de Filosofía del Derecho, nº 3, Universidad de Alicante, 1986, pp. 35-54.

BELTRÁN, Miquel, «*Elogio de la Cordura. Una crítica al criterio de responsabilidad de Susan Wolf*», Revista Isegoría, Revista de filosofía moral y política, nº 9, Madrid, 1994, pp. 181-193.

BELLO REGUERA, Gabriel, «*Trabajo negro: ensayo sobre responsabilidad y alteridad*», Revista Isegoría, Revista de filosofía moral y política, nº 29, Madrid, 2003, pp. 107-123.

BERNSTEIN, R. J., «*El mal radical. Una indagación*», Editorial Lilmod, Buenos Aires, 2004.

BERNSTEIN, R. J., «*La responsabilidad, el juicio y el mal*», en **AA. VV.** «*Hanna Arendt. El legado de una mirada*», Editorial Sequitur, Madrid, 2006.

BERNSTEIN, R. J., «*El abuso del mal*», Ed. Katz, Buenos Aires, 2006.

BODEI, Remo, «*Una geometría de las pasiones*», Editorial Muchnik, Barcelona, 1995.

BODEI, Remo, «*La Filosofía del siglo XX*», Editorial Alianza, Madrid, 2001, 10.- Mirando hacia delante. «*El retorno de la responsabilidad*», pp. 187-190.

BONETE PERALES, Enrique (ed.), «*La maldad. Raíces antropológicas, implicaciones filosóficas y efectos sociales*», Editorial Cátedra, Colección Teorema, Serie Mayor, Madrid, 2017.

BOWEN, Howard, «*Social Responsibilities of the Businessman*», Ed. Harper & Row, New York, 1953.

BRAGG, Billy, «*Las tres dimensiones de la libertad*», Anagrama, colección Nuevos cuadernos, Barcelona, 2020.

BURGÉRE, Fabienne, «*L'Etique du Care*», Presses Universitaires de France, 2011.

CALABRESI, Guido y MELAMED, A. Douglas, «*Reglas de propiedad, Reglas de Responsabilidad y de Inalienabilidad: Una vista de la cathedral*», CEP-Revista de Estudios Públicos, nº 63, Santiago de Chile, 1996, pp. 347-391. Original publicado en la *Harvard Law Review*, vol. 85, nº 6 en 1972, pp. 1.089–1.128.

CALABRESI, Guido, «*El coste de los accidentes. Análisis económico y jurídico de la responsabilidad civil*», Editorial Ariel, Barcelona, 1984.

CAMPS, Victoria, «*El gobierno de las emociones*», Editorial Herder, colección Pensamiento, Barcelona, 2011.

CAMPS, Victoria, «*Tiempo de cuidados. Otra forma de estar en el mundo*», Editorial ARPA & Alfil Editores s. l., Barcelona, 2021

CANNON, Tom, «*La Responsabilidad de la Empresa*», Biblioteca de Empresa, Editorial Folio, Barcelona, 1994.

CARD, Claudia, «*The Atrocity Paradigm. A Theory of Evil*», Oxford, U. P., Nueva York, 2002.

CARNEIRO, Manuel, «*Libertad forzada. Dos bodas y un funeral*», Editorial Unión, Editorial, colección Biblioteca de la Libertad, Formato Menor, Madrid, 2017.

CASTILLA DEL PINO, Carlos. «*La culpa*» Editorial Revista de Occidente, s. a., colección Selecta, nº 29, Madrid, 1968.

COLEMAN, Jules L., «*Riesgos y Daños*», Editorial Marcial Pons ediciones Jurídicas, Madrid, 2010.

CORDERO HERNÁNDEZ, Juan, «*El tratamiento agustiniano del problema del mal: una vindicación frente a los críticos secularistas*», en Papeles Filosóficos, vol. XI, nº 21, enero-junio 2009, pp. 109-184.

CORTINA, Adela, «*Razón Comunicativa y Responsabilidad Solidaria*», Editorial Sígueme, colección Hermeneia, nº 25, Salamanca, 1985.

CRUZ, Manuel, «*Conviene cambiar las figuras. Sobre acción y responsabilidad*», Revista Isegoría, Revista de filosofía moral y política, nº 17, Madrid, 1997, pp. 73-84.

CRUZ, Manuel, «*Hacerse cargo. Sobre responsabilidad e identidad personal*», Editorial Paidós, Barcelona, 1999.

CRUZ, Manuel y ARAMAYO, Roberto R. (coordinadores), «*El reparto de la acción. Ensayos en torno a la responsabilidad*», Editorial Trotta, Madrid, 1999.

CRUZ, Manuel, «*Escritos sobre Memoria, Responsabilidad y Pasado*», edita Universidad del Valle, colección Artes y Humanidades – Historia, Cali, Colombia, primera edición impresa 2004, edición digital 2018.

CYRULNIK, Boris, «*Morirse de vergüenza. El miedo a la mirada del otro*», editorial Círculo de Lectores, Barcelona, 2011.

CHILLÓN, José Manuel, «*Sentido y responsabilidad. Invitación a la fenomenología de Husserl*», META, Research in Hermeneutics, Phenomenology and Practical Philosophy, Vol. VII, nº 1, pp. 52-75, junio 2015.

DE MIGUEL BÁRCENA, Josu, «*Libertad. Una historia de la idea*», Editorial Athenaica, colección Breviarios, Sevilla, 2022.

DÍAZ DE LA CRUZ, Cristina y FERNÁNDEZ FERNÁNDEZ, José Luis, «*Marco conceptual de la ética y la responsabilidad social empresarial: un enfoque antropológico y estratégico*», Revista Empresa y Humanismo, Vol. XIX, nº 2, Universidad de Navarra, Pamplona, 2015, pp. 69-118.

DOMENACH, Jean Marie, «*La responsabilité*», Hatier editions, París, 1994.

ECHEVARRIA, Javier, «*Ciencia del bien y el mal*», Editorial Herder, colección Pensamiento, Barcelona, 2007.

ELLUL, Jacques, «*La edad de la técnica*», Editorial Octaedro, Barcelona, 2003.

ESCAMEZ, J. y GIL, R., «*La educación en la responsabilidad*», Editorial Paidós, Barcelona, 2001.

ESTÉVEZ ARAUJO, José A. (edit.), «*El libro de los deberes. Las debilidades e insuficiencias de la estrategia de los derechos*», Editorial Trotta, Estructuras y Procesos. Derecho, Madrid, 2013.

FACKENHEIM, Emil, «*To mend the world (Reparar el mundo)*», Editorial Indiana University Press, Bloomington - Indianapolis, 1994 (4ª edición).

FERNÁNDEZ-ALBOR BALTAR, Angel (director) y PÉREZ CARRILLO, Elena F. (coordinadora), «*Empresa Responsable y Crecimiento Sostenible: Aspectos Conceptuales, Societarios y Financieros*», Revista de Derecho de Sociedades, número 38 Monografía Asociada, Thomson Reuters Aranzadi, Madrid, 2012.

FERNÁNDEZ FERNÁNDEZ, Antonio, «*La Responsabilidad Civil Subjetiva*», en AA. VV., «*Homenaje al doctor Othón Pérez Fernández del Castillo*», coordinado por Ángel Gilberto Adame López, edición a cargo del Colegio de Derecho Civil, Facultad de Derecho con la UNAM, México 2014, pp. 173-184.

FISCHER, J. Martin y RAVIZZA, Mark (edit.), «*Perspectives on moral responsibility*», Cornell University Press, Ithaca, 1993.

FISCHER, J., «*Responsibility and Control*», Cambridge University Press, Cambridge, 1998.

FISCHER, J. Martin y RAVIZZA, Mark (edit.), «*Responsibility and Control*», Cambridge University Press, Cambridge, 1998.

FISHKIN, James, S., «*The limits of Obligation*», Yale University Press, New Haven, London, 1982.

FISHKIN, James, S., «*Las fronteras de la obligación*», Revista DOXA, Cuadernos de Filosofía del Derecho, nº 3, Universidad de Alicante, 1986, pp. 69-82.

FRENCH, Peter (ed.), «*A spectrum of responsibility*», St. Martin Press, New York, 1991.

FUSTER, Joaquín M., «*Cerebro y Libertad. Los cimientos cerebrales de nuestra capacidad de elegir*», Editorial Ariel, Grupo Planeta, colección Booket Ciencia, nº 77, Barcelona, 2014.

GARCÍA PERDIGUERO, Tomás, «*La responsabilidad social de las empresas en un mundo global*», Editorial Anagrama, Colección Argumentos, nº 303, Barcelona, 2003.

GARZÓN VALDÉS, Ernesto, «*Los deberes positivos generales y su fundamentación*», Revista DOXA, Cuadernos de Filosofía del Derecho, nº 3, Universidad de Alicante, 1986, pp. 17-33.

GARZÓN VALDÉS, Ernesto, «*El enunciado de responsabilidad*», Revista DOXA, Cuadernos de Filosofía del Derecho, nº 19, Universidad de Alicante, 1996, pp. 259 a 286.

GARZÓN VALDÉS, Ernesto, «*Los deberes positivos generales y su fundamentación. Instituciones suicidas. Estudios de Ética y Política*», Editorial Paidós, México, 2000.

GILLIGAN, Carol, «*Una voz diferente: Teoría psicológica y Desarrollo de las mujeres*», en AA. VV., «*La moral y la teoría. Psicología del desarrollo femenino*», Editorial Fondo de Cultura Económica FCE, Madrid, 1987.

GIRALDO RAMÍREZ, Jorge, «*Responsabilidad sin culpa*», en AMBOS, Kai, **CORTÉS RODAS, Francisco** y **ZULUAGA, John,** (coordinadores), «*Justicia transicional y derecho penal internacional*», Siglo del Hombre Editores, Instituto de Filosofía de la Universidad de Antioquia, Bogotá, 2018, pp. 349-363.

GLOVER, Jonathan, «*Responsibility*», Editorial Routledge & Kegan, London, 1970.

GOLEMAN, Daniel, «*El punto ciego (Vital Lies, Simple Truths)*», Editorial Plaza y Janés s. a., Barcelona, 1997 (edición original 1985).

GONZÁLEZ LAGIER, Daniel, «*Emociones, Responsabilidad y Derecho*», Editorial Marcial Pons, Madrid, 2009.

GONZÁLEZ LAGIER, D. y RÓDENAS, Ángeles, «*Los deberes positivos generales y el concepto de «causa»*», Revista DOXA, Cuadernos de Filosofía del Derecho, Universidad de Alicante, n° 30, 2007, pp. 105-109.

GOODING, Robert E., «*Protecting the vulnerable. A reanalysis of our social responsibilities*», University of Chicago Press, Chicago, 1975.

GUERRA, Maria José, «*Responsabilidad «ampliada» y juicio moral*», Revista Isegoría, Revista de filosofía moral y política, n° 29, Madrid, 2003, pp. 35-50.

HABERMAS, Jürgen y RAWLS, John, «*Debate sobre el liberalismo político*», Editorial Paidós e ICE Universidad Autónoma de Barcelona, colección Pensamiento Contemporáneo, n° 45, Barcelona, 1998.

HART, H. L. A., «*The ascription of responsibility and rights*», Proceeding of the Aristotelian Society, n° 49, pp. 1.948-1.949.

HART, H. L. A., «*Punishment and Responsibility*», Edit. Clarendon Press, Oxford, 1988.

HELD, Virginia, «*The Ethics of Care: Personal, Political and Global*», Oxford University Press, 1989.

HERNÁNDEZ, Javier, «*Una versión pragmatista del concepto de responsabilidad moral*», en Crítica, Revista Hispanoamericana de Filosofía, Vol. 35, N° 105, diciembre 2003, pp. 3-24.

HESSEL, Stéphane, «*¡Indignaos! Un alegato contra la indiferencia y a favor de la insurrección pacífica*», Ediciones Destino, colección Imago Mundi, volumen 195, Barcelona, 2011.

HOLZAPFEL, Cristóbal, «La «*Comunidad de Lucha» Jaspers-Heidegger. Auge y caída de una amistad*», Revista de Filosofía, Volumen 63, 2007, pp. 139-156.

HONORÉ, Tony, «*Responsibility and Luck: The Moral Basis of Strict Liability*»«, Stevens & Sons, Londres, 1988.

HUDSON, W. D., «*La filosofía moral contemporánea*», Alianza Universidad, colección Universidad, nº 109, Madrid, 1974. Capítulo 7. «*Acción y Responsabilidad*», pp. 309-340.

IGNATIEFF, Michael, «*El Mal Menor. Ética política en una era de terror*», Editorial Taurus, colección Pensamiento, Madrid, 2005.

INGARDEN, Roman, «*Sobre la responsabilidad, sus fundamentos ónticos*», Caparrós editores, colección Espirit, nº 46, Madrid, 2001.

JAY WALLACE, R., «*Responsibility and the Moral Sentiments*», Harvard University Press, Cambridge, 1998.

JASPERS, Karl, «*El mal radical en Kant*» en «*Balance y Perspectivas. Discursos y Ensayos*», Biblioteca Conocimiento del hombre. Editorial Revista de Occidente, Madrid, 1953.

JELLINEK, G., BOUTMY, DOUMERGUE, E. y POSADA, A., «*Orígenes de la declaración de Derechos del Hombre y del Ciudadano*», Editorial Nacional, colección Clásicos para una Biblioteca Contemporánea, nº 44, Madrid, 1984. Edición a cargo de Jesús G. Amuchastegui.

JONAS, Hans, «*El principio de responsabilidad. Ensayo de una ética para la civilización tecnológica*», Ediciones Herder, Barcelona, 1995.

JONAS, Hans, «*Memorias*», Editorial Losada, Madrid, 2005. Basadas en las conversaciones con Rachel Salamander, Proemio de Lore Jonas y **Prólogo de Rachel** Salamander. Editado por Christina Wiese. Edición primera de 2003.

JUDT, Tony, «The *Burden of Responsibility: Blum, Camus, Aron, and the French Twentieth Century*», Ed. University of Chicago Press, Chicago, 1998.

KADISH, S. H. y JORDAN, Eduard, «*Responsibility, Indifference and Global Poverty: A Levinasian Perspective*», Peters, Leuven-Dudley, Belgium, 2006.

KUBICA, María Lubomira, «*El Riesgo y la Responsabilidad Objetiva*», Tesis Doctoral, Universitat de Girona, 2015.

KELSEN, Hans, «*Teoría general del Derecho y del Estado*», Editorial UNAM, México, 1983.

KELSEN, Hans, «*Teoría pura del derecho*», Editorial UNAM, México, 1986.

KRAUSE MUÑOZ, María Soledad, «*Responsabilidad y deberes de responder*», Revista Chilena de Derecho y Ciencias Penales, Vol. II, nº 3, pp. 11-32, Santiago de Chile, 2013. Artículo basado en la tesis doctoral de la autora de título «*Hacia un sistema unitario de Responsabilidad y Deberes de Responder*», Universidad Pompeu Fabra, 2011.

LAKE, Christopher, «*Equality and Responsibility*», Oxford University Press, Oxford, England, 2001.

LARA, María Pía, «*Narrar el mal. Una teoría postmetafísica del juicio reflexionante*», Editorial Gedisa, Barcelona, 2009, colección de filosofía.

LARRAÑAGA, Pablo, «*El concepto de responsabilidad en la teoría del derecho contemporánea*», Editorial Fontamara, Biblioteca de Ética, Filosofía del Derecho y Política, nº 72, México D. F., 2000.

LARRAÑAGA, Pablo, «*Responsabilidades de rol y directrices*», Revista Doxa, Cuadernos de Filosofía del Derecho nº 24, Universidad de Alicante, 2001, pp. 559-577.

LASCURÁIN, Juan Antonio, «*Los delitos de omisión: fundamento de los delitos de garantía*», Ed. Civitas, Madrid, 2002.

LÓPEZ-FRANCOS DE BUSTURIA, Andrea A., «*Derechos Humanos, Empresas Transnacionales y Responsabilidad Social Empresarial*», Editorial Berg Intitute, colección Biblioteca Derechos Humanos, Madrid, 2015.

LOZANO, Josep M., «*Ética y Empresa*», Ed. Trotta, Colección Estructuras y Procesos, Serie Ciencias Sociales, Madrid, 1999.

LUCAS, J. R., «*Responsibility*», Clarendon Press, Oxford, 1993.

MACDONALD, Dwigh, «*The responsibility of Peoples*», Revista Politics, volumen II, n. 3 pp. 82-93, marzo 1945 (vid., también en MACDONALD, Dwight, «*The responsibility of Peoples and other essay in political criticism*», Ed. Victor Gollancz, London, 1957).

MARGALIT, Avishai, «*The decent society*», Harvard University Press, Cambridge, 1998.

MARRADES, Julián, «*La radicalidad del mal banal*», LOGOS, Anales del Seminario de Metafísica, Volumen 35, 2002, pp. 79-103.

MARTÍNEZ DE BRINGAS, A, «*Esbozo de una Teoría de los deberes en tiempos de precariedad y exclusión*», en Revista Política y Sociedad, nº 54 (3), pp. 757-776, Ediciones Complutense, Madrid, 2017.

MARTÍNEZ MARTÍNEZ, Faustino, «*De responsabilitate. Una breve historia de la responsabilidad pública*», Servicio de Publicaciones de la Facultad de Derecho de Madrid, 2008.

MAY, Larry, «*Sharing Responsibility*», University of Chicago Press, Chicago, 1992.

MAYERFELD, Jamie, «*Suffering and Moral Responsibility*», Oxford University Press, New York, 1999.

MELLEMA, Gregory, «*Individuals, Groups and Shared Moral Responsibility*», Ed. Peter Lang, New York, 1988.

MELLEMA, Gregory, «*Collective Responsibility*», Editorial Rodopi Press, Amsterdam-Atlanta, 1997.

MOLINA FERÁNDEZ, Fernando, «*Responsabilidad jurídica y libertad. Una investigación sobre el fundamento material de la culpabilidad*», editorial Universidad Externado de Colombia, colección Estudios, Bogotá, 2004.

MORALES, Patricia, «*La Ética de la Responsabilidad Solidaria y los derechos humanos*», Tesis doctoral, Buenos Aíres, 1996.

MORERA GUAJARDO, Enrique., «*Responsabilidad. Concepto jurídico y sus singularidades*», Editorial Ariel, serie Economía y Empresa, Barcelona, 2010.

MOSTERÍN, Jesús, «*La cultura de la libertad*», Editorial Espasa-Calpe, Madrid, 2008.

NEUBERG, Marc, (dirección), «*La responsabilité. Questions philosophiques*», PUF, París, 1997.

NICOL, Eduard, «*El porvenir de la filosofía*», Editorial Fondo de Cultura Económica, México, 1972.

NICOLAS, Juan Antonio y **ESPINOZA, Ricardo,** (eds.), «*Zubiri ante Heidegger*», Editorial Herder, Barcelona, 2008.

NUSSSBAUM, Martha C., «*Mal radical en el estado lockeano: el descuido de las emociones políticas*», Praxis Filosófica, nº 26, pp. 265–285, Enero – Junio, Bogotá, 2008.

OBAMA, Barack, «*Discurso inaugural de su mandato*», 20 de enero de 2009, Diario El País, miércoles 21 de enero de 2009, pp. 6 y 7.

OTERO PARGA, Milagros, «*La Responsabilidad Moral. Una lectura crítica de R. Dworkin*», Anuario de Filosofía del Derecho, Sociedad Española de Filosofía Jurídica y Política, número 32, pp. 451-474, Madrid, 2016.

PASSMORE, John, «*La responsabilidad del hombre frente a la naturaleza*», Alianza Editorial, Colección Alianza Universidad, Madrid, 1978.

PECES-BARBA MARTÍNEZ, Gregorio, «*Los Deberes Fundamentales*», Revista DOXA, Cuadernos de Filosofía del Derecho, nº 4, Universidad de Alicante, 1987, pp. 329-341.

PEREDA, Carlos, «*Sobre la confianza*», Editorial Herder, colección Pensamiento, Barcelona, 2009.

PEREIRA, Gustavo, «*Justicia distributiva, responsabilidad y compensación*», Revista Isegoría, Revista de filosofía moral y política, nº 27, Madrid, 2002, pp. 225-237.

PÉREZ TRIVIÑO, José Luis, «*El Holocausto y la responsabilidad: altruismo limitado y dilemas trágicos*», Revista DOXA, Cuadernos de Filosofía del Derecho, Universidad de Alicante, nº 29, 2006, pp. 95-107.

PETERSSON, Ingrid, «*Four theories of Responsibility*», Lund University Press, Lund, 1990.

PFEIFFER, Maria Luisa, «*El Mal Radical. Su lugar en la ética kantiana*», Revista AGORA, Papeles de Filosofía, nº 19/2, 2000, pp. 127-138.

POSE, Carlos, «*Bioética de la Responsabilidad. De Diego, Gracia a Xavier Zubiri*», Editorial Triacastela, colección Humanidades Médicas, nº 33, Madrid, 2012.

PRIOR OLMOS, Ángel., «*Voluntad y responsabilidad en Hannah Arendt*», Editorial Biblioteca Nueva, colección Biblioteca Saavedra Fajardo de Pensamiento Político, Madrid, 2009.

PUJOL, Ángel, «*El discurso de la igualdad*», Editorial Crítica, Barcelona, 2001.

QUINTANA ORIVE, Elena, «*Antecedentes históricos del término «responsabilidad» en el ámbito de la Función Pública*», Anuario Jurídico y Económico Escurialense, pp. 55-66, LV, Madrid, 2022.

REES, Lawrence, «*Los verdugos y las víctimas (Their Darknest Hour)*», Editorial Crítica, colección Memoria, Barcelona, 2008.

REYES MATE, Manuel, «*¿Somos responsables de lo que no hemos hecho? Por una fundamentación de la responsabilidad en la compasión*», en «*Responsabilidades y Deberes*», Editorial Textos, Madrid, 1998.

RICOEUR, Paul, «*Le concept de responsabilité. Essai d'analyse sémantique*», Esprit, n° 206, noviembre, 1994, pp. 28-49.

RICHARDSON, Henry S., «*Institutionally Divided Moral Responsibility*», en FRANKEL, Ellen, MILLER, Fred. D. y JEFFREY, Paul (eds.), «Responsibility», Cambridge University Press, Cambridge, England, 1999.

RIZO PATRÓN DE LENER, Rosemary, «*La Responsabilidad como fundamento último de la filosofía*», Investigaciones Fenomenológicas, Razón y Vida, La responsabilidad de la Filosofía II, Sociedad Española de Fenomenología, volumen Monográfico, UNED, 4/II, pp. 331-348, Madrid, 2013.

RODRÍGUEZ CASAS, José Reyes, «*La responsabilidad personal como fundamento de la pena: un análisis de Nietzsche*», Revista Misión Jurídica, volumen 1, Número 1, pp. 181-194, julio-diciembre 2008.

ROSENFIELD, D. L., «*Del mal. Ensayo para introducir en filosofía el concepto del mal*», Editorial Fondo de Cultura Económica, FCE, colección Breviarios, n° 524, México, 1993.

ROSS, Alf, «*On Law and Justice*», Ed. Steven & Sons Lmtd., London, 1958 (existe traducción al castellano, «*Sobre el derecho y la justicia*», EUDEBA, Buenos Aires, 1994).

ROSS, Alf, «*On Guilt. Responsibility and Punishment*», University of California Press, Berkeley, 1975.

SAFRANSKI, Rüdiger, «*El mal o El drama de la libertad*», ensayo, n° 44, Tusquets editores, Barcelona 2000.

SALVADOR CODERCH, Pablo y FERNÁNDEZ CRENDE, Antonio, «*Causalidad y Responsabilidad*», Revista para el Análisis del Derecho, n° 329, Barcelona, enero 2006,

SÁNCHEZ MUÑÓZ, Cristina, «*Responsabilidades globales e injusticias estructurales. Una lectura de Iris Marion Young*», Erahonar, Quaderns de Filosofía, n° 51, 2013, pp. 61-67.

SÁNCHEZ MUÑÓZ, Cristina, «*Deberes y Responsabilidades hacia otros*», Revista DOXA, Cuadernos de Filosofía del Derecho, edición especial, Universidad de Alicante y Marcial Pons, 2017, pp. 229-234.

SAVATER, Fernando, «*Ética para Amador*», Editorial Ariel, Barcelona, 1991, Capítulo VI.

SCHMITZ, David, «*Taking Responsibility*», en SCHMITZ, David y GOODIN, Robert E., «*Social Welfare and Individual Responsibility*», Cambridge University Press, Cambridge, 1998.

SCHOEMAN, Ferdinand, (editor), «*Responsibility, Caracter and the Emotions*», Editorial University Press, Cambridge, 1987.

SEARLE, John, R., «*Razones para actuar. Una teoría del libre albedrio*», Ediciones Nobel, Premio Internacional de Ensayo Jovellanos 2000, Oviedo, 2000.

SENRA RIBEIRO, Flavio Augusto, «*Culpa y Responsabilidad en Nietzsche*», tesis doctoral, Universidad Complutense de Madrid, Madrid, 2004.

SERRANO DE HARO, Agustín, «*Totalitarismo y Filosofía*», Revista Isegoría, Revista de filosofía moral y política, n° 23, Madrid, 2000, pp. 91-116.

SIKKINK, Kathryn, «*The Hidden Face of Rights. Toward a politics of responsibilities*», Yale University Press, EE. UU., 2020.

SINAY, Sergio, «*Elogio de la responsabilidad. Una vida que transforma nuestros vínculos y da sentido a nuestras vidas*», Pluma y Papel ediciones, Buenos Aires, 2006.

SINGER, Peter, «*Famine, Affluence and Morality*», en LASSLETT, Peter & FISHKIN, James (eds.), «*Philosophy, Politics & Society*», Fifth Series, Yale University Press, New Haven, 1979, pp. 21-35.

SMILEY, Marion, «*Moral Responsibility and the Boundaries of Community*», The University of Chicago Press, Chicago, 1992.

SOTELO, Ignacio, «*Moralidad, legalidad, legitimidad: reflexiones sobre la ética de la responsabilidad*», Revista Isegoría, Revista de filosofía moral y política, n° 2, Madrid, 1990, pp. 29-44.

SONTAG, Susan, «*Ante el dolor de los demás*», Suma de Letras, s. l., Santillana, Madrid, 2003.

SPAEMANN, Robert, «*Responsabilidad*», Instituto de Estudios Públicos, Universidad de Chile, Revista Política, n° 18, pp. 11-29, 1988 (diciembre).

STAUB, Erwin, «*The Roots of Evil: The Origins of Genocide of Other Group Violence*», Editoriañ Cambridge, U. K., 1989.

TRONTO, Joan, «*Caring Democracy: Markets, Equality and Justice*», New York University Press, 2013.

VALDECANTOS, Antonio, «*Emociones responsables*», Revista Isegoría, Revista de filosofía moral y política, n° 25, Madrid, 2001, pp. 63-90.

VALDECANTOS, Antonio, «*El mal como anomalía*», editorial Herder, colección pensamiento, Barcelona, 2007, ensayo 4.- «*La responsabilidad como autoengaño*».

VALS OYARZUN, Eduardo, «*Dueños del tiempo y del espanto. Genealogía nietzcheana de la responsabilidad en la narrativa victoriana*», Guillermo Escolar editor, colección Análisis y Crítica, Madrid, 2017.

VALLESPÍN OÑA, Fernando, «*Nuevas teorías del Contrato Social: John Rawls, Robert Nozick y James Buchanan*», Editorial Alianza, colección Alianza Universidad, nº 427, Madrid, 1985.

VILLACAÑAS BERLANGA, José Luis, «*Responsabilidad y esferas de acción*», Revista Isegoría, Revista de filosofía moral y política, nº 29, Madrid, 2003, pp. 91-106.

VON WRIGHT, G. M., «*Norma y Acción. Una investigación lógica*», Editorial Tecnos, Madrid, 1979.

WALLACE, R. Jay, «*Responsibility and the Moral Sentiments*», Harvard University Press, Cambridge, Massachusetts, 1996.

WALLER, James, «*Becoming evil. How ordinary people commit genocide and mass killing*», Oxford University Press, New York, 2022.

WISSER, Richard, «*Responsabilidad y cambio histórico. Respuestas de Jaspers, Buber, C. F. von Weizsäcker, Guardini y Heidegger*», Editorial Sudamericana, Buenos Aires, 1970.

YOUNG, Iris Marion, «*Responsabilidad por la justicia*», Ediciones Morata y Fundación Paideia, colección Educación Crítica, nº 25, Madrid, 2011.

ZIMMERMAN, Michael, «*An Essay on Moral Responsibility*», Ed. Rowman & Littlefield, Totowa, New Jersey, 1988.

ZOELLICK, Robert, «*La era de la responsabilidad*», diario *El Pais*, domingo 8 de febrero de 2009, suplemento Negocios, página 19, publicado originalmente en *The Financial Times*.

ZÚÑIGA FAJURI, Alejandra, «*Más allá de la caridad. De los derechos negativos a los deberes positivos generales*», Revista de Derecho de la Pontificia Universidad Católica de Valparaíso, XXXIII, Valparaíso, Chile, 2º semestre de 2009, pp. 621-638.

Textos filosóficos

AA. VV. «*Sagrada Biblia*» (entre el 900 a.C. y el 100 d.C.), La Editorial Católica, s. a., Biblioteca de Autores Cristianos Madrid, 1971, 15ª edición. Versión directa de las lenguas originales por Eloino Nacar Fuster y Alberto Colunga Cueto, edición denominada Nacar – Colunga.

ADORNO, Theodor W., «*Consignas*», (1969), Amorrortu editores, Biblioteca de filosofía, antropología y religión, Buenos Aires, 1973. Artículo «*La educación después de Auschwitz*», pp. 80-95.

APEL, Karl-Otto, (1972-1973) «*La Transformación de la Filosofía*» Dos tomos, Tomo I.- «*Análisis del lenguaje, semiótica y Hermenéutica*», Tomo II.- «*El A Priori de la Comunidad de Comunicación*», Editorial Taurus ediciones, Madrid, 1985.

APEL, Karl-Otto, «*La globalización y una ética de la Responsabilidad. Reflexiones filosóficas acerca de la globalización*», (1976), Editorial Prometeo Libros, colección Filosofía, Buenos Aires, 2007.

APEL, Karl-Otto, «*Teoría de la verdad y ética del discurso*», (1987), Editorial Paidós / I.C.E.-U.A.B., colección Pensamiento Contemporáneo, nº 15, Barcelona, 1991. «*La ética del discurso como ética de la responsabilidad. Una transformación postmetafísica de la ética de Kant*», pp. 147-184.

APEL, Karl-Otto, «*Diskurs und Verantwortung. Das Problem des Übergangs zur postkonventionellen Moral*», (1988), Editorial Suhrkamp Verlag, Taschenbuch Wissenschaft 893, Ethik und Moralphilosophie, Frankfurt am Main, 1997.

APEL, Karl-Otto, «*Apel versus Habermas. Elementos para un debate*», (1990), Editorial Comares, colección Claves, Granada, 2004.

ANDERS, Günther, «*La obsolescencia del hombre. Sobre el alma en la época de la segunda revolución industrial* (Volumen I) (1956). *Sobre la destrucción de la vida en la época de la tercera revolución industrial*» (Volumen II) (1980), Editorial Pre-Textos, Valencia, 2011.

ANDERS, Günther, «*El piloto de Hiroshima. Más allá de los límites de la conciencia*», (1962 en inglés y 1982 en alemán). *Correspondencia entre Claude Eatherly y Günther Anders*, Editorial Paidós Ibérica s. a., colección Contextos, nº 181, Madrid, 2010.

ANDERS, Günther, «*Nosotros, los hijos de Eichmann. Carta abierta a Klaus Eichmann*» (1988), Editorial Paidós Ibérica s. a., Madrid, 2001.

ARENDT, Hannah, «*Los orígenes del totalitarismo*» (1951), editorial Taurus, Grupo Santillana, colección Ensayistas, Serie Maior, nº 122, Madrid, 1988.

ARISTÓTELES, «*Obras completas*» *(siglo IV a.C.)* («*Retórica*», «*Poética*», «*Ética a Nicómano*», «*Ética a Eudemo*»). Traducción de F. Samaranch, Editorial Aguilar, Madrid, 1964.

ARISTÓTELES, «*Categorías*» en «*Tratados de Lógica (Organon)*» *(siglo IV a.C.)* Tomo I, Editorial Gredos, Biblioteca Clásica nº 51, Madrid, 1982.

ARTETA, Aurelio, «*Mal consentido. La complicidad del espectador indiferente*» (2010), Alianza Editorial, Madrid, 2010.

BECK, Ulrich, «*La sociedad del riesgo. Hacia una nueva modernidad*» (1986), Editorial Paidós, colección Surcos, 23, Madrid, 1998.

BECK, Ulrich, «*La sociedad del riesgo global*» (1999), Editorial Siglo XXI, colección Ciencias Sociales, Madrid, 2002.

BENJAMIN, Walter, «*Dirección única (Einbanhnstraße)*» (1928), Editorial Alfaguara, Madrid, 1987.

BLOCH, Ernst, «*El principio esperanza*», (1938-1947), volúmenes I, II y II, Editorial Trotta, Madrid, 2004, 2006 y 2007.

BRADLEY, Francis, «*Ethical Studies*» (1876), Ed. Henry S, King & Co, London, capítulo 1.- «*The vulgar notion of responsibility*», pp. 1-52. Edición actual en Oxford University Press, Oxford, 1967.

BURKE, Edmund, «*Revolución y descontento*», (Tres escritos de fechas 1770-1774-1791), Editorial Centro de Estudios Políticos y Constitucionales, Madrid, 2008.

CICERÓN, Marco Tulio, «*Sobre los deberes (De Officiis)*», (44 a.C.), Editorial Gredos, colección Biblioteca Clásica Gredos, Madrid, 2014.

DWORKIN, Ronald, «*Los derechos en serio*», (1977), Editorial Ariel, Barcelona, 1984.

DWORKIN, Ronald, «*Justicia para erizos*» (2011), Editorial Fondo de Cultura Económica, Sección de obras de política y derecho, Buenos Aires, 2014.

FREUD, Sigmund, «*La negación*», (1925), «*Obras Completas*», Tomo III, Editorial Biblioteca Nueva, Madrid, 1975, pp. 2.884–2.886 (en alemán en Freud, Sigmund, «*Die Verneinung*», en *Gesamtwerk*, tomo XIV, 1925).

HABERMAS, Jürgen, «*El discurso filosófico de la modernidad (doce lecciones)*», (1985), Editorial Taurus, colección Humanidades, Madrid, 1989.

HABERMAS, Jürgen, «*Conciencia Moral y Acción Comunicativa*» (1983), Ediciones Península, colección *homo sociologicus*, nº 34, Barcelona, 1985. Capítulo III.- «*Ética del discurso. Notas sobre un programa de fundamentación*», pp. 57-134.

HEIDEGGER, Martin, «*El Ser y el Tiempo*» (1927), Editorial Fondo de Cultura Económica (FCE), Sección Obras de Filosofía, México, 1967. Traducción de José Gaos.

HEIDEGGER, Martin, «*Sendas perdidas (Holzwege)*», (1950), «*La frase de Nietzsche: «Dios ha muerto»*», pp. 174-221, Editorial Losada, Buenos Aires, 1979, tercera edición.

HORKHEIMER, Max, «*Eclipse of Reason. Crítica de la Razón Instrumental*», (1947), Editorial Trotta, colección Estructuras y Procesos. Filosofía. Madrid, 2002.

HORKHEIMER, Max y ADORNO, Theodor, W., «*Dialéctica de la Ilustración: fragmentos filosóficos*», (1944), Editorial Akal, Madrid, 2013.

HOBBES, Thomas, «*Leviatán o la invención moderna de la razón*», (1651), Editora Nacional, Biblioteca de la Literatura y el Pensamiento Universales, nº 28, Madrid, 1980, 2ª edición. Edición a cargo de Antonio Escohotado y Carlos Moya.

HUME, David, «*Tratado de la naturaleza humana*», (1739), Editora Nacional, Tomos I y II, Madrid, 1985. Edición a cargo de Félix Duque.

HUSSERL, Edmund, «*La crisis de las ciencias europeas y la Fenomenología Trascendental. Una introducción a la filosofía fenomenológica*» (1936), Editorial Crítica, Barcelona, 1991 (sobre una edición de Martinus Nijhoff de 1954).

JASPERS, Karl, «*La Filosofía (Einfuhrung in die Philosophie)*» (1949), Fondo de Cultura Económica España, s. l., Madrid, 1981.

JONAS, Hans, «*Mas cerca del perverso fin y otros diálogos y ensayos*» (1992), Editorial Catarata, colección Clásicos del Pensamiento Crítico, Madrid, 2001. Artículo «*El mundo no está exento de valores ni disponible a voluntad*», pp. 67-76.

JONAS, Hans. «*Pensar sobre Dios y otros ensayos*» (1998), Título original: «*Philosophische Untersuchungen und metaphysische Vermutungen*» (1992), Segunda parte, «*La doctrina del ser y de la moral*», 6.- «*La fundamentación ontológica de una ética cara al futuro*», pp. 135-154.

Tercera Pararte «*Lo indelegable a quien preguntar. Reflexiones sobre Dios*», 9.- «*El concepto de Dios después de Auschwitz. Una voz judía*», pp. 195-213, Editorial Herder, Barcelona, 1998.

JONAS, Hans, «*El principio vida. Hacia una biología filosófica*», (1966/1973/1994), Editorial Trotta, cole. Estructuras y Procesos, serie Filosofía, Madrid, 2000.

KANT, Inmanuel, «*Fundamentación para una metafísica de las costumbres*» (1785), Alianza Editorial, serie Humanidades, colección Filosofía, nº 4430, Madrid, 2002. Edición a cargo de Roberto R. Aramayo.

KANT, Inmanuel, «*Filosofía de la Historia*», artículo «*Comienzo presunto de la historia humana*» (1786), pp. 67-93, Editorial Fondo de Cultura Económica, FCE, colección Popular, 1978, México. Traducción de Eugenio Ímaz.

KANT, Inmanuel, «*Crítica de la razón pura*» (1781/1787), editorial Alfaguara, Madrid, 1978, edición de Pedro Ribas.

KANT, Inmanuel, «*La religión dentro de los límites de la mera razón*» (1793), editorial Alianza, colección El libro de bolsillo nº 163, 2ª edición, Madrid, 1981. Edición a cargo de Felipe Martínez Marzoa.

KIERKEGAARD, Sören, «*Temor y temblor*», (1843), Editorial Altaya, s. a., Barcelona, 1997.

LÉVINAS, Emmanuel, «*Algunas reflexiones sobre la filosofía del hitlerismo*» (1934), Esprit, nº 26, pp. 27-41. Publicado con posterioridad en el volumen colectivo AA. VV., «*Emmanuel Lévinas*», Editions de l,Herne, pp. 154-160, 1991.

LÉVINAS, Enmanuel, «*La huella del otro*» (1967), Editorial Taurus, México, 2000.

LÉVINAS, Enmanuel, «*Totalidad e Infinito. Ensayo sobre la exterioridad*», (1971), Editorial Sígueme, colección. Hermeneia, 8. Salamanca, 1977.

LÉVINAS, Enmanuel, «*De otro modo que ser, o más allá de la esencia*», (1978), Editorial Sígueme, colección. Hermeneia 26, Salamanca, 1987.

LÉVINAS, Emmanuel, «*Ética e Infinito. Conversaciones con Philippe Nemo*» (1982), Ed. Visor, Madrid, 1991.

LÉVY-BRUHL, L., «*L'idée de responsabilité*», (1884), Librairie Hachette et cie., París, 1884.

LOCKE, John, «*Segundo ensayo sobre el gobierno civil. Un ensayo acerca del verdadero origen y fin del Gobierno Civil*» (1689), ed. Aguilar, Biblioteca Aguilar de iniciación política, Madrid, 1981. Primera edición, tercera reimpresión.

MILL, John Stuart, «*El utilitarismo*», (1863), Editorial Alianza, colección El libro de Bolsillo, nº 1054, Madrid, 2002.

MONTAIGNE, Michel de, «*Los Ensayos*», (1595), Editorial Acantilado, colección El Acantilado Filosofía, nº 153 Barcelona, 2010.

MOORE, George Edward, «*Principia Ethica*», (1903), Ed. Crítica, colección. Filosofía, nº 44, Barcelona, 2002.

NIEBUHR, H. Richard, «*El Yo Responsable. Un ensayo de filosofía moral cristiana*», (1963), Editorial Desclée de Brouwer, colección Cristianismo y Sociedad, Bilbao, 2003.

NIETZSCHE, Friedrich, «*La genealogía de la moral. Un escrito polémico*», (1887), Alianza Editorial, colección el libro de bolsillo, nº 356, Madrid, 1979 (4ª edición).

NIETZSCHE, Friedrich, «*Crepúsculo de los ídolos. Como se filosofa a martillazos*» (1889), Alianza Editorial, colección El Libro de Bolsillo, nº467), Madrid, 1989 (8ª edición).

NIZAN, Paul, «*Los perros guardianes*», (1932), Editorial Fundamentos, Madrid, 1973.

RAWLS, John, «*Teoría de la Justicia*» (1971), Editorial Fondo de Cultura Económica, México, 1985.

RICOEUR, Paul, «*El mal. Un desafío a la filosofía y a la teología*» (2004), Amorrortu editores, colección Nómadas, Madrid, 2006.

ROUSSEAU, Jean Jacques, «*Emilio o de la educación*», (1762), editorial Alianza, colección El libro de bolsillo nº 4400, Madrid, 2010 (7ª edición). Edición a cargo de Mauro Armiño.

ROUSSEAU, Jean Jacques, «*Del contrato social*» (1762), editorial Espasa-Calpe, colección Austral, Ciencias y Humanidades, Madrid, 2007 (12º edición). Traducción de Fernando de los Ríos y Prólogo de Manuel Tuñón de Lara.

ROUSSEAU, Jean Jacques, «*Las ensoñaciones del paseante solitario*» (1782), editorial Alianza, colección el libro de bolsillo, nº 707, Madrid, 1997 (reedición en 2010, 7ª edición, nº 4487). Edición a cargo de Mauro Armiño.

ROUSSEAU, Jean Jacques, «*Confesiones*» (1766/1787), editorial Alianza, colección el libro de bolsillo nº 1835, 1997, Madrid. Edición a cargo de Mauro Armiño.

SARTRE, Jean-Paul, «*Bosquejo de una teoría de las emociones*» (1939), editorial Alianza, colección El Libro de Bolsillo, nº 298, Madrid, 1983 (5ª edición).

SARTRE, Jean-Paul, «*El ser y la nada. Ensayo de ontología fenomenológica*» (1943), Editorial Losada, S. A., Biblioteca Filosófica, Buenos Aires 1981 (Primera edición publicada por Libraire Gallimard en 1943).

SARTRE, Jean-Paul, «*Reflexiones sobre la cuestión judía*» (1954), Editorial Seix Barral, Biblioteca Formentor, Barcelona. 2005 (Primera edición Editions Gallimard, 1954, obra escrita en 1944).

SCHELLER, Max, «*El formalismo de la Ética y la Ética material de los valores. Ética, Nuevo ensayo de fundamentación del personalismo ético*», (1913-1926), Caparrós Editores, en colaboración con la Fundación Blaquerna, colección Esprit, nº 45, Madrid, 2001.

SCHELLER, Max, «*El resentimiento en la moral*» (1938), Editorial Espasa Calpe, Barcelona, 2001.

SCHOPENAHUER, Arthur, «*Los dos problemas fundamentales de la ética*» (1841), editorial Siglo XXI, Madrid, 1993.

SEARLE, John R., «*Razones para actuar. Una teoría del libre albedrío*» (2000), Ediciones Nobel s. a., Oviedo, 2000.

SEARLE, John R., «*Intencionalidad. Un ensayo en la filosofía de la mente*» (1983), Editorial Tecnos, colección Filosofía y Ensayo, Madrid, 1992.

SENECA, Lucio Anneo, «*De la ira*» (41 d.C.), en «*Obras Completas*», Editorial Aguilar, Madrid, 1943.

SMITH, Adam, «*La teoría de los sentimientos morales*», (1759), Editorial Alianza, colección El libro de bolsillo, colección Humanidad, Filosofía, nº H4453, Madrid, 2011 (2).

SPAEMANN, Robert, «*Límites. Acerca de la dimensión ética del actuar*», (2002), Editorial EIUNSA (Ediciones Internacionales Universitarias), colección Ética y Sociedad, Madrid, 2003.

SPAEMANN, Robert, «*Felicidad y Benevolencia*», (1989), Colección Cuestiones Fundamentales, Ediciones Rialp, Madrid, 1991.

SPINOZA, Baruch, «*Ética demostrada según el orden geométrico*» (1661-1675), Editora Nacional, 3ª edición, Madrid, 1980. Edición preparada por Vidal Peña.

STRAWSON, Peter, «*Libertad y Resentimiento. Otros ensayos*», (1974), Ediciones Paidós, I.C.E. de la UAB, Barcelona, 1995.

SUÁREZ, Francisco, «*Disputaciones metafísicas*», (1597), edición canónica, texto enmendado a partir de la edición Vives y la traducción española por Sergio Rábade Romero, S. Caballero Sánchez y A. Puigcerver Zanón. Editorial Gredos, Biblioteca Hispánica de Filosofía, Madrid, 1960-1966, editada en 7 volúmenes en formato bilingüe. Título completo: «*Las Disputaciones Metafísicas, en las que se trata ordenadamente de toda la teología natural y se discute acerca de todas las cuestiones sobre los doce libros de Metafísica de Aristóteles*». Edición utilizada, **SUÁREZ, Francisco,** «*Disputaciones Metafísicas*», edición abreviada con presentación de Sergio Rábade Romero y estudio preliminar de Francisco León Florido, en editorial Tecnos, grupo Anaya, colección Los esenciales de la filosofía, Madrid, 2011.

TEOFRASTO, «*Caracteres morales*» (hacia 319 a.C.), Edita Centro de Estudios Constitucionales, colección clásicos políticos, Madrid, 1985.

VON MISES, Ludwig, «*La acción humana. Tratado de Economía*», (1949), Ed. Unión Editorial, Madrid, 1986, 4ª edición.

VON WRIGHT, Georg Henrik, «*Norma y Acción. Una investigación lógica*» (1963), Ed. Ariel, colección Estructura y Función, nº 30, Madrid, 1970.

WEBER, Max, «*El político y el científico*» (1919), Alianza Editorial, colección El libro de bolsillo, sección Humanidades, nº 71, Madrid, 1979. «*La política como vocación*», pp. 180-231.

ZUBIRI, Xavier, «*Sobre el Hombre*» (cursos desde 1953 a 1983), Alianza Editorial, Sociedad de Estudios y Publicaciones, Estudios Filosóficos, Madrid, 1986.

ZUBIRI, Xavier, «*Sobre el sentimiento y la volición*», cursos: «*Acerca de la Voluntad*» (1961) y «*El problema del mal*» (1964), pp. 195-320, (1964), Alianza Editorial, Fundación Xavier Zubiri, Estudios Filosóficos, Madrid, 1992.

ZUBIRI, Xavier, «*Tres dimensiones del ser humano: individual, social, histórica*» (1974), Alianza Editorial, Fundación Xavier Zubiri, Estudios Filosóficos, Madrid, 2006. (Lecciones dictadas en enero del año 1974 y reelaboradas para su publicación por Jordi Corominas).